"*Tu mejor promotor: TÚ MISMO*"

"Todos los profesionales quieren lo mismo -una lista de clientes en espera que sea interesante y rentable- pero pocos saben cómo lograrlo. *"Tu mejor promotor: TÚ MISMO"* llena este vacío con un kit de herramientas tan manejables y fáciles de usar, que siempre lo vas a necesitar para obtener clientes duraderos".
—Andrew Sobel, autor de "Clientes de por vida"
(*"Clients For Life") y "Making Rain:*
The Secrets Of Building Lifelong Client Loyalty"

"Creo que Michael Port ha escrito el libro con mayor autoridad para posicionar en el mercado tus servicios profesionales. En cada página, no solo encuentras una diversidad de consejos prácticos, tácticas para atraer a los clientes y construir tu negocio, sino que *"Tu mejor promotor: TÚ MISMO"* también es divertido, fácil de leer e increíblemente inspirador".
—Mitch Meyerson, autor de *"Success Secrets*
of the Online Marketing Superstars"

"¡No puedes perderte la oportunidad de comprar este libro! *"Tu mejor promotor: TÚ MISMO"* te ofrece un sistema garantizado para generar negocios bajo tus propios términos, ¡Te enamorarás de ti mismo cuando termines de leerlo! Este libro es para mantenerlo siempre a la mano, porque su autor Michael Port también es alguien para mantener en contacto — él es sincero, interesante, divertido y brillante. La competencia es fuerte, así que ordena ya tu copia y comienza hoy mismo a leerlo".
—Kim George, autora de *"Coaching into Greatness:*
4 Steps to Success in Business and Life"

"¡Prende – Acelera – Prospera! *Tu mejor promotor: TÚ MISMO*" realmente es una llave de inicio al éxito para que profesionales solitarios y gente de negocios atraigan tantos clientes como ellos deseen. ¡Es sorprendente!"

—David Perry, socio administrador de Perry-Martel International Coautor de *"Gerrilla Marketing for Job Hunters"*

ELOGIOS ADICIONALES PARA "TU MEJOR PROMOTOR: TÚ MISMO" (DE GENTE COMO TÚ)

"Utilizando las estrategias enseñadas en el primer par de capítulos, ya me había convertido *"en el mejor promotor de mi negocio"* ¡En solo dos semanas! Todavía estoy recibiendo un torrente de clientes nuevos y ahora solo acepto los proyectos en los cuales quiero trabajar. ¡Y hasta tengo una lista en espera de los clientes que ya me enviaron sus contratos! ¡No puedo esperar para ver lo qué traerá el resto de este libro!

—Diseñador gráfico- Erin L. Ferree

"Solo toma unos pocos minutos para darte cuenta del deseo sincero de Michael por ayudarte a conseguir más clientes. Su pasión es contagiosa. El mercadeo y la adquisición de clientes eran actividades estresantes. Íbamos en muchas direcciones y con muy poco éxito, pero gracias a Dios, *"Tu mejor promotor: TÚ MISMO"* fue fácil de entender y utilizar. En solo seis semanas nuestro negocio tuvo un incremento de clientes del 300%. Lo que aprendimos en el primer capítulo justificó cien veces el valor del libro. De hecho, *"Tu mejor promotor: TÚ MISMO"* no tiene precio".

—Propietarios de gimnasio - Christine y Kevin King

El libro de Michael Port, *"Tu mejor promotor: TÚ MISMO"* es la contestación a tus oraciones. No solamente porque *"tú serás el mejor promotor de tu negocio"* en corto tiempo, sino porque tendrás una larga lista en espera de clientes ideales ¡que te rogarán para trabajar contigo! ¿Cómo? La respuesta es: leyendo este libro. Déjame decirte que Michael me ha enseñado a desarrollar un enfoque casi laser, junto con una claridad en mi negocio, que han traído prosperidad a cada parte de mi vida. ¡Soy imparable! Sigue su mágico programa desarrollado en las páginas de *"Tu mejor promotor: TÚ MISMO"* y tú también serás imparable. Michael, no puedo agradecerte lo suficiente por haber traído un respiro (súper-humano) a mi negocio y a mí misma.

—Consultora de bodas – Tshombé Brown

"Tu mejor promotor: TÚ MISMO" es el sistema más sorprendente y completo que yo haya visto, para construir y mercadear un negocio. Yo solía tener dificultades en mis finanzas y era más el dinero que salía que el que entraba. En mi desespero, tomaba clase tras clase con los mejores gurús en el área de la construcción de negocios, pero no veía resultados. Pero gracias a *"Tu mejor promotor: TÚ MISMO"*, ahora tengo clientes nuevos firmando negocios conmigo diariamente, y se trata de usuarios de calidad con los cuales estoy trabajando muy a gusto. Gracias al sorprendente sistema de Michael, tengo una lista de clientes en espera que quieren trabajar conmigo. Por los resultados, éste es el único método con el cual me siento 100% segura cuando lo recomiendo. Si solo vas a comprar un libro esta década, compra *"Tu mejor promotor: TÚ MISMO"*".

—Consejera profesional- Liselotte Molander
Gerente en Comunicaciones
Entrenadora y directora de grupos empresariales

"¡Qué sistema de mercadeo tan innovador e inspirador has creado! Desde la primera hasta la última página de "*Tu mejor promotor: TÚ MISMO*", yo recibí invaluables pautas y técnicas para el crecimiento de mi negocio y mi desarrollo personal. Poniendo en práctica los ejercicios del capítulo 7, me di cuenta que ya me había convertido en "*la mejor promotora de mi negocio*". Acredité el crecimiento de mi empresa mediante la cuidadosa secuencia planeada y propuesta en este sistema, en la cual me animaste a dejar a los que no cumplían con el perfil ideal de mis clientes, para poder darle paso a los que sí. Aprendí el valor de pensar aún más en grande que mis propósitos y mis anhelos, encontrando el coraje para responder con mayor entusiasmo y planeación. ¡Gracias, gracias, gracias!"

**—Escritora independiente – Anne Leach
Coautora de "Goal Sisters: Live The Life You Want
With a Little Help from Your Friends"**

"El libro de Michael Port, "*Tu mejor promotor: TÚ MISMO*" es el único entre un puñado de libros que yo puedo recomendar sin reservas. Merece extraordinarios reconocimientos. Michael es un experto en su campo y tiene la maravillosa capacidad para presentar este material con pasión y sinceridad. Está extraordinariamente comprometido por hacer un aporte asombroso y envía su mensaje de tal manera que lo hace educacional, realizable, divertido y práctico. Cualquier lector que se ajuste a este sistema tendrá un progreso tremendo y garantizado para convertirse en "*el mejor promotor de su negocio*". Muchas gracias Michael por tu fantástica contribución a la expansión de mi empresa.

**—Profesor espiritual – Ron Wypkema
Fundador y director de *su propio negocio***

"Simplemente, el mejor libro que he leído sobre cómo atraer y asegurar clientela. *Tu mejor promotor: TÚ MISMO*, me ayudó a incrementar el número de mi consumidores en el 50% y a elevar mis entradas por encima del 60%. Este es un libro global, fantástico y extremadamente útil. Francamente, puede ser el último libro que yo lea sobre mercadeo y venta de servicios".

—Acupunturista – Mike Berkley
Doctor y director en Acupuntura

"¡Michael Port lo ha logrado! Él resumió en un libro todas las respuestas e información que he estado buscando. Como consultor financiero soy totalmente responsable de conseguir mi clientela y *"Tu mejor promotor: TÚ MISMO"* revela toda posible estrategia que yo puedo seguir para adquirir la clase de clientes que quiero. Lo mejor de *"Tu mejor promotor: TÚ MISMO"*, es lo fácil e interesante que es, no solamente de leer sino también de implementar bajo la dirección y claridad de unos pasos de acción, que Michael te da. He visto mi negocio pasar de un ritmo lento, a tener que decir: "¡Oh Dios mío, "soy el mejor *promotor de mi negocio*"! De hecho, obtuve lo que Michael dijo que obtendría – una incesante demanda de mis servicios. Gracias Michael".

—Especialista en Planeación Financiera –
Michael D. Thompson

"Michael, tú eres un regalo extraordinario y tengo que agradecerte por el sistema que propones en *"Tu mejor promotor: TÚ MISMO"*. Antes de ti, yo firmaba un contrato al mes. He luchado en el entrenamiento de programa en programa pero desde *"Tu mejor promotor: TÚ MISMO"*, mi confianza se ha disparado hasta el techo y estoy apasionado por ver la forma en que mi empresa está ayudando a otros en la implementación de sus negocios. Estoy feliz de decir que en las dos últimas semanas he conseguido cuatro clientes nuevos y mi correo está inundado de propuestas. Ahora "soy el mejor *promotor de mi negocio*" y esto solo va a mejorar cada vez más. Me mostraste cómo creer nuevamente. ¡No tengo cómo agradecerte lo suficiente!"

—Consultor de Relaciones Públicas – Wayne Kelly

"¿Cómo consigo más clientes? Esta insistente pregunta me retumbaba constantemente —hasta que apareció *"Tu mejor promotor: TÚ MISMO"*. He leído muchos libros y he participado en muchos cursos (la mayoría muy malos), escuchado cintas y CDs, y todos prometen milagros que no ocurren. No quería tener más problemas ni enfrentarme a otro método que me ofreciera más promesas vacías. Entonces un colega me hizo una recomendación muy solida acerca de *"Tu mejor promotor: TÚ MISMO"* y mi negocio nunca ha vuelto a ser el mismo. Reconozco que no he desarrollado todos los ejercicios del libro porque, ¿adivinen qué? Me convertí rápidamente en ¡*el mejor promotor de mi negocio*! Si alguien quiere expandir su clientela *tiene* que aprender de Michael cuáles son las medidas necesarias que debe tomar para *"promocionar mejor su negocio"*. Muchos proclaman conocer los secretos sobre mercadeo, pero Michael realmente te enseña cómo crear una incesante demanda hacia tus servicios. ¡Y lo logra!"

—Consultora en Administración de Negocios –
Lorraine Lane

"La única palabra que describe a Michael Port, en mi concepto, es *"empoderamiento"*. En la actualidad hay un administrador de negocios en cada esquina pregonando sobre *"el camino seguro que ofrece para conseguir millones"*. Ellos han inmortalizado la idea que, los que estamos en el campo de construir negocios exitosos, realmente no sabemos lo que se necesita hacer, y por eso no podemos confiar en nuestra propia sagacidad y debemos apoyarnos en la de ellos. Michael es exactamente lo opuesto. Si, él comparte su conocimiento sobre estrategias para construir sólidamente un negocio y son magníficas. Pero en cada momento, en cada página, me recordó que yo, de hecho se lo que necesito saber y que puedo confiar en mi propio discernimiento. Eso para mí, es lo que hace a *"Tu mejor promotor: TÚ MISMO"* tan poderoso. Puso el control en mis propias manos y me animó a ganar".

—Propietaria de firma de mercadeo – Trish Lambert

"Tu mejor promotor: TÚ MISMO" es absolutamente fantástico. Te lleva de la inseguridad de saber lo que quieres hasta el "Oh Dios mío" causado por el cumplimiento de la meta de llevar tu negocio al siguiente nivel. Con ejercicios concretos y lecciones cuidadosamente planeadas, *"tú serás el mejor promotor de tu negocio"* en un tiempo mínimo.

—Experto en blogging - Andy Wibbels
Autor de *"Blogwild! A Guide for Small Businesses"*

La primera vez que tuve contacto con *"Tu mejor promotor: TÚ MISMO"*, estaba desesperado porque había dejado mi posición laboral con una entrada de seis cifras para ir tras mi sueño de convertirme en un empresario, pero se me estaba convirtiendo en una pesadilla. Aún antes de terminar *"Tu mejor promotor: TÚ MISMO"*, estoy feliz de decir que, no solamente me hacen falta dos clientes para completar la capacidad de producción de mi negocio, sino que también he igualado mis entradas financieras con las del mes anterior, y he concretado oportunidades de consultorías que nunca hubiera esperado, hasta el segundo año de mi práctica profesional. ¡"Este libro transformará tu negocio y tu vida!".

—Consultor y director ejecutivo – Pat E. Perkins

"¡Finalmente puedo hablar sobre lo que hago sin confundirme! Pasé meses (bueno, años) tartamudeando en distintas formas para describir mi negocio y obteniendo negativas cordiales a cambio. Hasta en forma impresa, me tomaba párrafos explicarlo con alguna claridad. Ahora tengo una forma concreta y dinámica de decirle a la gente de lo que se trata mi trabajo y por qué es importante para ellos. Y esto ha logrado maravillas en mi autoconfianza y seguridad por adquirir alianzas potenciales (Otro capítulo de este libro) Si quieres ser *"el mejor promotor de tu negocio"* y experimentar la libertad que viene con la claridad y finalmente estás listo para enfocar tus energías, entonces lee *"Tu mejor promotor: TÚ MISMO"*.

—Directora de negocios en línea – Terry Zwierzynski

"Como contador público certificado siempre he tenido dificultades de mercadeo, porque es algo que realmente no me gusta o quiero hacer y consecuentemente no hago. Obviamente, desde hace algún tiempo sabía que necesitaba mercadear mi negocio, pero realmente no tenía idea de cómo hacerlo hasta que comencé a leer *Tu mejor promotor: TÚ MISMO*". Y realmente me he sorprendido sobre cómo este sistema me ha dado una perspectiva sobre mercadeo. Hay mucho más sobre el tema de lo que imaginé anteriormente y ahora, en lugar de evitar y temerle al mercado, estoy muy entusiasmado con él, tanto que he comenzado a ver posibilidades más grandes que antes. Michael, tú has provisto una información muy válida, práctica, esencial y servicial. Uno de los beneficios más significativos que he recibido de *"Tu mejor promotor: TÚ MISMO"*, es una nueva consciencia de querer marcar la diferencia en la vida de la gente, y quiero hacer más que simplemente la labor técnica de preparar los impuestos, entendiendo que nuestro trabajo requiere de una reflexión relacionada con quiénes queremos ser y no se limita únicamente al hecho de recibir dinero a cambio de un servicio".
—**Contador público certificado – Thomas L. Codington**

"Michael Port es un genio. Él ha quitado toda escusa de no saber hacer crecer nuestro negocio, con unas estrategias prácticas que nos llevan paso a paso, y con unas perspectivas refrescantes sobre cómo mercadear un negocio o una profesión. Toma el libro, una libreta de notas y un esfero, porque las ideas que escribas, transformarán tu forma de jugar tus cartas".
—**Conferencista profesional certificado –**
Mark Rosenberg
Autor de *"SPLAT"*

"¿Recomendaría yo *Tu mejor promotor: TÚ MISMO*" a otras personas? ¡Claro que sí! Nunca pensé que hablaría y hablaría sobre algo como esto, pero he estado recomendándoselo a todo el que pienso que lo necesita porque he sacado mucho provecho de este libro (y todavía continúo beneficiándome). Estoy verdaderamente agradecida por *"Tu mejor promotor: TÚ MISMO"* y por Michael. Muchas gracias, tú me has ayudado a reflejar más de mí en mi negocio en una forma más accesible a otros, que me emociona y me inspira cuando pienso y hablo al respecto, y cuando hago lo que necesito para hacerlo crecer en proporciones asombrosamente sólidas".
—Preparadora de celebridades – Rebbeca Soulette

"He leído docenas de libros sobre mercadeo y me considero una excelente mercadeista, lo que hace que muy difícilmente encuentre un libro que me impacte, pero pienso que *"Tu mejor promotor: TÚ MISMO"* es tan innovador y único en su estilo, que lo considero absolutamente en la misma categoría del libro de Seth Godin, *"Unleashing the Ideavirus"*. Me hizo sentir bien sobre el hecho de mercadear mi empresa. Esos dueños que se sienten avergonzados o culpables de comercializar su negocio ¡definitivamente necesitan este libro! ¡Muy orientador!"
—Fundadora de Asociación profesional –
Milana Leshinsky

"Leer *"Tu mejor promotor: TÚ MISMO"* es muy emocionante y divertido. El entusiasmo de Michael es contagioso y los ejercicios del libro facilitan el crecimiento personal y profesional. Michael posee una excelente habilidad para percibir cómo la gente limita su crecimiento y les ayuda a identificar y romper patrones viejos y a implementar nuevas perspectivas que les sirvan para lograr sus metas. El talento de Michael consiste en su inteligencia y perspicacia; utiliza una combinación de humor y amabilidad para ayudar a la gente a direccionar su pensamiento. Elocuente, recursivo y directo. *"Tu mejor promotor: TÚ MISMO"* es una gema".

—Siquiatra – Alexander Kolevzon M.D.
Autor de *"Psichiatry Esscentials: A Systematic Review"*

"Muchas gracias por *"Tu mejor promotor: TÚ MISMO"*. Estoy segura que oirás esto frecuentemente de tus lectores (porque es muy cierto), pero creo que eres realmente sorprendente. Hacía mucho tiempo que un libro no me inspiraba tanto, que siento como si tú hubieras estado trabajando personalmente conmigo, ¡y eso ayuda! Me siento más segura, en control e inspirada; además me he convertido en *"la mejor promotora de mi negocio"*. Tienes un lugar muy especial en mi corazón".

—Instructora de yoga – Jodi B. Komitor
Coautora de *"Complete Idiot's Guide to Yoga with Kids"*

Michael Port

TU MEJOR PROMOTOR:
TÚ MISMO

El sistema más fácil,

más rápido y más confiable

para obtener más clientes de

los que puedes manejar, aún si

odias el mercado y las ventas.

TALLER DEL ÉXITO

TU MEJOR PROMOTOR: TÚ MISMO

Título en inglés: Book Yourself Solid
Traducción: Taller del Éxito Inc.

Publicado por:

Taller del Exito, Inc
1669 N.W. 144 Terrace, Suite 210
Sunrise, Florida 33323
Estados Unidos

Editorial dedicada a la difusión de libros y audiolibros de desarrollo personal, crecimiento personal, liderazgo y motivación.

Diseño de caratula: Diego Cruz

ISBN 10: 1-607380-19-6
ISBN 13: 978-1-60738-019-1

Printed in the United States of America
Impreso en Estados Unidos

Primera edición

10   11   12   13   14   R|UH   06   05   04   03   02

Este libro es una historia de amor disfrazada
de libro de negocios,
es una historia de amor entre tú
y todos los clientes maravillosos
a los que les servirás.

CONTENIDO

RECONOCIMIENTOS

*L*a primera línea de la sección de los reconocimientos de casi todo libro dice algo así: *"Hacer un listado de todas las personas a las que quiero agradecer por sus contribuciones a este libro, sería tan larga que se convertiría en otro libro más".* Realmente uno no sabe lo que esto significa hasta que escribe su propio libro. Una persona sola logra muy pocas cosas importantes. Las palabras a continuación no alcanzan a expresar la magnitud de mi agradecimiento hacia toda la gente, no solamente los que menciono aquí, sino a los que formaron este libro e hicieron de mi vida y mi trabajo algo tan espectacular como lo son ahora.

A mi equipo de Michael Port & Associates LLC... gracias a: Lisa Wilder, por su inconmensurable valentía y talento extraordinario. ¡Beso el piso por donde caminas! Este libro es tanto tuyo como mío. Raquel Morphy, gracias por ayudarme a lograr ser creativo. Tú eres mi roca. Gayla DeHart, gracias por enseñarme cada día más acerca de lo que significa verdaderamente servir a nuestros clientes. Peggy "Donel" Murrah, gracias por ayudarnos a mantenernos cuerdos. Kathy Green, gracias por tomarme de la mano con la venta de este libro en tan solo unas semanas. Ann Leach, gracias por tomar este libro y llevarlo de bueno a magnífico. Bonnie Jean, gracias por contribuir con tu experiencia. Howell Burnell, gracias por tu creativa genialidad y tu inmenso corazón. Verna Wilder, gracias por tu cuidadosa atención al manuscrito. Ahora se de dónde sale el talento de Lisa. Matt Holt, mi editor en Wiley, gracias por tu habilidad y experiencia. Has honrado mi visión con tu espíritu de colaboración.

A mis profesores... gracias: Dave Buck, por tu apoyo en el inicio. Hal Macomber, gracias por ser el faro en medio de un mar de mediocridad. George Lyons, gracias por enseñarme a expresar mis ideas. Tim Sanders, Dan Pink, Michael Gerber y Seth Godin, gracias por servir como ejemplos ausentes de modelos profesionales.

A mis socios de negocios... gracias: Mitch Meyerson, tu música me inspira. Sigamos tocando juntos. Bea Fields, por ser líder real. Julie Hunt, por ser uno de mis socios favoritos de toda la vida. Caitlin Adams, un brindis por el inminente estreno de *"Think Big Manifesto"*.

A mis clientes... gracias: Creo que yo aprendo mucho, sino más, de ustedes que lo que ustedes aprende de mi; mis más profundos agradecimientos por brindarme la oportunidad de servirles. Ustedes me inspiran cada día.

A los miembros de "The Think Big Revolution"... gracias: Por demandar de mí el presentarme a este mundo de la manera más excelente que pueda. Yo vivo para ustedes.

A mi familia... gracias: Mamá y Papá, es por ustedes que tengo la creencia loca y descabellada de poder realizar toda lo que me proponga. Pearl, por soportar mi ego descomunal y por enseñar a la próxima generación. Alex Kolevzon, Neal Kaufman, y Ben Terk, ustedes siempre serán la luz del puerto que me guía a casa. A los Schaffer por proveer un techo sobre nuestra cabeza cuando no teníamos ni un centavo. Papá, Mamá y Ken Egger y por el resto del Clan Egger, ustedes son amor puro. Abuela Evelyn, por tu amor incondicional.

A mi hermosa, talentosa, laboriosa esposa Shannon... tú más que nadie mereces mis agradecimientos. Tú haces posible que yo pueda estar preparado para servir y cumplir mi destino. Te amo mucho.

A mi hijo Jake... la bondad en tu vida es el combustible del fuego que hay en mí.

PRÓLOGO

*A*céptalo – Tú preferirías estar trabajando toda la vida antes que estar involucrado en las ventas y estar escuchando con frecuencia la palabra "no". Cada día que no estás haciendo parte de un proyecto es como una silla vacía en un avión que viaja sin pasajero porque no se vende. Tú escogiste este libro porque sabes que puedes mejorar y crecer fortalecido en tu visión para los negocios.

Solo lograrás sacar de él lo que inviertas en él. No leas por encima la información que se encuentra aquí tratando de resaltar los puntos clave; tómate el tiempo necesario para desarrollar cada ejercicio, destina unas cuantas semanas para leer el libro, imagínate que estás en el colegio y que quieres ser el mejor de tu clase, porque realmente tú eres el mejor. Cuando mires el calendario laboral el próximo año en tu oficina y te disguste ver que todo está en blanco, toma este libro y léelo cuidadosamente una vez más.

Los lectores son lectores y creo que esto es verdad igualmente contigo. Lee este libro como dueño de un negocio y piensa acerca de las sugerencias a medida que construyes una cultura para tu compañía. ¿Quién sabe qué tan grande puede llegar a ser tu empresa? Puedes estar incubando la próxima *"Big Blue"*, y necesitarás un código de valores que te guíen a alcanzar tu visión hacia el futuro.

Yo estoy de acuerdo con la tecnología y el espíritu de este libro. Casi todos los consejos de Michael provienen de un punto de vista que se puede resumir en dos frases:

- Conviértete en alguien emocionalmente atractivo.
- Vive en el lado correcto de la Ley de Reciprocidad.

La gente emocionalmente atractiva gana los concursos de popularidad que componen su vida. Si, tú tienes experiencia, ética laboral, y talento, pero de todas maneras estás perdiendo clientela y observando cómo le llega a tu competencia. Sin embargo sabes que tienes ventaja sobre ella. ¿Por qué? El cerebro emocional es dos veces más poderoso que el cerebro lógico, el cliente quiere una gran experiencia, no solamente una gran consultoría o un proceso efectivo. La atención que le prestes a tu experiencia emocional al trabajar con tus clientes, puede ser la mejor manera de diferenciar tu empresa de las demás y de construir una marca contagiosa.

"Tu mejor promotor: TÚ MISMO" resume maneras prácticas de mejorar tu habilidad de producir emociones positivas en otras personas – desde la manera en que les atiendes hasta tu trabajo en red con ellos. Por sobre todo, el libro provee consejo para construir un proceso consistente en tu empresa y a los clientes les atrae un buen proceso.

La Ley de Reciprocidad debe ser respetada para construir una empresa sostenible en cualquier rama. Esta ley postula que en casi todos los casos, la gente corresponde, especialmente cuando se trata de energía o generosidad. Si tus clientes reciben este valor agregado de parte tuya, ellos le añadirán energía a tu relación interpersonal. Si le suples a tu cliente lo suficiente (sea con cosas tangibles o intangibles) habrás logrado llegar al punto donde el cliente es leal y comienza a promocionar tu negocio en su esfera de influencia.

Contrario a esto, cuando le creas a tu cliente un escenario de *"yo gano y tú pierdes"* tu negocio es cíclico porque recibirás un trabajo, lo terminarás, y regresarás nuevamente al mercadeo de tu empresa. Tendrás que pelear para que tener éxito en cada negocio. Esto es cierto aún si eres un proveedor excelente que se comporta como *"el nazi de la sopa"* en la serie de televisión *Seinfeld*.

Tú tienes la opción de construir una empresa que obedece esta ley o no. Aquí no existe un término medio. El egoísmo es demasiado poderoso y la fe demasiado frágil. Este libro te guiará a aplicar ciertas prácticas que siempre hagan que tu cliente tenga una razón para volver a utilizar tus servicios y a desearte lo mejor.

Al terminar de leer este libro, recordé un viejo dicho que debe hacerte reflexionar profundamente al leerlo:

"MUCHO DESPUÉS QUE LA GENTE OLVIDE LO QUE DIJISTE O HICISTE, ELLOS RECORDARÁN LO QUE LES HICISTE SENTIR".

—Tim Sanders

Autor de *"The Likeability Factor: How to Boost Your L-Factor and Achieve Your Life's Dreams"*

COMENTARIOS DEL AUTOR

"Una vocación frustrada opaca el color
de la totalidad de la existencia de un hombre".
Honorato de Balzac

A comienzos del 2000 yo estaba totalmente insatisfecho y completamente desilusionado con mi trabajo como vicepresidente de programación en una empresa de entretenimiento. El ambiente se sentía como una prisión – largas horas, colegas insensibles, y ningún compromiso personal. ¿Suena familiar? Decidí embarcarme en un nuevo camino en mi carrera; decidí ser un entrenador y asesor profesional de negocios: *un profesional del servicio.* Secretamente pasaba tiempo leyendo, investigando, estudiando y honrando mis habilidades como consultor. Después de mucha planeación, mi fecha de *libertad* estaba marcada en cada calendario en mi apartamento con una carita feliz victoriosa y gigante. Mi carta de renuncia estaba firmada, sellada y lista para ser entregada. Casi no podía contener mis piernas de salir a correr por esa puerta y seguir mi corazón y mi cabeza (los cuales habían renunciado hacía mucho tiempo).

Ese inolvidable día recibí un sobre con mi bono adentro, corrí al banco, consigné el cheque y orgullosamente entregué mi carta de renuncia. El gozo, orgullo y satisfacción que sentía en ese momento eran increíbles. Volé a casa y desperté al día siguiente listo para sumergirme en mi carrera como trabajador independiente en mi propio negocio de servir a los demás.

Sin embargo, no me pude deleitar mucho en la gloria sin antes darme cuenta que estaba metido en un gran problema.

Llámenme loco pero realmente pensé que los clientes me iban a caer del cielo. Yo esperaba que ellos me conocieran, se enamoraran de mí, y luego canjearan su dinero por mis servicios. En vez de eso, lloré por mi apartamento costoso en la ciudad de Nueva York, asustado, sintiendo pesar de mí mismo, haciendo trabajos insignificantes para mantenerme ocupado pero que no me iban a generar ni un solo centavo de ingresos.

Después de seis meses estaba desesperado, lo cual anunció una nueva etapa de mi vida. Estaba cansado, ya había alcanzado mi límite, pero yo no iba a botar la toalla y rendirme con el sueño de ser un trabajador independiente. Imaginaba los siguientes diez años con mi prometida, Shannon, el amor de mi vida. Pero a decir la verdad, yo sentí que ella se iba a casar con un perdedor completo. Cuando nos conocimos yo ganaba un sueldo de seis dígitos anualmente y ahora ganaba muy poco.

Mi necesidad innata de apoyar y proveer, de servir a las personas que debía servir, fue encendida en alto una fría mañana neoyorquina. En vez de pensar en la fría realidad de mi lucha financiera y en la temperatura glacial afuera, trabajé cada día por no menos de 16 horas para pagar las deudas y tener éxito. Me vertí sobre todos los recursos y estudié todo lo que pude obtener en mis manos sobre temas de cómo atraer clientes, comunicación efectiva, mercadeo, ventas, y promoción de servicios. Por sobre todo, yo quería aprender cómo amar el mercadeo y las ventas a tal medida que se convirtiera en un ejercicio espiritual significante.

Funcionó. Después de 10 meses estaba lleno de trabajo con más clientes de los que podía atender. Los cheques personales no eran la parte más valiosa de mi negocio. Fue el sistema que yo iba construyendo lo que hizo que mi negocio y mis ingresos aumentaran cada mes. Comencé a compartir mis secretos para el éxito con un grupo pequeño de clientes confiables, y vi el éxito de sus empresas desarrollarse ante mis ojos. Escuchaba voces de confianza, éxito y orgullo en mis clientes. ¡Sus negocios florecían!

Mis clientes, quienes eran profesionales del servicio en muchas áreas, comenzaron a ser *"los mejores promotores de sus negocios"*: terapistas, agentes inmobiliarios, contadores, acupuntores, dentistas, dueños de salones de belleza y spas, diseñadores de páginas web, consultores de empresas, quiroprácticos, organizadores profesionales, planificadores financieros, asistentes virtuales, proveedores de salud, agentes de seguros, abogados, entrenadores personales, agentes aéreos, fotógrafos, psiquiatras, instructores de yoga y Pilates, entrenadores, reflexólogos, profesionales de ventas, naturópatas y otros más, estaban recibiendo más clientes de los que podían atender.

Inmediatamente comencé a ingeniar un sistema completamente duplicable que pudiera compartir también contigo. Ese es el sistema de "Tu mejor promotor: TÚ MISMO" y ahora lo tienes en tus manos. Es el mismo sistema que he estado enseñando a miles de profesionales del servicio alrededor del mundo, en mis seminarios en vivo y los programas de entrenamiento intensivo de "Tu mejor promotor: TÚ MISMO". Los resultados son poderosos.

El 93% de los clientes que han utilizado el sistema "Tu mejor promotor: TÚ MISMO", ha incrementado su clientela en el 34% y elevado sus entradas financieras en el 42% dentro del primer año de utilizar este programa.

En este momento me gustaría transmitirte lo real que puede ser que tú te conviertas en un exitoso trabajador independiente. De acuerdo a Daniel Pink (en *"Free Agent Nation"* citando un estudio de Anne E. Polvika, publicado en la edición mensual de *"Monthly Labor Review"*, octubre de 1996) "Contratistas independientes de tiempo completo ganan un promedio de 15% más que sus semejantes que están empleados." Daniel Pink también muestra (de un estudio de Aquent Partners) que "profesionales independientes tienen la posibilidad de ganar salarios dos veces más altos a los $75,000 por año, que aquellos trabajadores W-2". De hecho, el estudio de Aquent Partners muestra que uno de cada cuatro americanos ahora es un trabajador independiente.

¿Esa es la buena noticia no? Esto comprueba que estás tomando la decisión correcta de independizarte. Pero me gustaría que pensáramos aún más ampliamente. ¿Y qué si pudieras hacer mucho más? Solo trata de imaginarte si ganaras $10.000 cada mes. ¿Qué tal $20.000, $30.000, $40.000 cada mes? ¡Increíblemente distinto! Te puedo decir por experiencia personal que se abren un mundo de posibilidades. Tú también lo puedes lograr porque el sistema de "Tú mejor promotor: TÚ MISMO" te incorporará al mundo allá afuera de la manera más rentable posible.

Necesitas aprender las técnicas necesarias para promover tu trabajo y convertirte en la persona más fiable en tu campo, a la cual acudir antes que sea demasiado tarde. No quiero que inicies tu estudio de este libro dentro de dos años. Quiero que coseches todos los beneficios que te mereces, hoy. Si todavía no has alcanzado el nivel de éxito que esperabas o deseabas para tu negocio, existe solo un pequeño cambio que debes hacer: métete de cabeza en mi libro "Tu mejor promotor: TÚ MISMO". Este cambio hará que salgas corriendo (no caminando, ni trotando, ¡sino corriendo!) hacia una entrada mensual y una satisfacción personal tan increíbles que cambiarán tu negocio – y por ende, también tu vida.

Piensa en toda la libertad, abundancia, rentabilidad y gozo que puedes crear para ti mismo. No hay ninguna duda que el sistema de "Tu mejor promotor: TÚ MISMO" puede cambiar tu negocio y tu vida. Por supuesto, está en tus manos sacar total provecho de él.

Tú amas y eres exitoso en lo que haces, estás dispuesto a servir a otros y por lo tanto esto te convierte en un ser humano extraordinario, por eso hoy es el día de ser *"Tu mejor promotor: TÚ MISMO".*

Yo te mostraré el camino hacia una empresa rentable, significativa, y absolutamente sólida, rebosante de tantos clientes como tu corazón lo desee. Clientes que te animen e inspiren, a quienes les brindarás tu mejor trabajo, que te pagarán maravillosas cantidades de dinero.

Espero que sientas el mismo gozo que yo siento cada día al construir tu propia empresa. Espero que el sistema de "Tu mejor promotor: TÚ MISMO" no solamente te inspire sino que también te mantenga claramente enfocado en aprender y seguir aprendiendo y experimentando para afinar todo lo que tienes dentro de ti mismo. Estoy seguro que el éxito que vas a obtener, no solamente vendrá por el trabajo que hagamos juntos. Realmente existe dentro de ti. "Tu mejor promotor: TÚ MISMO" te hará ver la grandeza que hay en ti.

Estamos todos juntos en este camino, aprendiendo unos de los otros. Todos buscamos gozo, amor, éxito y felicidad. Te invito a continuar confiando en la gran diferencia que estás siendo en la vida de tus clientes, en tu vida propia y en la sociedad en general.

¡Un brindis por ti! Por enfocarte en obtener tantos clientes como tu corazón anhela. Es mi deseo que puedas iniciar la lectura de "Tu mejor promotor: TÚ MISMO" con tu mente abierta y un corazón dispuesto. Que puedas arrancar, o por lo menos poner a un lado, cualquier idea preconcebida que este volando en tu mente. Permite que este proceso poderoso sea revelado paso a paso.

El camino de "Tu mejor promotor: TÚ MISMO" es de abundancia, gozo, y significado. Es mi profundo honor tomarte de la mano y caminar contigo por este sendero. He tenido el placer y fortuna de servir a miles de profesionales como tú, que quieren construir una empresa de servicio basada en sus dones, talentos, y habilidades. Así como ellos, tú me inspiras y me animas porque has dedicado tu trabajo a servir a otros. Sé que tu éxito está muy cerca y continuarás siendo sostenido por tu fe, fuerza interna y confianza.

Ahora, empecemos a trabajar para que puedas ser *Tu mejor promotor: TÚ MISMO.*

Piense en grande,

—Michael Port
*El hombre a llamar cuando te canses
de pensar en metas pequeñas.*

PREFACIO

E l sistema de "Tu mejor promotor: TÚ MISMO" está basado en principios espirituales y prácticos.

Desde un punto de vista práctico pueden existir dos razones sencillas por las cuales no estés atendiendo tantos clientes hoy como quisieras. Puede ser que no sepas qué hacer para atraer y asegurar más clientes o tal vez sepas lo que debes hacer pero realmente no lo estás haciendo. El sistema de "Tú mejor promotor: TÚ MISMO", está diseñado para ayudarte a resolver estos dos problemas. Te daré toda la información que necesitas para asegurar más clientes de los que puedas atender. Yo te daré las estrategias, técnicas, y claves. Si tú ya sabes qué hacer pero no lo estás haciendo, te daré la inspiración que necesitas para actuar y ayudarte a mantenerte responsable para construir el negocio de tus sueños.

Desde un punto de vista espiritual yo creo que si tienes algo para decir, si tienes un mensaje para divulgar, si hay personas a las que quieres servir, entonces hay personas en este mundo que fueron *creadas* para que tú les sirvas. No tal vez, o de pronto, porque tan solo son parte del mercado... pero más bien son quienes fueron *creados* para servir. Esta es la manera en la que está estructurado el universo si estás en el negocio de servir a otros. Si no entiendes esto ahora, lo entenderás después de leer este libro y de seguir el sistema de "Tu mejor promotor: TÚ MISMO".

Este sistema está organizado en tres módulos: Tus Fundamentos, Construyendo seguridad y Credibilidad, y las 7 Estrategias de Auto-Promoción con el sistema de "Tu mejor promotor: TÚ MISMO".

Iniciaremos construyendo fundamentos para tu negocio de servicio que serán irremisibles. Si realmente estás considerando ser un profesional del servicio súper exitoso, debes tener unos fundamentos muy firmes por construir. Luego estarás listo para crear e implementar una estrategia para edificar confianza y estabilidad. Serás considerado un experto de confianza en tu campo y comenzarás a ganarte la confianza de las personas a las cuales quieres servir. Luego y solamente luego, ejecutarás las siete estrategias de auto-promoción, creando así conciencia por el valor de los servicios que ofreces usando estrategias promocionales auténticas y honestas, que estén basadas en tus talentos.

Para ayudarte a diseñar un negocio de servicio rebosante de clientes que te inspiren y te den energía, este libro incluye ejercicios escritos y pasos sólidos de acción que te ayudarán a pensar ampliamente acerca de tu negocio. Paso a paso te guiaré hacia las medidas que necesitas tomar y completar por el camino del servicio a los clientes como tu corazón lo anhela.

Tú obtienes un gran valor al leer este libro, pero el valor real - y tu éxito – dependen de tu decisión de participar activamente haciendo los ejercicios, desarrollando los pasos de acción que encuentras en "Tu mejor promotor: TÚ MISMO". Al participar de todos estos beneficios, iniciarás un crecimiento exponencial de desarrollo personal y profesional que te equipará para alcanzar el éxito para el cual estás preparado.

Si sigues este sistema, te *funcionará*. No debes saltar, ni pasar, ni ignorar ningún paso en "Tu mejor promotor: TÚ MISMO". Estudia las estrategias de auto-promoción ya que solo te darán resultados efectivos después de implementar adecuadamente el módulo sobre las "Estrategias de Crecimiento en tus Fundamentos y Credibilidad" Una de las razones por las cuales los profesionales del servicio odian el mercadeo y las ventas es porque están tratando de vender sin tener estrategias para construir los fundamentos ni la credibilidad, lo cual es similar a comerse un huevo sin antes cocinarlo. ¡Por supuesto que lo vas a odiar! No importa cuán tentado estés por pasar por alto algunos pasos, yo te insisto a *que por favor,* sigas el orden del sistema y observes cómo se desarrolla el proceso.

Existen muchos profesionales del servicio talentosos e inspirados como tú, que huyen del mercadeo y de las ventas porque han llegado a creer que estas son actividades tan agresivas y egoístas que pueden llegar a ser incómodas. Este viejo paradigma no tiene nada que ver con el sistema de "Tu mejor promotor: TÚ MISMO". Ésta es la mentalidad típica de enganchar o robar clientes. *Nunca* te debes dejar convencer por este tipo de mentalidad. Si la adoptas, operarás creyendo en la escasez y vergüenza, en vez de la abundancia y la integridad. Hazte las siguientes preguntas:

- ¿Cómo puedo expresarme completamente en mi trabajo para que sea significativo para mí y para los que sirvo?
- ¿Cómo puedo trabajar solamente en las áreas de mis mayores fortalezas y talentos para poder sobresalir?
- ¿Cuántas relaciones establecí y profundicé con gente de propósito?
- ¿Cómo puedo escuchar mejor y servir a mis clientes ideales?
- ¿Cómo puedo sorprender significativamente a la gente?
- ¿Cómo puedo cumplir más allá de las promesas que hago a mis clientes?
- ¿Cómo puedo cooperar con otros profesionales para crear mayor abundancia?

Si continuamente te haces estas preguntas, si estableces un fundamento sólido para tu negocio, crear confianza y credibilidad dentro de tu mercado, y emplear las siete estrategias de auto-promoción, entonces estarás trabajando para llegar a ser *"Tu mejor promotor: TÚ MISMO"*. ¿Listo para iniciar? ¡Hagámoslo!

MÓDULO UNO
TU FUNDAMENTO

---

*P*ara llegar a tener un negocio sólido, se requiere de un fundamento sólido que esté basado en lo siguiente:

* Escoge el perfil de tus clientes ideales para que puedas trabajar con gente que te inspira y energiza.
* Entiende por qué la gente compra lo que vendes.
* Desarrolla una marca personal para que seas memorable y único.
* Habla acerca de lo que haces sin que suenes confundido ni blandengue.

En el transcurso del *Módulo Uno*, te guiaré en el proceso de construir un fundamento para que tengas la plataforma sobre la cual puedas ubicarte, que sea una estructura perfectamente planeada, que sostenga todo el crecimiento de tu negocio y de un mercado creciente - y me atrevo a agregar – que también te de bases para tu crecimiento personal. Esto último se debe a que, estando tú envuelto en el negocio, especialmente como alguien que trabaja ofreciendo un servicio a terceros, requieres de constante reflexión y crecimiento interior.

Construir el fundamento es algo así como poner juntas las partes de un rompecabezas. Vamos a tomar una pieza a la vez y cuando hayamos terminado, habrás construido la base para llegar a convertirte en *"Tu mejor promotor: TÚ MISMO".*

CAPÍTULO 1

LA PÓLIZA DEL CORDÓN DE TERCIOPELO ROJO

*"Aquel que se restringe a sí mismo a conveniencia
de los demás, pronto terminará reducido".*
Raymond Hull

Imagina que una amiga te ha invitado para que la acompañes a un evento especial. Tú llegas y te aproximas a la puerta, sorprendido de ver un cordón de terciopelo rojo estirado entre dos columnas de metal. Un hombre muy bien vestido te pregunta tu nombre, chequeando en su lista de invitados y al encontrarte en ella, desata uno de los extremos del cordón rojo y te permite entrar a la fiesta. Te sientes como una estrella.

¿Tienes tu propia póliza de cordón rojo que le permita la entrada solo a los clientes más ideales que te inspiran y dan energía? Si no la tienes, la tendrás brevemente. ¿Por qué? Primero que todo, porque cuando trabajas con clientes que amas, realmente amarás el trabajo que estás haciendo, cada minuto de tu tiempo. Y cuando amas cada minuto de lo que haces, harás *lo mejor*, lo cual es esencial para ser excelente en tu campo.

Segundo, porque *tú eres* tus clientes. Ellos son una expresión y una extensión tuya. ¿Recuerdas cuando eras un adolescente y tus padres te hacían la vida imposible por alguna clase de amistad que tenías? De pronto ellos te dijeron que esa persona en particular reflejaba una mala influencia para tu vida y tú debiste pensar que eso era algo injusto, pero la verdad es que tú eres como las amistades que mantienes. Por eso es imperativo que escojas tus clientes de la misma manera como escoges tus amistades.

El primer paso para construir el fundamento de tu negocio, es elegir tus clientes ideales, los individuos o negocios con quienes harás tu mejor trabajo, la gente y los ambientes que te inspirarán y te llenarán de energía. Voy a ayudarte a identificar características específicas de individuos y organizaciones que los harán absolutamente ideales para trabajar con ellos. Luego desarrollarás un proceso riguroso de exploración para encontrar más de esta clase de clientes. También voy a ayudarte a reducir tu lista actual dejando solamente a tus clientes ideales.

Cuando comencé mi negocio, trabajaba con cualquiera que respirara y tuviera una chequera. Luego leí un artículo escrito por Thomas Leonard, autor de *"The Portable Coach"*. Él sugería que escogiéramos a nuestros clientes y que trabajáramos solo con quienes fueran ideales para nosotros. Gracias a Dios que tomé ese consejo desde el fondo de mi corazón y ahora vivo de lo que llamo la póliza del cordón de terciopelo rojo para obtener clientes ideales, la cual incrementa mis niveles de creatividad y felicidad, me permite hacer lo mejor de mi trabajo, y tengo más clientes y referencias que las que yo mismo puedo manejar. Y tú también los tendrás.

Para máximo gozo, prosperidad y abundancia, piensa en la clase de persona que eres cuando estás trabajando en óptimas condiciones, cuando estás rodeado de la gente que te inspira y te da energía. Ahora, piensa en toda la frustración, tensión y ansiedad que sientes cuando estás trabajando con clientes que son menos que ideales - ¿no muy bien, verdad?

¿No sería magnífico trabajar todo el día con excelentes clientes? ¿Con gente con la que te es difícil pensar que te van a pagar por el gusto de trabajar con ellos? Esto es completamente posible, una vez que hayas identificado con quién quieres trabajar y determinado con absoluta certeza que no te conformarás con nada menos. Cuando hagas eso, es cuestión de saber cuáles de tus clientes existentes califica y cómo adquirir más de ellos.

Deja los que no te convienen

El autor y gurú de los negocios, Tom Peters, nos lleva un paso más lejos. En su libro *"Re-Imagina"* (*"Reinventing Work: The Professional Service Firm 50"*), nos reta a dejar a los clientes que no nos convienen. ¿Dejar mis clientes? Tú dices. Casi puedo escuchar tus múltiples protestas y las exclamaciones de sorpresa: *"¡Pensé que este era un libro sobre cómo conseguir más y clientes y no sobre cómo dejarlos!"* refutas. Pero Peters habla acerca de dejar a los que no te convienen, no a todos tus clientes, solo a los malos. Suena feo pero piénsalo: tus clientes malos son los que te desgastan interactuando con ellos, los que te roban energía, te desesperan hasta las lágrimas, te frustran, o aun peor, despiertan en ti el deseo de acabarlos – o acabarte – sin importar tu naturaleza amorosa.

Conozco la mayoría de razones por las cuales piensas que no debes dejar tus clientes malos y sé que puede causar un poco de temor al comienzo, pero déjame explicarte; adopta este consejo y confía en que viene de un maestro amoroso y cree que el paso es necesario en el camino a ser un excelente profesional proveedor d servicios.

¿Por qué tener clientes, o cualquier persona en tu vida, que acaben con tu energía y te dejen sintiéndote vacío? Durante el primer año que inicié el negocio por mi propia cuenta, dejé a 10 clientes la primera semana y no fue fácil porque se requería de mucha fe, pero la recompensa emocional y financiera valió la pena. En tres meses recuperé los 10 clientes y había agregado 6 más. No solo incrementé mis entradas sino que me sentía más en paz y en calma que nunca antes, aparte que disfrutaba de mis clientes y de mi trabajo mucho más.

Cuando me pregunté a mi mismo: ¿Preferiría pasar mis días trabajando con gente increíblemente sorprendente, agradable y maravillosa que sean mis clientes y amigos, o pasar minutos agonizantes y espantosos trabajando con gente inaguantable que me acabe la vida? No tenía de donde escoger. Sabía que la pérdida temporal de entradas valdría la pena y se justificaría más adelante.

1.1.1. EJERCICIO ESCRITO: Para comenzar a identificar la clase de clientes que no quieres, considera las características o conductas que te rehúsas a tolerar. ¿Qué te apaga y te desconecta? ¿Qué clase de gente *no debería* atravesar el cordón de terciopelo rojo que te protege a ti y a tu negocio?

1.1.2. EJERCICIO escrito: Ahora, dale una muy buena mirada a tu lista de clientes y se absolutamente honesto contigo mismo. ¿Quién de todos ellos llena el perfil de cliente ideal que acabas de crear y *no debería* haber pasado por el cordón de terciopelo rojo que te protege a ti y a tu negocio?

1.1.3. Paso de acción: Bota los clientes malos que acabaste de escribir en el ejercicio anterior. Puede ser un solo cliente o puede ser que necesites dos hojas más para terminar de escribirlos a todos. ¿Te había advertido que iba a empujarte para sacarte de tu zona de comodidad? Si no te lo dije antes, bueno, te lo digo ahora. ¿Te está latiendo rápido el corazón? ¿Tu estomago está revolviéndose solo con ese pensamiento? ¿Has comenzado a sudar frio? ¿O estás saltando de la felicidad, ahora que has recibido el permiso para salir de todos tus dolores de cabeza? A lo mejor estás experimentando las dos emociones a la vez, lo cual es totalmente normal.

Tomar un paso de acción de acuerdo con tu deseo de ser *excelente* es algo inteligente que requiere coraje. Y tener coraje no se trata de no tener miedo, sino de controlarlo y utilizarlo para seguir hacia adelante, para darte fuerza. No hay sentimiento más gratificante que el orgullo que experimentas cuando sobrepasas tus temores y logras hacer lo que te habías propuesto. A lo mejor es más fácil si decides hacerlo un paso a la vez. Comienza entonces por sacar de tu lista a uno de esos clientes improductivos. El sentimiento de empoderamiento que experimentarás una vez que hayas comenzado a hacerlo, te motivará a seguir recortando tu lista hasta que todos los inservibles hayan salido.

Si estás luchando con la idea de recortar tu lista de clientes, piensa que es por el bien de ellos y por el tuyo propio. Si te sientes vacío y acabado, o frustrado y agotado durante la interacción con un cliente así, significa que le estás ofreciendo mucho menos que lo mejor de ti, y los dos están sufriendo por eso. A clientes de este tipo les debes el beneficio de permitirles referirse a alguien que pueda y quiera hacer lo mejor para trabajar con excelente disposición hacia ellos. Si estás trabajando con gente para la cual no estás dando lo mejor, no estás actuando con integridad.

Y como lo discutimos anteriormente, tú *eres* tus clientes, porque cuando ellos van afuera y se conectan con el mundo, te están representando. ¿Con quién quieres asociarte? ¿Con los ideales o con los inservibles? Además, son tus clientes ideales quienes están felices contigo y con tus servicios, los que salen a hablarle a otros acerca de ti, que te refieren a otros clientes como ellos, es decir, que te dan más clientes ideales. Mientras menos clientes indeseables tengas, mayor espacio tendrás para buena clientela, mejores referidos tendrás y así sucesivamente.

Los clientes son como familia para mí, así que sé que esto puede ser difícil. Yo viví un período intenso de energía negativa, preocupándome por esas relaciones retadoras con mis clientes. Esto me dejó exhausto y me impidió ofrecer el mejor servicio en beneficio de ellos. Era imposible para mí ser productivo, efectivo o exitoso trabajando con clientes inferiores a lo ideal.

Déjame compartirte la historia que ocurrió entre mi jardinero y yo, en la cual yo era menos que un cliente ideal para él. Por alguna razón no éramos una buena combinación; él tenía problemas conmigo y sabía que yo no era su cliente ideal, pero en lugar de decírmelo prefirió continuar conmigo y se iba disgustando más y más, hasta que finalmente estalló actuando como un cretino y tuve que despedirlo. Él parecía estar muy lejos de la idea de abandonar sus clientes inservibles y ni creo que la haya llegado a considerar. Te garantizo que haber recortado sus clientes malos era tan fácil como podar los arboles, en lugar de haber permitido esa situación hasta deteriorar la relación y terminarla de una forma tan negativa. De no haber sido así, yo lo hubiera referido a otra gente que hubiera sido ideal para su trabajo. Su inhabilidad para tomar el paso de acción, de haber dejado ir un cliente menos que ideal, nos perjudicó a los dos causándonos insatisfacción con la situación, y lesionó su reputación.

Esto es lo que puede pasar con clientes que no son ideales para ti. En algún punto, va a haber un conflicto ya sea intencionalmente o no, porque vas a estar frustrado con ellos y a su vez esos clientes van a pensar que no les estás proveyendo buen servicio y tendrán razón. No es bueno para ti ni para tu cliente cuando te quedas en una situación menos que la ideal. Por favor, no cometas el mismo error que el que cometió mi jardinero. Si lo haces, tendrás clientes importantes que van a salir a contarle a todo el que quiera escuchar, que tú eres la peor persona con la que se puede trabajar.

Los clientes que no son ideales para ti, pueden ser ideales para otros negocios. Obvio que no hay nada malo en ellos, simplemente no son buenos para ti. Entonces piensa que no estás despidiendo a tus clientes sino ayudándoles a encontrar a alguien que sea mejor para ellos. Puedes actuar con tacto, diplomacia y amabilidad. Hasta puedes intentar referirlos a un colega tuyo que pueda hacer una mejor conexión con ellos. En lo posible, hazlo con sencillez, diciendo algo como: *"No soy la mejor persona para atenderle"*, o *"No creo que nos vamos a entender"*.

¿Vas a obtener siempre una respuesta positiva cuando abandones tus clientes menos que ideales? Probablemente no. Si lo primero que viene a tu mente es: "No quiero a nadie allá afuera pensando mal de mí", te entiendo porque yo también quiero que me amen, pero la vida puede ser una experiencia complicada y tú no vas a complacer a todos. Hasta el hecho de intentarlo, puede ser una experiencia muy frustrante, como nos lo muestra la siguiente fábula.

"El viejo, el niño y el burro"

Un viejo, un niño y un burro iban por el pueblo. El niño iba montado en el burro y el viejo caminaba a su lado. A medida que avanzaban se encontraron con una gente que dijo que era una vergüenza que el viejo fuera caminando mientras el chico iba montado cómodamente en el burro. Entonces el viejo y el niño pensaron que de pronto las críticas eran correctas y decidieron cambiar sus posiciones.

Más adelante, pasaron junto a otra gente que opinó que era una vergüenza que el viejo hiciera caminar a ese pobre niño. Entonces decidieron que los dos caminarían.

Pronto se encontraron con otra gente que al verlos comentó que era una estupidez ir caminando mientras llevaban ese burro en el cual podían montar muy cómodos. Entonces los dos se subieron al burro.

Ahora se encontraban con otra gente que decía que era una absurdo ponerle semejante cantidad de peso al pobre animal. El viejo y el niño pensaron que probablemente la gente tenía razón y decidieron cargar el burro. Mientras cruzaban el puente, perdieron el equilibrio y dejaron caer el burro al agua y éste se ahogó.

Moraleja de la historia: Si tratas de complacer a todo el mundo, puede ser que pierdas la oportunidad de hacer lo que quieres.

Creando tu póliza del cordón rojo de terciopelo

Los beneficios de trabajar con clientes ideales son muchos y muy significativos:

- Tendrás la mejor energía para hacer tu mejor trabajo.
- Te sentirás animado e inspirado.
- Te conectarás con tus clientes a un nivel más profundo.
- Te sentirás exitoso y confiado.
- Sabrás que tu trabajo cuenta y transforma vidas.
- ¡La magia será parte de tu vida!

Mis clientes ideales tienen estas cualidades:

- Brillantes (Llenos de luz y me animan fácilmente).
- Constantes (Regresan continuamente).
- Valientes (Enfrentan sus luchas).
- Piensan en grande (Sus proyectos benefician a mucha gente).
- Con valores (Entienden la importancia de obtener óptimas relaciones interpersonales conmigo y con los demás).
- De respuestas rápidas (Hablan hoy y hacen mañana).
- Optimistas (Naturalmente entusiastas).

Tu lista puede ser muy diferente. A lo mejor quieres trabajar con cierta clase de clientes. A lo mejor la responsabilidad o las metas a largo plazo son importantes para ti. O puede ser que tu mayor prioridad sea qué tan frecuente tus clientes trabajen contigo o cuántos proyectos te dan. El estado económico puede ser un factor importante, pero recuerda, es solo uno de muchos. De hecho, es con frecuencia uno de los aspectos por el cual muchos servicios profesionales terminan trabajando con clientes que son menos que ideales. Entonces recuerda que el estado económico de un cliente potencial debería ser solo uno de muchos aspectos por considerar. Observa que la lista de mis clientes ideales considera primero la *calidad* de mis clientes – *quiénes son* por encima de *qué tienen*.

1.1.4. EJERCICIO ESCRITO: Define tu cliente ideal:

- ¿Con qué clase de gente te encanta relacionarte?
- ¿Qué hacen ellos?
- ¿De qué hablan?
- ¿Con quién se asocian?
- ¿Qué estándares éticos siguen?
- ¿Cómo aprenden?
- ¿Cómo contribuyen a la sociedad?
- ¿Son sonrientes, emprendedores, creativos?
- ¿Qué clase de ambiente quieres crear en tu vida?
- ¿Quién pasará por el cordón de terciopelo rojo que te protege a ti y a tu negocio?

Haz la lista de las cualidades que te gustarían en tu cliente ideal.

1.1.5. EJERCICIO ESCRITO: Ahora miremos a tu base actual de clientes:

- ¿Con quién de ellos te encanta interactuar más?
- ¿A quién de ellos prefieres ver?
- ¿Con cuáles clientes no te sientes como trabajando?

Escribe los nombres de tus clientes o personas con quienes hayas trabajado y te guste tener cerca.

1.1.6. EJERCICIO ESCRITO: Mantén una imagen clara de ellos en tu mente. Escribe las cinco razones más importantes por las cuales te gusta trabajar con ellos. ¿Qué te emociona de trabajar con ellos?

1.1.7. EJERCICIO ESCRITO: Ahora profundiza. Si estuvieras trabajando solo con clientes ideales, ¿qué cualidades ellos necesitan tener indiscutiblemente para que tú puedas realizar el mejor trabajo para ellos? Tienes que ser honesto y no preocuparte por dejar personas por fuera. Piensa egoístamente en ti. Para este ejercicio necesitas trabajar solo con lo mejor de lo mejor. Debes ser valiente e inteligente para escribir sin pensar ni filtrar tus pensamientos.

¿Qué tan distintas fueron las dos últimas listas? A lo mejor acertaste la primera vez. A lo mejor estás bien orientado, o de repente tienes una oportunidad de clientes ideales encubiertos.

Sabiendo quiénes son tus clientes ideales y escogiendo solo aquellos que tienen el 75% de las cualidades que identificaste, te divertirás más, obtendrás grandes resultados y experimentarás un increíble gozo y satisfacción en tu negocio.

Esto es benéfico porque estarás en capacidad de identificar otros clientes ideales con los que te gustará trabajar. A la gente le agrada saber que ellos son importantes para ti, y si saben que tú haces tu mejor trabajo con y para ellos y para clientes como ellos, estarán más inclinados a trabajar contigo, elevando el interés hacia tu empresa.

Mira tu lista de requisitos y comienza a pensar cómo puedes hacer para comenzar a filtrar tus clientes. En mi caso, yo soy como un generador gigante – entre más gas (proyectos o clientes) yo tengo, más puedo producir. Pero la clase de combustible equivocada me causa congestión y me lleva a fracasar. Piensa en un carro deportivo de carreras corriendo con gasolina diesel – no es muy adecuado. Lo mismo nos ocurre cuando adquirimos la clase de energía equivocada. Toda máquina necesita un sistema de filtración para mantener el motor trabajando suave y limpiamente, de la misma forma en que tú necesitas crear un sistema limpio de clientes que filtren todas las imperfecciones.

Los filtros que me ayudan a seleccionar mis clientes incluyen:

- Me siento muy animado y alegre después que trabajo con mis clientes.
- Mis clientes buscan una retroalimentación amplia, y aún mejor, la tienen en cuenta para actuar.
- Mis clientes confían de tal forma, que dejan a alguna gente sorprendida y desconcertada.
- Mis clientes no son víctimas; ellos toman sus responsabilidades y piensan en el mejoramiento de otros.
- Mis clientes continuamente tienen en cuenta el valor de las relaciones interpersonales a nivel personal y profesional.
- Mis clientes se sienten estimulados por los aportes y colaboración de otras personas hacia ellos.
- Mis clientes utilizan anécdotas y discursos coloridos, compartiendo historias personales.
- Mis clientes no posponen sino que responden rápidamente ante nuevas oportunidades.
- Mis clientes son naturalmente optimistas y no se quejan.

1.1.8. EJERCICIO ESCRITO: ¿Qué filtros quieres usar para obtener clientes ideales?

Los clientes ideales, los malos y los demás

1.1.9. EJERCICIO ESCRITO: Dibuja una cartelera de tres columnas. Escribe en la primera columna "clientes ideales" en la segunda "los malos" y en la tercera "los demás". Ahora divide tus clientes en estas categorías siendo honesto

Como eliminaste a tus clientes malos, te queda espacio para más clientes ideales. A medida que usas el sistema para ser *"Tu mejor promotor: TÚ MISMO"* y atraer más y más clientes ideales, descubrirás que vas a sentirte más feliz, más vibrante, más energético y más productivo. Estarás muy animado ofreciendo a tus clientes lo mejor de ti y de tus servicios, disfrutando cada minuto de tu trabajo.

Como si eso fuera poco, puedes comenzar a notar que algunos de tus clientes en el rango medio, es decir aquellos que no están en la lista de los ideales ni en la lista de los malos, van a pasar por una transformación. ¿Por qué? Porque mientras tú estabas trabajando con tus clientes malos, no estabas dando lo mejor de tu trabajo; y si estabas pensando que eso no afecta a tus otros clientes, reconsidéralo. La energía renovadora y el ambiente más positivo que crearás como resultado de haber soltado tus clientes malos, más que ningún otro efecto, rejuvenecerá la relación entre tú y tus clientes en el rango medio, convirtiendo a algunos de ellos en tus clientes ideales.

1.1.10. EJERCICIO ESCRITO: Has una lluvia de ideas pensando en la forma en que puedes reiniciar tu relación con los clientes en el rango medio. Considera sobre aquello en lo que puedas haber contribuido inadvertidamente para que esos clientes sean menos que ideales.

- ¿Existe alguna manera en que puedas retomar y reactivar las ganas de trabajar entre tú y ellos?
- ¿Necesitas organizar y manejar tus expectativas más claramente desde el fundamento de tu negocio?
- ¿Puedes enriquecer la dinámica entre ustedes desafiando o inspirando a esos clientes de otras formas?

Adelante – apaga el lado izquierdo de tu lógica cerebral por un momento y deja que el lado derecho de tu mente desarrolle tu creatividad al máximo.

Observa cuidadosamente la forma en que tu relación con los clientes de rango medio comienza a cambiar, en la medida en que implementas el sistema de *"Tu mejor promotor: TÚ MISMO".* Algunos pudieron alejarse, otros pudieron dar el paso y elevarse a la categoría de clientes ideales.

CUANDO TÚ DECIDES EXPRESARTE LIBRE Y TOTAL-
MENTE, DEMOSTRANDO CON AMPLITUD TUS VALORES
Y TUS PUNTOS DE VISTA, ATRAES NATURALMENTE A
LOS QUE SE SIENTEN A GUSTO TRABAJANDO CONTIGO
Y ALEJAS A LOS QUE NO NECESITAS.

Un proceso perpetuo

El proceso que acabamos de hacer, debe implementarse siempre. Podar tu lista de clientes es un procedimiento perpetuo porque las relaciones funcionan en ciclos que cambian en forma natural. Las relaciones positivas y dinámicas que tienes ahora con tus clientes ideales llegan a una cima, pero también viene el tiempo de ir por caminos separados. Con el tiempo te irás acostumbrando a este proceso, porque tiene muy buenos resultados y vale la pena el esfuerzo.

Dejare que Tom Peters nos aporte algo a todo esto: "Esta es tu vida. Tú eres tus clientes. Es justo, sabio e imperativo hacer los ajustes. Esquivarlos, demuestra falta de integridad".

Voy a avanzar un paso más, diciendo que hacerlo, es una de las decisiones más inteligentes en tu vida y en tu negocio que puedes tomar, porque es crucial para tu éxito y tu felicidad. Recorta con frecuencia y antes que te des cuenta, te beneficiarás, adquiriendo y manteniendo clientes con los que te encante trabajar.

CAPÍTULO 2

¿POR QUÉ LA GENTE COMPRA LO QUE TÚ ESTÁS VENDIENDO?

"Antes de hacer cualquier otra cosa,
prepararse es el secreto para el éxito".

—HENRY FORD

*L*os siguientes pasos que vamos a dar, te harán sentir, ya sea, esquivando para no pararte sobre piedras o dando grandes pasos de fe. De cualquier forma, valdrá la pena que te tomes el tiempo para andarlos. Y por favor recuerda someterte al proceso y quédate a mi lado a medida que caminamos juntos para llevarte a ser *"Tu mejor promotor: TÚ MISMO".*

Los siguientes cuatro pasos, te ayudarán a entender profundamente por qué la gente compra lo que tú estás vendiendo, lo cual es un componente esencial para crear una tremenda demanda de tus servicios:

- *Paso 1*: Identifica el tipo de mercado.
- *Paso 2*: Comprende la necesidad urgente y los deseos apremiantes del tipo de mercado.
- *Paso 3*: Ofrece posibilidades de inversión.
- *Paso 4*: Descubre y demuestra los beneficios de tus posibilidades de inversión.

Paso 1: Identifica tu tipo de mercado

Ahora que has observado las cualidades de la gente con la que quieres trabajar, es tiempo de identificar el tipo de mercado, el grupo específico de gente o negocios con los que quieres trabajar. Por ejemplo, tu tipo de mercado puede ser gente retirada, madres trabajadoras, o profesionales del servicio. Tus clientes son el subconjunto del tipo de mercado al que elijas servir. Es tan importante identificar el tipo de mercado con el que te sientas emocionado como lo es identificar a tus clientes ideales con los cuales te sientes entusiasmado e inspirado. Recuerda que tus clientes ideales son los que te hacen sentir ganas de trabajar y te animan; tu tipo de mercado es el grupo demográfico al que te fascina servir.

Además es importante distinguir la diferencia entre el tipo de mercado y el nicho. Si ya has hecho otras investigaciones o leído sobre este tema de construir tu negocio, puede que hayas escuchado estos dos términos antes, y habrás visto que se utilizan intercambiadamente. Sin embargo, *no* son lo mismo. Hay una distinción importante entre ellos: el tipo de mercado es el grupo al que sirves, y el nicho es el tipo de servicio en el que te especializas para ofrecer a tu tipo de mercado. En el capítulo 3 hablaremos del nicho, porque antes de hablar sobre la clase de servicio que ofreces, primero tienes que identificar el tipo de mercado con el que vas a trabajar.

Aún si crees que ya tienes identificado tu tipo de mercado, por favor no dejes de leer esta sección. Con frecuencia veo profesionales del servicio que están luchando, ya sea porque han elegido un tipo de mercado que no es tan específico como se necesita que sea, o han escogido un tipo de mercado basado en lo que ellos piensan que es más lógico y más lucrativo, en lugar de escoger basados en lo que realmente les gusta hacer. Entonces, por favor lee esta sección aún si crees que no lo necesitas. Créeme, si tu tipo de mercado no es lo suficientemente específico o el indicado para ti, el resto del libro no será tan efectivo. Y además, pueda que te sorprendas de lo que llegues a descubrir.

El mayor beneficio de llegar a identificar tu tipo de mercado, es que te permite determinar más fácilmente dónde encontrar clientes potenciales que están buscando lo que tú ofreces. De esta forma sabes dónde concentrar tus esfuerzos de mercadeo y qué ofrecer para que sea inmejorable y bien recibido.

MERCADEAR Y VENDER NO ES ACERCA DE TRATAR
DE CONVENCER, COACCIONAR O MANIPULAR A
LA GENTE PARA QUE COMPRE TUS SERVICIOS. ES
ACERCA DE SALIR TÚ MISMO AL FRENTE Y OFRECER
TUS SERVICIOS A QUIENES TÚ YA ESTÁS LISTO PARA
SERVIR – GENTE QUE YA TIENE LA NECESIDAD DE LO
QUE TÚ ESTÁS OFRECIENDO.

Para que puedas alcanzar a la gente a la cual estás listo para servir, tienes que saber dónde encontrarla. Por eso es esencial identificar un tipo de mercado bien específico con el cual trabajar.

No importa cuánto quieras agradarle a todos, simplemente no es posible, y aunque fuera así, estarías perjudicándote a ti mismo y a los clientes que intentas servir. Tú puedes servirle a tus clientes mucho mejor, ofrecerles mucho más de tu tiempo, energía y experiencia, si delimitas bien tu tipo de mercado para servirle solo a los que más necesitan tus servicios y pueden beneficiarse más de lo que tienes para ofrecer.

Si hasta ahora estás comenzando tu negocio, o has estado trabajando por un buen tiempo pero todavía no estás establecido, puedes estar tentado de ofrecer tus servicios a todos y cada uno de los que piensas, con la idea que entre más ofrezcas tu negocio, mayor cantidad de clientes vas a conseguir. Aunque lo que voy a decirte parezca contrario a tus intereses, necesitas angostar tu tipo de mercado para conseguir más clientes. Eso es exactamente lo que necesitas hacer para ser exitosamente *"el mejor promotor de tu negocio".*

Funciona así: ¿Cuál preferirías ser: un pez pequeño en una pecera grande o un pez grande en una pecera pequeña? Es muchísimo más fácil sacar provecho de un dominio lucrativo para ti mismo una vez que hayas identificado tu tipo de mercado. Una vez que tú seas un pez grande en una pecera pequeña, recibirás más invitaciones de las que puedas manejar, para ir a nadar a otras peceras.

Por ejemplo, unos de mis clientes, el doctor Mike Berkley de L.A., es especialista en Acupuntura y trabaja con la infertilidad masculina y femenina utilizando acupuntura y medicina herbaria. Él es reconocido por su trabajo y se ha convertido en *"el mejor promotor de su negocio".* De hecho, tiene una agenda tan llena que tendrías suerte si consigues una cita con él. ¿Por qué? Bueno, él es maravilloso con lo que hace, pero además ha escogido un mercado que le permite hacer lo mejor del trabajo en el que está interesado, lo cual le permite a sus clientes potenciales verlo como la respuesta a sus problemas.

A lo mejor estás pensando: "Si me especializo y solo trabajo con un grupo específico de gente, o en un grupo específico de empresas dentro de un tipo específico de industria, ¿no limita eso mis oportunidades? ¿Y qué pasa si me aburro?". Déjame contestar la segunda pregunta primero. Si tú eres alguien que se aburre fácilmente, puedes tener ese problema sin importar lo que hagas. De pronto quieras reflexionar un poco acerca de por qué no eres capaz de permanecer enfocado en lo que decides hacer. O de pronto has escogido un tipo de mercado que no despierta tu interés lo suficiente, y por eso no tienes pasión ni interés en lo que haces.

Para contestar tu primer pregunta, una vez que eres *"el mejor promotor de tu negocio"* en algún tipo de mercado, si realmente quieres, puedes desplazarte hacia otras áreas. El doctor Berkley ahora está tratando desordenes en el posparto tanto como asuntos de infertilidad. Una vez que fue reconocido en su área, le fue fácil moverse en otro campo específico relacionado con su tipo de mercado. Fue precisamente porque él escogió un campo muy especializado, que le fue posible convertirse en un experto y ser reconocido como tal en su tipo de mercado, que le fue mucho más fácil moverse exitosamente en otro campo.

Cuando yo empecé mi negocio, le ayudaba a los dueños de centros de salud y mantenimiento físico a convertirse en *"los mejores promotores de sí mismos y de sus negocios".* Una vez que tuve la fortuna de crear una demanda importante de mis servicios, me expandí y comencé a atender otro tipo de profesionales del servicio, utilizando mi excelente reputación como experto en los centros de salud y buen estado físico como un trampolín hacia un mercado más grande. Ahora sirvo a toda clase de profesionales del servicio. Entonces, si tú quieres incrementar la velocidad para conseguir una agenda llena de clientes ideales, escoge un tipo de mercado bien específico y quédate allí hasta que tu negocio sea bien sólido. Luego puedes moverte hacia otros mercados, si quieres.

Tus pasiones, tus talentos naturales y tu conocimiento, son la clave

Si todavía no has escogido un tipo de mercado, entonces esta es tu oportunidad y yo voy a ayudarte, pidiéndote que analices qué es aquello por lo que más te apasionas, qué te emociona y disfrutas hacer, al punto que te sientes como jugando y no trabajando y te permitiría sacar lo máximo de tus talentos naturales y de tu conocimiento.

¿Por qué comenzar a pensar en tus necesidades, deseos y pasiones, en lugar de los de tus clientes? Por un muy simple razón: si no te sientes apasionado con lo que haces, y tu corazón no está en eso, si no tiene significado para ti, no vas a dedicar el tiempo ni la energía que se requiere para lograr el éxito, y nunca, ni en un millón de años, serás capaz de convencer a la gente en tu tipo de mercado, que tú eres la mejor persona para ayudarles.

A menudo, cuando estoy trabajando con mis clientes, descubro que escogieron un tipo de mercado basados en lo que ellos creen que es lógico o lucrativo. El resultado final es que terminan aburridos, frustrados y luchando para establecer sus negocios sólidamente. No cometas ese error. Es imperativo que trabajes con un tipo de mercado que te emocione y con el cual te sientas apasionado de servir. De lo contrario, construir tu negocio comenzará rápidamente a hacerte sentir embotado y tu vida será miserable. Cuando escoges un tipo de mercado que te apasiona, construir tu negocio y hacerlo crecer, te hará sentir como en un juego emocionante y te traerá diversión.

Encontrar el tipo de mercado que te haga sentir de esta manera puede parecer una tarea desalentadora. A lo mejor estás acostumbrado a hacer las decisiones de tus negocios basado en la lógica de tu hemisferio izquierdo y no te has ejercitado en el hábito de prestarle atención a tu intuición. Si ese eres tú, voy a pedirte una vez más que hagas a un lado cualquier idea preconcebida acerca de cómo *debería* hacerse, y permanece con tu mente abierta a la posibilidad de que existe otra forma de tomar esta decisión particular sobre este negocio.

Si te conectas con tu intuición, y te permites a ti mismo la posibilidad de una nueva forma de pensar, y a las innumerables formas de oportunidad que tienes, puede parecer ilógico, pero si puedes captar el proceso en el cual estás a punto de iniciar con mente abierta, puedes encontrar que tiene perfecto sentido.

Eso no significa que no debas considerar tus clientes. Si has estado en el negocio por un tiempo, aún si no tienes tantos clientes como quisieras, los que tienes pueden ayudar en este proceso. Observa los clientes que has venido sirviendo y encuentra elementos comunes en ellos – por ejemplo, pertenecen a una industria en particular, tienen la misma posición geográfica, edad, género, posición económica. Si ves que la mayoría de ellos comparten una o más similitudes, puede ser que tú estés naturalmente atraído por esos elementos o ellos hacia ti. A lo mejor tu tipo de mercado ya te ha escogido y no te has detenido a pensar lo suficiente al respecto para analizarlo y después enfocar tu mercado allí.

1.2.1. EJERCICIO ESCRITO: Toma algunos momentos para pensar en las siguientes preguntas y anota lo que se te ocurra al respecto. De esta forma encontrarás claves con respecto al tipo de mercado para el cual eres excelente. Tu pasión, tus talentos naturales y lo que ya conoces y sobre lo cual quieres aprender más, son la clave:

- ¿Cuáles son los diferentes grupos de gente que utilizan la clase de servicio que ofreces?
- ¿Con cuál de estos grupos te sientes más relacionado o interesado y emocionado de trabajar?
- ¿En qué grupo(s) conoces gente o ya tienes clientes?
- ¿Sobre cuál grupo(s) tienes más conocimiento, o por el contrario, estás más interesado en aprender lo relacionado con ese mercado?
- ¿Qué es lo que más te apasiona que esté relacionado con el tipo de trabajo que haces?
- ¿Qué talentos naturales y fortalezas le añades a tu trabajo?
- ¿Qué aspectos de tu trabajo conoces mejor?

1.2.2. EJERCICIO ESCRITO: Analiza tu experiencia de vida y tus intereses. Estarás en capacidad de identificar y encontrar empatía más sinceramente con tu tipo de mercado, si compartes situaciones e intereses comunes:

- ¿Con qué situaciones de vida o roles te identificas, que puedas conectarte mejor con un tipo de mercado específico?
- ¿Tienes intereses comunes o pasatiempos que te conecten con algún tipo de mercado?

Ahora que has pensado lo suficiente en estas preguntas, ¿han comenzado a surgir nuevas posibilidades? Demos una mirada a algunos ejemplos que puedan ayudarte a ver cómo puedes incorporar algunas de tus respuestas en trabajar con un tipo de mercado:

- Si tú eres un diseñador gráfico y toda tu familia ha estado en el negocio de la construcción, a lo mejor escoges dicha industria como tu tipo de mercado, porque conoces la sensibilidad de la gente en esta área, y entiendes bastante sobre sus necesidades de trabajo.
- Si eres un profesional de la salud y el estado físico y uno de tus padres sufrió de una enfermedad crónica durante toda tu

vida, tú sabes bastante acerca de lo que es pasar por esa clase de situación, te identificas con eso y quieres ayudar gente que se encuentra en esa enfermedad crónica.

- Quizás eres un quiropráctico y alcanzaste a ser un atleta semi-profesional y realmente disfrutas trabajando con atletas.
- Si eres un contador y vienes de una familia que entró en bancarrota cuando eras un adolescente, puede que quieras trabajar con negocios familiares para ayudar familias a evitar lo que pasó con la tuya.
- Si eres una estilista que vienes de ser un ama de casa, entonces puede ser que tu tipo de mercado sean más madres en casa, con las cuales te diviertas y quieras trabajar.
- De pronto eres diseñador de páginas web a quien le fascina y le gustaría aprender más sobre moda, puedes escoger esta industria como tu tipo de mercado.
- Si eres una maestra de yoga que conectas naturalmente con los niños, y eres muy creativa, imaginativa y paciente, puedes escoger los niños como tu tipo de mercado.

Tomemos este último ejemplo y examinémoslo un poco más detalladamente. Digamos que esta maestra de yoga ha construido un negocio sólido. Probablemente no sea solamente porque es una experta en todas las técnicas de yoga para niños, sino porque tiene una afinidad natural con ellos y es esta diferenciación la que la hace estar mejor establecida en su campo, que si se hubiera enfocado en servirle a toda la población en general.

¿Estás comenzando a ver las formas en que tus pasiones, tus talentos naturales, tu conocimiento, tus experiencias, y hasta tus gustos y pasatiempos, pueden ayudarte a escoger un tipo de mercado más específico? Juega, explora y diviértete en este proceso.

1.2.3. EJERCICIO ESCRITO: Por ahora, solo quiero que contestes esta pregunta: ¿Quién es tu tipo de mercado? Si no estás listo para hacer esta decisión, elabora una lista de las posibilidades que se te ocurran y siéntate con ellas por un rato (no muy largo) y luego elige una. Aunque todavía no estés seguro, se te irá haciendo más evidente en la medida en que avances hacia los siguientes capítulos.

Recuerda conectarte con tu intuición. No puedo decirte cuántas veces he trabajado con clientes que *sabían* el tipo de mercado con el que querían trabajar y por alguna razón lo descartaron. Prende tu sensor interior cuando estés haciendo este ejercicio y permítete a ti mismo, al menos explorar toda posibilidad, sin importar qué tan loca o irreal parezca superficialmente tu ocurrencia.

Paso 2: Identifica las necesidades urgentes y los deseos apremiantes de tu tipo de mercado

Las necesidades y los deseos apremiantes de tu tipo de mercado provoca a estos clientes a ir en tu búsqueda y en la de tus servicios, entonces es urgente identificarlos y ayudarlos en el momento en que te ubiquen o perderás tu oportunidad.

DEBES OFRECER LO QUE TUS CLIENTES POTENCIALES QUIEREN COMPRAR, NO LO QUE QUIERES VENDER O CREES QUE ELLOS DEBERÍAN COMPRAR. DEBES ESTAR EN CAPACIDAD DE MIRAR TUS SERVICIOS DESDE LA PERSPECTIVA DEL CLIENTE – SUS NECESIDADES URGENTES Y SUS DESEOS APREMIANTES.

Las necesidades de tus clientes, son las cosas de las cuales ellos quisieran alejarse; sus deseos más fervientes, son las cosas a las cuales ellos quieren acercarse.

1.2.4. EJERCICIO ESCRITO: ¿Cuáles son las necesidades urgentes de tus clientes? (¿De qué quieren alejarse?).

Ejemplo: la necesidad urgente que pudo impulsarte a comprar este libro, puede ser un sentimiento de tensión porque sabes que necesitas más clientes (y más dinero) pero no sabes cómo o dónde comenzar a mercadear tu negocio. De pronto tus facturas de pago han comenzado a apilarse y tienes miedo. O de repente ya sabes cómo hacerlo pero no lo estás haciendo. Estás posponiendo y tu negocio ha comenzado a sufrir por eso.

1.2.5 EJERCICIO ESCRITO: ¿Cuáles son los deseos fervientes de tus clientes? (¿Hacia qué les gustaría acercarse?)

Ejemplo: utilicemos tu ejemplo nuevamente. Tu deseo más ferviente puede ser el de sentirte confiado y en control a medida que vas consiguiendo la mayor cantidad de clientes que quieres. A lo mejor quieres libertad financiera, o quieras tener unas buenas vacaciones cada año, o sueñes con un negocio prospero que incluya hacer lo que más te gusta y ganar cantidades inigualables de dinero.

Paso 3: Ofrecer posibilidades de inversión

¿Los clientes potenciales en tu tipo de mercado ven tus servicios y tus productos como oportunidades que les devolverán una inversión significativa a cambio?

Debe ser así. Si tus clientes potenciales van a comprar tus servicios y productos, *deben* verlos como oportunidades de inversión; deben sentir que lo que reciben en retorno es mayor que la inversión que hacen.

Creo que tus clientes deben recibir por lo menos veinte veces más de lo que invierten en tus servicios. Este retorno ocurre de diferentes formas, dependiendo de lo que ofreces, pero el retorno es casi siempre financiero o emocional y debe ser evidente antes que ellos compren tus servicios. Cuando el retorno sea evidente, estarán mucho más inclinados a trabajar contigo. Si uno de mis programas intensivos de entrenamiento requiere un costo financiero de $1.500 dólares, espero que mi cliente reciba un retorno por lo menos de $30.000 dólares en clientes nuevos mas recompensa personal, como sentirse más seguro y confiado, enfocado, con total claridad y muchos más beneficios. Temo que a veces, como profesionales de servicios, se nos olvida la importancia de todo esto. Pregúntate qué clase de retorno en la inversión recibirá un cliente que trabaje contigo. ¿Será mucho más alto que el nivel de inversión en tus servicios, ya sea en retorno financiero o emocional? Si así es, ¿qué tan alto?

Nuevamente usaré el ejemplo del doctor Berkley del centro para bienestar reproductivo Berkley. Cuando comencé a trabajar con él, mientras su tipo de mercado era bien definido, no estaba posicionando sus servicios como oportunidades de inversión. Él estaba vendiendo las características de sus servicios – la ciencia de la Acupuntura, cómo funciona, cómo equilibra los niveles hormonales – pero no estaba haciendo la conexión importante de la *oportunidad de inversión* para sus clientes. Él no veía que tenía que conectar los beneficios de sus servicios con los resultados finales que obtendrían sus clientes. ¿Crees que sus clientes potenciales hubieran estado más dispuestos a invertir en sus servicios si sabían que haciéndolo elevarían sus oportunidades de concebir? ¡Claro que sí! La verdad es que él ya tenía un record comprobado de éxito. Mas del 30% de sus clientes pueden concebir después de un promedio de tres meses de tratamiento con Acupuntura, combinado con el tratamiento de fertilización in vitro (FIV). Claro que esa es una oportunidad en la que muchas parejas sufriendo de infertilidad quisieran invertir.

El secreto de tener un negocio exitoso es saber lo que tus clientes quieren. Entonces, más que hablar acerca de lo que haces, enfócate en soluciones claras, específicas y detalladas que solucionen los problemas de tus clientes. La gente no compra lo que haces. ¡*La ciencia, técnica, o nombre técnico que uses, no hará que tus clientes te contraten!* Los clientes que entiendan los múltiples beneficios y ventajas que tú ofreces, saltaran frente a la oportunidad de trabajar contigo. Comienza por identificar las necesidades urgentes y los deseos fervientes de tus clientes, ofréceles oportunidades de inversión que cubran esas necesidades y deseos, y estarás andando por el camino indicado para llegar a convertirte en un inmejorable discípulo de *"Tu mejor promotor: TÚ MISMO".*

Paso 4: Descubre y demuestra los beneficios de tus posibilidades de inversión

Para hacer obvio que tus soluciones son oportunidades de inversión para tus clientes potenciales, necesitas descubrir y demostrar sus beneficios. Las oportunidades que ofreces – Acupuntura, planeación financiera, diseños de web, consejería profesional, dirección ejecutiva, decoración de interiores – solo son cosas que haces. Ellas son el servicio que ofreces; son lo que *técnicamente* tus clientes compran, pero no lo que *realmente* compran.

Por ejemplo, técnicamente algunos de mis servicios son:
- Un libro que habla sobre cómo ser *"Tu mejor promotor: TÚ MISMO".*

- Un programa de entrenamiento y dirección sobre cómo ser *"Tu mejor promotor: TÚ MISMO".*
- Seminarios en vivo que te enseñan sobre cómo ser *"Tu mejor promotor: TÚ MISMO".*

Sin embargo, estas son solo las características y el ofrecimiento técnico. El centro de esto es mucho más profundo, los beneficios son a veces tangibles, pero la mayoría de veces son intangibles, porque son los efectos que tus servicios tienen sobre la calidad de vida de tus clientes. Ellos son los que te permiten ofrecer unas posibilidades de inversión. Estos beneficios son lo que tus clientes compran. Nunca te olvides de eso.

Para encontrar un sentido más fuerte en esto, piensa en lo siguiente: si yo te pregunto qué quieres lograr dentro de los siguientes 90 días, tú puedes decir que quieres tener más clientes o ganar más dinero, pero: ¿Qué va a darte el hecho de tener más clientes? ¿Te va a dar más que dinero en el banco, o una billetera llena de billetes de 20, 50 y 100 dólares? Voy a discutirte que tú no quieres realmente dinero ni clientes. En lugar de eso, lo que quieres realmente es libertad financiera, tranquilidad, tiempo con tu familia, o reducir tus preocupaciones sobre cómo responder a tus necesidades. ¿Tengo razón?

Para acentuar este punto, déjame darte algunos ejemplos más sobre los beneficios más profundos que obtendrás de leer este libro, junto con mis conferencias y programas de entrenamiento:

- Un cambio de paradigma en la manera como ves el mercado y las ventas para que puedas crear una demanda duradera de tus servicios, para que te sientas autentico y cómodo con lo que haces.
- Incrementar la confianza en ti mismo y en tu capacidad de enfrentar retos en cualquier clase de negocio en el que te involucres.
- Sentimiento de orgullo y satisfacción al dar los pasos que sabes que necesitas para ver resultados positivos.
- Libertad frente al estrés y la ansiedad de no tener la posibilidad de cubrir la hipoteca del lugar en el cual viven tú y tu familia.
- Y mucho más...

¿Ves cómo identificar los beneficios te permite hablar y tocar tu tipo de mercado a un nivel más profundo tanto personal como emocionalmente? Mientras más beneficios descubras, más pronto comenzarás a atraer nuevos clientes. La gente compra resultados y los beneficios de esos resultados. Entonces piensa en las soluciones que ofreces y los resultados y beneficios subsecuentes que ellas ofrecen.

1.2.6 EJERCICIO escrito: ¿Cuáles son los beneficios más profundamente arraigados que tus clientes experimentaran como resultado de tus servicios?

¿Ves ahora lo que realmente compran los clientes cuando deciden trabajar contigo? Cada vez que te comunicas personalmente, por escrito, vía internet, en un aviso publicitario, en una reunión de negocios o por teléfono, conecta y reconecta estos beneficios, utiliza palabras que le escuchas a tus clientes y comunica soluciones muy específicas a sus necesidades más prominentes.

Aunque parece fácil, vale la pena repetirlo. Tengo una clienta llamada Kim, quien quiere establecer su marca personal y comenzar a ganar dinero en algo que ella ama hacer. Cada vez que nos encontramos, le recuerdo a Kim que su marca personal le ofrecerá libertad para que no tenga que volver a *conformarse*, cuando se trate de los clientes con los que ella trabaja. Yo se que esta es una necesidad urgente para ella, y le recuerdo lo inspirada que se va a sentir cuando solo trabaje con sus clientes ideales. Manteniendo sus beneficios como lo más importante en su mente, Kim ve claramente la realización total de su meta de tener su negocio y permanece enfocada en el cumplimiento de sus metas.

¡Relájate, disfruta y diviértete!

Busca el humor en todo lo que haces y encuentra formas de divertirte más y ayudar a tus clientes al mismo tiempo. Comienza a pensar sobre cómo puedes incorporar más diversión en tu vida y en tu trabajo. No tengas miedo de:

- Ser más divertido y extravagante.
- Estar lleno de energía – el entusiasmo es contagioso.
- Ayuda a otros a reírse mucho – es la mejor estrategia de venta en el mundo.

Se ha dicho que los niños se ríen un promedio de 450 veces al día, mientras lo adultos lo hacen un promedio de 15 veces diarias. Si eso es cierto, basado en mi experiencia con mi amado hijo Jack, ¿cómo resultamos cortos de risa 435 veces? Adopta el sentido de diversión que hay en los niños y estarás a un paso de recuperar tu alegría.

Los clientes quieren que los ayudes

Comienza a ver tu papel con tus clientes como el de un consejero altamente importante y confiable. Tienes la obligación moral de ofrecerle tus servicios a los que los necesitan. Hacer algo diferente a aconsejar, guiar y entrenar a tus clientes, sería una enorme falta de servicio. Empieza a verte como un líder en sus vidas.

Todos queremos alguien en quien creer. Encárgate de ser esa persona y lograras tu objetivo. Si te ves a ti mismo como un consejero confiable, tus clientes nunca te olvidarán y volverán a ti así sea meses y hasta años después. La confianza se construye con tiempo, lo cual quiere decir, que un movimiento que hagas hoy, puede que no se vea reflejado sino hasta mucho después. Continúa compartiendo tu visión, tu misión y tu obligación de ayudar a la gente; dar a los clientes beneficio tras beneficio y muéstrales exactamente cómo ellos pueden llenar las promesas de tus ofrecimientos.

Existe un acrónimo que se usa frecuentemente en las ventas: ABC – *"always be closing"* (*Siempre cierra tu venta*) - ¡Que horrible! Me suena a discurso manipulador para hacer una venta. En lugar de eso, yo digo: ABC – *"always be communicating"* – (*Comunica siempre*). Hazle saber a todos y a cada uno, tu forma de ayudar a la gente:

- A quién le sirves (Tu tipo de mercado).
- Cuáles son sus necesidades urgentes y sus deseos más sentidos.
- Las oportunidades de inversión que ofreces.
- Cuáles son los beneficios de tus oportunidades de inversión.

¿Lo entendiste? ¡Bien!

Estudio del mercado

Si todavía estás luchando para identificar las necesidades de tu tipo de mercado, hacer un estudio del mercado será muy útil. Comienza por identificar otros negocios en tu campo; luego visita sus páginas en la web y recoge toda la información posible sobre los clientes a quienes les sirven y la clase de soluciones que ofrecen; busca algunos vacios o elementos que falten en sus servicios que puedan significar una oportunidad de mercado para ti. Si logras suministrar lo que otros en tu campo no están suministrando, rápidamente crearás una demanda de los servicios que ofrezcas. También puedes tener en cuenta que hay servicios que puedes mejorar basado en ventajas únicas que ofrezcas a tu tipo de mercado, que otros no pueden ofrecer o no están ofreciendo.

Las encuestas son otra forma excelente de identificar tipos de mercado en potencia, porque te proveen información esencial sobre las necesidades y deseos de un mercado más amplio. Puedes encuestar a tus propios clientes, o a los clientes de otros profesionales que ofrezcan servicios complementarios, visitantes de tu página web, miembros de los foros de discusión en la red. Puede ser beneficioso si ofreces alguna clase de reconocimiento o beneficio a quienes contesten tu encuesta, tal como cupones de descuentos, o algún otro valor interesante.

Si te sientes estancado

Para algunos, elegir un tipo de mercado no es cosa fácil. Puede ser algo retador, y cuando te han dicho qué tan importante es identificar el tipo de mercado y no te decides fácil y rápidamente, la presión para elegir puede ser desgastante e incómoda.

Parte de lo que nos mantiene estancados, es que nos tomamos a nosotros mismos y al proceso, demasiado en serio. Lo convertimos en una gran decisión y terminamos más y más frustrados con todo el asunto y con nosotros mismos. Repentinamente se nos convirtió en algo que nos molesta y no hay necesidad de decir, sobre la frustración y auto-castigo que bloquean nuestra creatividad e intuición, y el siguiente paso termina siendo que estamos en un horrible círculo, como un hámster en su rueda de ejercicios, dando y dando vueltas sin llegar a ningún lado.

Por lo tanto, toma un respiro profundo y salte de ese círculo. Trata de ver si puedes abordar este tema con una actitud de diversión, pensando en esto como si fuera un rompecabezas – retador pero divertido. El punto no es terminar tan rápido como sea posible; el punto es disfrutar el proceso y encontrar el tipo de mercado indicado para ti.

Primero, busca las piezas que van a la orilla de tu rompecabezas, las cuales son más fáciles de identificar y colocar juntas. Luego, tomas tu tiempo tratando de identificar el resto. Tomas una pieza, la comparas con el panorama en general y tratas de descubrir dónde va. Gradualmente, pieza tras pieza, el rompecabezas comienza a tener forma. Cuando te canses o te sientas frustrado, o simplemente te sientas empujado a hacer otra cosa, levántate y aléjate para proseguir con el resto del día, sin estresarte porque no has terminado tu rompecabezas.

Algunos días puedes invertir una o dos horas en él, otras veces serán minutos; de repente alguna vez podrás detenerte solo unos segundos y logras poner juntas una o dos piezas, justo en el lugar que les corresponde. Quizás un familiar o un amigo vienen a visitarte, toman la pieza que ha estado volviéndote loco durante días y te la colocan en el lugar indicado.

Que elegir el tipo de mercado te haga sentir apasionado por servir, puede ser un proceso muy divertido e inmensamente gratificante, si lo afrontas con la mente abierta y actitud de juego, buscando ayuda en tu familia, amigos, o un consejero profesional que te oriente.

Vuelve a visitar los ejercicios del *Paso 1* de este capítulo y abórdalos con una actitud de juego. No analices: solo anota todas las ideas en las que puedas pensar. Si todavía tienes dificultad, pídeles a otros que jueguen contigo y te den sugerencias e ideas que se les ocurran, que de pronto tú no tengas la objetividad de considerar. Recuerda apagar tu censor interno durante este proceso. Si lo necesitas, olvídate de todo el proceso por un tiempo y sigue adelante. Liberar la presión de tener que elegir, a veces permite que fluyan ideas que estaban bloqueadas y no podían salir.

CAPÍTULO 3

DESARROLLA UNA MARCA PERSONAL

"Cada vez que suprimes una parte de ti,
o permites que otros te empequeñezcan,
estás ignorando en esencia el manual del propietario
que te asignó tu Creador, y destruyendo tu diseño original".
—OPRAH WINFREY

Tu marca

*H*abiendo establecido tu tipo de mercado, e identificado sus necesidades urgentes y sus deseos más irresistibles, así como las oportunidades de inversión que ofreces, estás listo para desarrollar un plan para decidir cómo quieres ser reconocido en el mercado que escogiste, de una manera inolvidable y convincente. Lograrás esto desarrollando una marca personal. Las marcas no son solo para corporaciones grandes. De hecho, la marca personal será un elemento muy importante en tu éxito, porque te ayudará clara y consistentemente a definir, expresar y comunicar quién eres, qué ofreces, y por qué has escogido dedicar tu vida y tu trabajo a servir en ese tipo de mercado específico; así podrás atraer a tus clientes ideales y repeler a los que son menos que eso. Tu marca personal va mucho mas allá de lo que tú *haces*. Es lo que *tú eres*. La marca eres tú – únicamente tú. Te permite distinguirte a ti mismo y a lo que es *único* en ti y en lo que haces para los demás.

De la forma en que yo lo veo, se trata de hacerte conocer por una habilidad o un talento. Si eres experto y tienes total dominio en algo, entonces puedes hacer prácticamente todo lo que quieras con eso. La gente exitosa encuentra su estilo, construye una marca personal basada en su talento y se expresa inteligentemente a través de esa marca. Es algo poderoso que te hace memorable.

Piensa en las personas más famosas que conoces. La industria del entretenimiento es un buen ejemplo. En el show de televisión *"In Living Color"*, Jim Carrey se estableció a sí mismo como un comediante físico, utilizando muecas y movimientos corporales bastante exagerados para hacer reír, mientras que Jerry Seinfeld se hizo famoso por su estilo cómico intelectual que resalta lo obvio. Whoopi Goldberg eligió un enfoque totalmente distinto desnudando su alma en sus comedias, hablando sobre temas relacionados con las profesiones, ser madre, los esfuerzos por conseguirlo todo, usando historias y emociones para tocar una fibra de nuestros sentimientos y hacernos reír. Cada uno de estos estilos cómicos tan diferentes es atractivo y tiene su propia clase de público. Unos aman el estilo de Jim Carrey pero a otros no les interesa para nada en particular; lo mismo ocurre con Jerry y Whoopi. Mientras más auténtica, inteligente y concisa sea tu marca personal, más fácilmente atraerás a aquellos que están hechos para trabajar contigo.

Así es como las marcas personales te definen – pero primero tú tienes que definir cómo es la tuya. Tu marca personal te dará la habilidad de atraer clientes divertidos e interesantes que te comprenden y te *entienden* y tú los *entiendes* a ellos. Observa cómo cada uno de los comediantes que describo, expandió su nicho y repertorio después que fueron bien conocidos. Bueno, todos ellos, excepto Jerry Seinfeld, quien continuó en el estilo que siempre le ha funcionado exitosamente.

Desarrolla una marca personal que sea como tú, piense como tú, suene y sienta como tú – una que sea instantáneamente reconocible como tu esencia. Debe ser:

- Clara
- Consistente
- Memorable
- Significativa
- Conmovedora
- Personal

Existen dos componentes en tu marca personal. El primero es el enunciado: *"Quién y qué hace",* que está basado en:

- Los problemas específicos que resuelves.
- A quién se los resuelves.
- Cuáles son los resultados.

El segundo enunciado es: *"Por qué los haces"* y está basado en:

- Quién eres en el fondo.
- Por qué haces lo que haces.
- Por qué la gente debería trabajar contigo.

Desbloqueándote

Antes de comenzar a construir tu marca personal, es importante ubicar algún bloqueo que puedas estar creando inadvertidamente y que te retiene de alcanzar el éxito. Yo se que puede ser inusual discutir bloqueos personales y relacionarlos con la marca personal, pero como aprendí de Dave Buck en coachville.com, la mayoría de los problemas en los negocios son realmente problemas personales disfrazados. La siguiente pregunta puede ayudarte a incrementar tu claridad con respecto a la forma en que quieres ser reconocido en el mundo. Analízala seriamente.

LA MEJOR ESTRATEGIA PARA EL DESARROLLO PERSONAL Y PROFESIONAL SOBRE EL PLANETA, SE LOGRA A TRAVÉS DE LA EXPRESIÓN FRANCA Y ABIERTA.

¿Te expresas de manera totalmente abierta? De nuevo, yo se que puede parecer una pregunta bastante inusual, pero la hago porque en aras de crear una marca personal que sea instintiva, apasionada, ardiente, provocativa, corajuda, valiente, vibrante, dinámica, luminosa y respetada, debes ser una persona que se expresa en forma totalmente audaz y abierta. No puedes esconderte entre las ramitas, ni detrás de las puertas, ni puedes escabullirte de ninguna manera ni forma. Si lo haces, no serás de interés para la gente a la cual quieres prestarle un servicio.

Michael Gerber, en su libro mejor vendido, *"El mito E Revisado: Por qué la mayoría de los pequeños negocios no funcionan, y qué hacer al respecto"* (*"The E-Myth: Why Most Businesses Don't Work and What to Do About It"*), hace la distinción que existe entre trabajar *para* tu negocio - creando un marco que sostenga el negocio en si, como por ejemplo diseñando un sistema de mercadeo automático – y trabajar *en* tu negocio, lo que significa trabajar con los clientes a los cuales sirves. Puedo parecer presuntuoso al agregar un ingrediente al profundo mensaje de Gerber: también tenemos que trabajar en nosotros mismos. Cómo nos etiquetamos a nosotros mismos es una reflexión, no solamente sobre cómo queremos ser conocidos, sino además sobre la habilidad para trabajar *sobre* nuestro negocio, al mismo tiempo que trabajamos *en* nuestro negocio y en *nosotros mismos.*

¿Te has comprometido contigo mismo o te has decepcionado en alguna área de tu negocio? Por ejemplo, ¿has estado en alguna situación de negocios en la cual has salido sintiendo que te transaste por menos o que comprometiste tu integridad? Debes estar pensando: "Yo no me vendo. No me he comprometido ni vendido". Si no lo has hecho, eres único. Es completamente normal comprometerse a sí mismo o sentirse fuera de integridad de vez en cuando. Todos nos hemos sentido así.

1.3.1. EJERCICIO ESCRITO: Escribe una lista sobre las formas en que te has sentido comprometido con la integridad en tu negocio o vendido, ya sea ahora o en el pasado.

1.3.2. EJERCICIO ESCRITO: ¿Qué tal el lado opuesto? Ocasiones en que te has sentido vibrante y realizado durante un negocio – expresándote en forma totalmente amplia, en donde todo lo que hiciste fluyó en todos los sentidos. ¿Qué estaba ocurriendo en ese momento, que te hizo sentir tan vibrante y realizado?

1.3.3 EJERCICIO escrito: Ahora compara las dos áreas, en la que te defraudaste a ti mismo y en la que pudiste expresarte totalmente.
- ¿Cómo puedes manejar tu conducta para expresarte ampliamente desde un punto de libre expresión, para que logres trabajar en situaciones en las que te expreses total y libremente?
- ¿Cómo te comunicarías para asegurarte completamente de no comprometer tu integridad ni defraudarte a ti mismo en el futuro?

1.3.4 EJERCICIO ESCRITO: Comienza con algunas situaciones (suficientemente cómodas) en las que pudiste poner en práctica tu discurso para hablar desde un punto en que pudieras hacerlo expresándote con total libertad.

1.3.5 EJERCICIO ESCRITO: Escribe algunas situaciones (que parecen más complicadas) en las cuales te gustaría poder expresarte con total libertad.

Existen dos razones para desarrollar el ejercicio que estás haciendo. La primera, es para que puedas ayudarle a tu cliente a entender en qué forma tu puedes ayudarles. La segunda, para que te asegures que tus intenciones personales y profesionales son claras.

Como aprendí de Dave Buck, las intenciones claras te ayudan a avanzar en forma agradable y confiada hacia tus metas. Las intenciones conflictivas pueden sabotear tu éxito sin que siquiera tú lo sepas, retrasándote de cumplir tus sueños; ellas son la raíz de la confusión y la energía mal gastada. Anthony Robbins, autor de *"Poder sin límites"* (*"Unlimited Power"*), llama a la batalla personal de las intenciones conflictivas *"la guerra civil interior"*. Desde la perspectiva de la identidad de una marca personal, las intenciones conflictivas finalmente terminarán en un mensaje insípido y en un *"tú"* menos exitoso.

Aquí hay una historia para ilustrar este concepto. Mi padre es un siquiatra reconocido y siempre he tenido un gran respeto por él y por su trabajo; al mismo tiempo, yo siempre he querido que él esté orgulloso de mí y de mis logros. ¿Eso es natural, verdad?

Cuando comencé a emprender mi negocio de servicios, pasé mucho tiempo buscando claridad en mis ofertas y en la forma en que las comunicaría al mundo. Y entonces hice justo eso – o eso pensé. Dejé que todos supieran en lo que yo andaba, pero sin embargo, no mucho estaba ocurriendo. Encontré algunos clientes, pero como lo mencione antes, realmente no podía pagar mis cuentas, y ciertamente no estaba contento con la respuesta que estaba obteniendo. Entonces, algunos meses más tarde, cuando ya estaba al final de mi buen juicio, hice una evaluación formal de mi marca, comenzado con mi página web. Me encerré con llave y comencé a leer palabra por palabra desde el comienzo hasta el fin. Me recliné en mi silla, con los ojos fijos en la pantalla del computador asombrado e impactado. El sentimiento entero de la pagina no era el mío   era casi como si mi padre estuviera hablando. De hecho, era como si estuviera comunicando algo para que él lo aprobara.

Yo no soy mi padre. Ciertamente no soy un doctor en Medicina. Al no tener sus credenciales, me alejé de ser audaz y arriesgado en mi página web, y en lugar de eso fui a la fija, deseando secretamente que él aprobara lo que yo estaba haciendo. La razón por la cual esto es relevante, es porque cuando yo comencé mi negocio, sin darme cuenta me estaba enfocando en asuntos de desarrollo personal – lo que alguien llamaría "entrenamiento de vida". Yo quería ayudar para que la gente fuera más feliz y exitosa. Es decir, que tenía dos intenciones conflictivas: la primera, era construir un negocio muy exitoso y la segunda (mi intención conflictiva) era que mi padre estuviera orgulloso. La dinámica en el fondo no era hacer algo de lo que él estuviera orgulloso, pero recuerda lo que dije antes: la mayoría de los problemas en los negocios, son problemas personales disfrazados u ocultos.

Aún ahora, como entrenador de negocios y consejero, mucho del trabajo que hago está centrado en ayudarle a la gente a deslizarse a través de sus problemas personales para que puedan ser exitosos en sus negocios. No estoy practicando Sicología, si es lo que se te ha ocurrido. Sin embargo, me relaciono con la gente a un nivel muy profundo. Por quedarme en unos límites convencionales – los cuales yo *pensé* que mi padre aprobaría – me limité a mi mismo de una forma dramática y no me di la libertad suficiente para ser quien realmente soy, inhabilitándome e incapacitándome para ofrecer la totalidad de mi experiencia, puntos de vista y pasión. El resultado fue una identidad confusa y débil. Y la verdad es que no tengo una prueba o una razón real para creer que mi padre no aprobaría a la persona auténtica que realmente soy. De hecho, es totalmente opuesto, él no quería que yo fuera otro diferente a mí. Esta era una historia demasiado buena como para yo esconderla.

Para poder tener unas intenciones claras de ti mismo, debes quitar las intenciones conflictivas que tengas actualmente. Tu realidad es creada por tus intenciones actuales y si quieres cambiar tu realidad, debes cambiar tus intenciones. Mi visión para ti es que, a través de este libro, tus intenciones para tu vida y tus negocios sean claras para ti y para tus clientes.

1.3.6. EJERCICIO ESCRITO: Identifica una de tus intenciones más importantes, relacionada con tu negocio.

Ejemplo: Intento ayudarte a desarrollar el programa *"Tu mejor promotor: TÚ MISMO".*

1.3.7. EJERCICIO ESCRITO: Examina muy profundamente para ver si puedes identificar en ti algunas intenciones conflictivas en potencia, en forma inconsciente y por lo tanto difíciles de identificar, y generalmente basadas en el temor.

Ejemplo: Si yo logro ser *"el mejor promotor de mí mismo y de mi negocio",* no tendré tiempo para mí vida personal. O de pronto quieres *"promocionarte a ti mismo"* pero la parte de auto-promoción no te suena atractiva.

1.3.8 *Paso de acción:* Identificar y reconocer tu intensiones conflictivas, es el primer gran paso para deshacerte de ellas. Ser consciente es importante pero no siempre es suficiente para prevenir que las intenciones conflictivas afecten y bloqueen nuestras intenciones positivas. El siguiente paso en el proceso es identificar los temores ocultos y una vez que los hayas identificado, puedes comenzar a actuar para liberarte de ellos.

Para dar este paso es definitivo que escojas muy cuidadosamente a uno o dos amigos muy sinceros y colaboradores para compartir con ellos tus temores y que te ayuden a cambiar. Con frecuencia, cuando estamos comenzando a hacer ajustes en nuestra vida, ya sean a nivel personal o de negocios, algunos de nuestros familiares y amigos más amados se sienten asustados por este proceso. Aunque quieren conscientemente que logres el cambio que quieres para tener éxito, pueden tener intenciones conflictivas subconscientes y desean mantenerse en su propia zona de comodidad, manteniéndote en la tuya. Estas no son las personas que necesitas para hacer este ejercicio. Comparte tus intenciones conflictivas con otras personas y pudeles que te ayuden a reconocer si dichas intenciones son genuinas o son temores infundados. Después haces una lluvia de ideas para ver cómo solucionas esas situaciones.

Aunque puedes hacer este paso por ti mismo, generalmente estamos demasiado cerca a nuestros propios temores y no podemos verlos claramente. Tener un amigo cercano, mentor o entrenador profesional que tenga mayor objetividad que nosotros, puede ayudar a poner el problema en una buena perspectiva.

Tú eres exclusivamente tú

Con frecuencia, son esas cualidades que te hacen el ser único que eres - las que brotan naturalmente de ti que ni siquiera piensas en ellas – las que se convierten en tu mejor marca personal. La historia de Susan ilustra este punto:

Hace unos años, Susan, una mujer agradable en sus años 40s, vino para pedirme que le ayudara a descubrir "lo que ella nació para hacer" y así podría comenzar su propio negocio. Era una época especialmente difícil para ella porque se había divorciado recientemente y necesitaba auto-sostenerse. Como podrás imaginarte, ella estaba inquieta acerca de lo que haría. Años atrás ella había tenido éxito trabajando como comerciante en Wall Street. Si, habían transcurrido 20 años desde su época gloriosa. Yo le pregunte: "¿Cuáles son tus particularidades?" "¿Particularidades?", me contestó ella, "yo no tengo particularidades". Sonaba moderadamente ofendida. "Bueno", le dije, "entonces cuéntame de tus amistades, ¿en que se basan?" Sin dudarlo un momento ella me dijo: "Bueno, mis amigas siempre están pidiéndome consejos sobre sexo e intimidad". "Interesante, ya está mejorando el asunto", pensé.

Ella me contó sobre su hábito inusual de regalar tangas de color escarlata (No las que son de doble faz). Recuerda que esta es la misma mujer que me había dicho que no tenía ninguna particularidad. Después de escudriñar e investigar sobre esta extraña, única y especial particularidad, era claro que ella era totalmente libre para expresarse acerca de cómo las mujeres de 40 y mas años, pueden, deben y son seres sexuales (y mas). Ella decidió, hasta pensó que tendría que resolver muchas intenciones conflictivas al respecto, que iba a explotar su particularidad y crear *"La sociedad de la tanga escarlata"* (*"The Scarlet Thong Society"*) un club para mujeres en los 40s que quieran compartir sus proezas sexuales.

Puede que tú no tengas tangas para repartir, pero existen probabilidades de ser único, hasta puedes tener algo en particular que realmente quieras expresar, que otros notan y a lo cual quieran responder.

1.3.9 EJERCICIO ESCRITO: Para saber qué particularidad secreta o talentos naturales están esperando para llevarte en aras de tu fortuna, felicidad e inigualable éxito en tus negocios, contesta las siguientes preguntas:

- ¿En qué eres un ser único?
- ¿Cuáles son las tres características que te hacen memorable?
- ¿Cuáles son los talentos especiales que estás genéticamente preparado para desarrollar?
- ¿En qué te has destacado desde que eras un niño?
- ¿Qué elogia siempre la gente de ti?
- ¿De qué te fascina hablar y nunca te cansas, con respecto a tu vida personal?
- ¿Qué quieres decir y nunca te cansarías, cuando te preguntan por tu trabajo?

Muchas veces estamos demasiado cerca para ver las particularidades o talentos naturales que tenemos, aunque sean obvios para los demás. Envía algunas de estas preguntas a distintas personas en tu vida para saber qué piensan acerca de ti y de tu personalidad. No solo comenzarás a ver algunas de las mismas verdades acerca de quién eres, sino que recibirás los mas sensibles y cálidos correos electrónicos. Te lo prometo. Inténtalo.

1.3.10 PASO DE ACCIÓN: Envía un correo a cinco personas (incluye familia, amigos, clientes, vecinos y relacionados con todos los aspectos de tu vida).
- Pídeles que te provean con tus cinco características o particularidades.
- Pregúntales por experiencias divertidas que hayan tenido contigo.
- Invítalos a decírtelo con valentía y sin sentir pena.

Recuerda que tu trabajo está condenado a morir si no lo amas ni lo compartes con el mundo. Y aquí va lo más importante: *Cuando eres alguien que se expresa total y ampliamente, te encanta mercadear.* No tendrás intenciones conflictivas cuando se trate de autopromocionarte, ni sentirás que el mundo se va a acabar cuando recibas un rechazo, sino que sonreirás y continuarás hacia la siguiente oportunidad porque tu habilidad para expresarte a ti mismo es directamente proporcional a tu nivel de confianza y viceversa.

Con toda esta información novedosa e interna sobre ti, estarás feliz de saber que lograste el reto de elegir tu camino y ser el dueño de un negocio independiente. Esta no es tarea fácil, pero si mantienes todos estos aspectos en mente, comenzarás a diseñar tu propia marca personal.

Los dos componentes de tu marca personal

Como lo mencione al principio de este capítulo, existen dos componentes que conforman tu marca personal:
- El componente *"Quién y qué haces".*
- El componente *"Por qué lo haces".*

Quiero que te enfoques con la precisión de un rayo laser en estos dos aspectos de tu marca personal hasta que te sientas total y completamente expresado cuando expliques tus componentes de *"Quién y qué haces"* y *"Por qué lo haces".* Este proceso puede tomar una semana o varios meses. Me tomó seis meses hacerlo. Lo importante es que tomes el tiempo para pensar muy bien en todo esto.

El componente *"Quién y qué haces"*

Tu enunciado de *"Quién y qué haces"* le permite saber exactamente a los demás a quién ayudas y a qué les puedes ayudar. Este es el primer filtro por el cual la gente te pasará cuando te evalúen para contratar tus servicios. Tus clientes potenciales lo verán para saber si tú ayudas personas en la situación en que ellos se encuentran.

1.3.11 EJERCICIO ESCRITO: comienza por lo básico. Hazlo simple y directo:
- ¿Cuál es tu enunciado con respecto a tu negocio para contestar el "Quién y qué haces?
- ¿A quién le ayudas y qué le ayudas a hacer?

Concéntrate en tu tipo de mercado del capítulo 2. La primera vez que lo intentes, puedes no obtener algo preciso y claro por el momento. Puedes incluir todas las posibilidades que se te vengan a la cabeza. Completa el enunciado: "Yo ayudo..."

Ejemplo: Yo ayudo...a los profesionales proveedores de servicios a ser *"los mejores promotores de sí mismos y de sus negocios".*

El componente *"Por qué lo haces"*

Muchos otros en tu industria pueden coincidir en tu enunciado *"Quién y qué haces"* con el cual identificas tu negocio. Por esa razón, tus clientes potenciales, después de identificar ese enunciado, querrán saber si se conectan contigo en el nivel emocional y filosófico. Es decir, que van a querer saber si se conectan con tu enunciado *"Por qué lo haces"* – la razón por la cual haces lo que haces. Es tu trabajo asegurarte que ellos entiendan exactamente por qué tú eres la persona para ayudarles en sus necesidades más urgentes, específicas y personales, como con sus deseos más apremiantes. Aquellos a los que les suene este enunciado, lo sentirán a un nivel profundo y estarán fuertemente, casi magnéticamente, atraídos hacia tu negocio. Ese será el momento definitivo que ellos necesitarán para definir si compran tus servicios, productos o programas.

En mi negocio, yo soy *"el tipo que llamas cuando te sientes cansado de pensar en pequeño"*. Este no es un accidente; yo he venido diciendo esto una y otra vez desde el día que me di cuenta que ser *"el tipo al que llamas cuando te sientes cansado de pensar en pequeño"*, era el enunciado que contestaba mi pregunta de *"Por qué lo haces"*. Está basado en la razón por la cual hago lo que hago – ayudar a la gente a pensar en grande acerca de quiénes son y lo que tienen para ofrecerle al mundo.

El "Por qué lo haces" es el motivo por lo cual nunca te cansarás, y la primera vez que escuches a alguien referirse a ti por eso, llorarás lagrimas de felicidad. Yo formulé una frase simple que le permite a la gente definirme a mi propia forma y nunca me canso de oírlo o de decirlo, porque realmente quiero ayudarle a la gente a pensar en grande, no solamente sobre quiénes son sino sobre lo que tienen para ofrecerle a los demás. Y lo más importante, no solamente me retumba a mí sino que también le suena a la gente a la cual quiero servir.

¿Por qué has decidido dedicar tu vida a servirles a otros? ¿Cómo quieres hacer la diferencia?

SI NO QUIERES HACER LA DIFERENCIA, TRATA DE ENCAMINAR TU VIDA PARA SER ALGUIEN DISTINTO A UN PROFESIONAL DE SERVICIOS. LA PALABRA CON LA QUE TRABAJAS ES SERVICIO.

1.3.12 EJERCICIO ESCRITO: Es tiempo de volver a salir de tu zona de comodidad nuevamente. Haz a un lado las críticas internas y concédete el permiso para pensar en grande – quiero decir bien en grande, más grande de lo que te hayas atrevido a pensar o a soñar anteriormente. Conviértete en tu versión más idealista, inspirada, creativa y poderosa. ¿Cuál es tu propósito? ¿Qué visión tienes sobre lo que esperas alcanzar a través de tu negocio? Recuerda que tu trabajo es una expresión de lo que tú eres. Escribe la lista de lo que venga a tu mente relacionado con este punto.

1.3.13 EJERCICIO ESCRITO: Teniendo en mente lo que acabas de escribir, elabora mínimo tres posibles enunciados de *"Por qué lo haces"*

1.3.14 Paso de acción: Si tu enunciado de *"Por qué lo haces",* no es fácil ni inmediatamente identificable, reúnete con un grupo de amigos o asociados que te ayuden y te conozcan bien, y pídeles que hagan una lluvia de ideas sobre el asunto. Con frecuencia, son las cosas más naturales acerca de ti y que no siempre reconoces, las que se convierten en la clave de tu enunciado *"Por qué lo haces".* Tener una referencia externa y algunas perspectivas más objetivas puede hacer la gran diferencia

Roma no fue construida en un día - "Roma Non è Stata Construita in un Giorno"

Tampoco mi marca personal. Pase por muchas, muchas versiones, aún hasta un mes antes de mi enunciado de *"Por qué lo haces",* finalmente me funcionó. Yo no me embolaté en encontrar el enunciado perfecto para mi marca personal o mi enunciado de posicionamiento. Yo no me preocupé porque sabía que podía cambiarlo. Yo sabía que lo importante era empezar a crear un enunciado y que lo estaría perfeccionando hasta llegar al punto ideal. Si no hubiera comenzado con algo, pensé, ¿Qué hubiera tenido? No hubiera tenido nada.

Primero, tuve claridad en mi enunciado de *"Qué y a quién lo haces",* que era: *"Yo ayudo a profesionales proveedores de servicios a conseguir más clientes".*

Lo que se demoro más fue mi razón filosófica de *"Por qué lo haces".* Trabajé muy duro para encontrar mi razón. Me tomé seis meses pensando es eso todos los días, pero lo sorprendente fue que vino a mí por accidente. Estaba con una cantidad de gente haciendo una lluvia de ideas sobre nuestros negocios y todos hablaban de lo que hacían. Yo me había puesto en el papel de chico difícil, bromeando y lanzando preguntas como: "¿Por qué te contrataría para eso?", haciendo de abogado del diablo, hasta que finalmente una mujer me devolvió la broma preguntándome: "Bueno, ¿Por qué yo te tendría que contratar a ti?" Y yo solté sin pensar la frase: "Porque yo soy el tipo a quien llamas cuando te sientes cansado de pensar en pequeño". De repente todo mundo se quedó en silencio, como si todos estuvieran conteniendo el aliento. Después de unos momentos la misma mujer dijo: "Si, ese eres *tú".* Todos en el sitio estaban compartiendo y el aire estaba lleno de algarabía.

Aún así, no pensé mucho en eso hasta un par de semanas más tarde mientras hablaba con un colega sobre crear *"The Think Big Revolution"* (www.Think Big Revolution.com), un lugar en línea donde la gente pudiera reunirse para pensar en grande acerca de quiénes son y qué tienen para ofrecerle al mundo. Yo estaba muy emocionado con eso pero me cuestionaba: "Yo no estoy muy seguro sobre esto de *'grande'.* Yo salí con este enunciado de posicionamiento con la marca de que yo soy 'el tipo para llamar cuando estés cansado de pensar en pequeño', pero no estoy tan seguro de eso. ¿Cuál es la importancia de eso?" Mi colega se rió y me preguntó: "Michael, ¿estás tenso?" Y yo le conteste: "Si, pero vas a tener que explicarme". Entonces mi colega me dijo que le agradaba estar cerca de mí porque yo le ayudaba a pensar más en grande de lo que era y de lo que tenía para ofrecerle al mundo.

En ese momento me di cuenta que como era algo tan natural en mí el deseo de ayudar a la gente a pensar más en grande sobre quiénes son y lo que ofrecen, no me parecía una gran idea en mi opinión. Tuve que discutir esto con otros que no estuvieran tan involucrados como yo, para tener la perspectiva que necesitaba. Aquello que fluía naturalmente en mí, era lo que atraía a la gente, poniendo el deseo en ellos de comprar mis productos y enrolarse en mis seminarios.

Cuando comencé a utilizar mi enunciado de *"Por qué lo hago"*, para dar a conocer a los demás por qué hago lo que hago, me di cuenta que la gente a la que le sonaba lo que yo vendía, comentaba inmediatamente lo muy conectados que se sentían con eso. Los que no lo entendían, como uno de los amigos de mi colega, me preguntaban: "¿Qué tontería es esa de ser el tipo a quien llamar cuando quiera pensar en grande?" Eso está bien. Se trata de conectar con aquellos que están dispuestos a trabajar contigo. Los demás estarán atraídos por alguien con quien les suene realmente, y así tu no terminarás trabajando con alguien que es menos que tu cliente ideal.

Recuerda la historia del viejo, el niño y el burro. El proceso de *"Tu mejor promotor: TÚ MISMO"* no consiste en complacer a la mayoría de gente posible. Consiste en expresar tu mensaje único a los que están esperando para escucharte. Esto no puede lograrse con una marca personal que se ha ido desgastando al tratar de convencer a toda la gente. Puede lograrse solamente a través de poder expresarte ampliamente, sin barreras ni tapujos. ¡Se trata de ser exclusivamente tú!

CAPÍTULO 4

. . . .

CÓMO HABLAR DE LO QUE HACES

"Una conversación es un dialogo, no un monólogo.
Por eso es que existen tan pocas buenas conversaciones:
debido a la escasez, dos conversadores inteligentes,
rara vez se encuentran".
—TRUMAN CAPOTE

*U*na de las primeras razones por la cual los profesionales de servicios fracasan en la construcción de negocios prósperos, es que tienen dificultades para explicar – en una forma clara y contundente – exactamente cuáles son las soluciones y beneficios que ofrecen.

En el transcurso de este capítulo, voy a enseñarte el modelo del diálogo con el sistema de *"Tu mejor promotor: TÚ MISMO",* que consiste en una conversación que despertará creatividad y curiosidad acerca de ti y de tus servicios, tus programas y tus productos. Este tipo de diálogo te ayudará a tener una conversación significativa con un cliente potencial o una fuente de referencia. Es una descripción dinámica y real de tus clientes, los retos que ellos enfrentan, cómo tú los ayudas y los beneficios y resultados que obtienen de tus servicios. Es para remplazar la estática, aburrida y usual respuesta a la pregunta: "¿Qué haces?". La típica respuesta a esa pregunta es: "Soy un consultor de negocios", "Soy una masajista terapéutica", "Soy un diseñador gráfico". Infortunadamente, a esto le sigue un rechazo o comentario amable, o peor aún, un silencio horrible y una mirada al vacio. Una vez que des esa respuesta, cualquier otra cosa que comentes acerca de ti o de tus servicios, va a sonar muy forzada.

En lugar de eso, vas a aprender a desarrollar un diálogo, lleno de creatividad, significado, y conexión con tu cliente potencial o referido. Piensa en esto como la conversación entre dos personas, cada una de las cuales, se interesa por lo que la otra va a decir. Lo maravilloso es que se basa en un entendimiento exitoso del por qué la gente compra lo que estás vendiendo. Y por el trabajo que hicimos juntos en el capítulo 2, tú ya sabes por qué la gente está comprando lo que tú estás vendiendo.

Ya creaste previamente tu enunciado de *"Quién y qué haces".* Este es un excelente primer paso y una herramienta maravillosa para comenzar una conversación acerca de lo que haces. Ahora debes estar seguro que puedes cautivar y enganchar activamente a la persona con la que estás hablando, en una conversación que provoca preguntas y no solamente comentarios de cortesía. Debes habla *con* la gente, no *a* la gente. Nunca le hables a alguien con un guion memorizado porque al hacerlo, te espera un choque de trenes. La versión corta, mediana y larga del *diálogo,* te permitirá sostener conversaciones con distintas personas en diferentes situaciones, para que siempre estés preparado. Diles sobre la gente con la que trabajas y después esperas para permitir una respuesta. Vuelves a intervenir y en menos de lo que te des cuenta, estás sosteniendo una conversación informativa e inspiradora – y esta es la clave para hablar de lo que haces sin sonar simple y confuso.

ESCUCHAMOS LA PREGUNTA: "¿A QUÉ TE DEDICAS?" TODO EL TIEMPO. TU CATEGORÍA PROFESIONAL ES LA RESPUESTA EQUIVOCADA.

Tú eres mucho más que una profesión. Olvidemos los rótulos genéricos por ahora: profesor, doctor, diseñador, contador, Acupunturista, entrenador personal, profesor de yoga, consultor, o cualquier otra descripción vaga, te define como uno más entre las multitudes.

Piénsalo por un segundo: digamos que eres un profesor de yoga y conociste a alguien que realmente necesita tu ayuda y que además sería un cliente ideal. El único problema es que esta persona tiene una idea preconcebida acerca de lo que se trata el yoga y de lo que debe ser un profesor de yoga y esa pre-concepción no te ayuda a tener éxito.

Imagínate este escenario: el cliente potencial te pregunta lo que haces y tu contestas: "Soy un profesor de yoga"; antes de lo que te imaginas, ves que la cara de comodidad de tu cliente potencial comienza a transformarse y a mostrar desagrado diciendo: "Ah sí, yo tuve una vecina que era profesora de yoga y me hacía la vida miserable y hasta tuve que cambiarme de apartamento por culpa de ella,

¡y me encantaba ese apartamento! Ella mantenía una cantidad de clientes entrando y saliendo a todas horas del día, escuchando una música rarísima y cantando como si fuera el fin del mundo – creo que eran parte de una secta. ¡Ah! Y no te imaginas la nube perpetua de incienso con esos olores extraños que me invadían constantemente el apartamento".

¡Oh, oh! ¿Te gustaría tener esa clase de respuesta cuando digas lo que haces? Y eso le puede pasar a cualquier profesional de servicios, no solamente a un maestro de yoga. Digamos que eres un corredor de bolsa y te presentan a una persona que solo conoce a los corredores de bolsa por la referencia de *"El Informador" ("Boiler Room"),* una película que trata sobre un corredor de bolsa que estafaba a personas inocentes, quitándoles los ahorros de toda la vida). No es un cuadro muy lindo.

¿Qué tanto más eres que el título de tu profesión? El *diálogo,* te permitirá distinguirte de toda la gente que tiene el mismo tipo de profesión que la tuya. Te da la oportunidad de destacarte en la forma en la que tú, tus servicios, productos y programas, son únicos – ¡Explícalo con pasión!

¿Qué hay ahí para mí?

Los descubrimientos más importantes en tu negocio, podrás hacerlos a un nivel personal muy profundo, cuando encuentres exactamente lo que tus clientes necesitan. No mires solamente el nivel superficial del problema, ve más allá y encuentra lo que realmente están buscando. Hazte estas preguntas: ¿Cuál es la profundidad del problema? ¿Qué quieren realmente mis clientes? ¿Qué resultados quieren obtener? ¿Cómo cambiarían intrínsecamente sus vidas cuando empiecen a trabajar conmigo? Estas son la clase de cosas que llamarán la atención de la persona que esté hablando contigo.

Si tu *diálogo* suena como la lectura de una hoja de vida, la gente se va a aburrir al máximo, y aunque no lo digan, van a estar pensando: ¿A quién le importa? ¿Y eso qué tiene que ver conmigo? Tus clientes potenciales, lo que realmente quieren saber es: *"¿Qué hay ahí para mí?".*

Desarrolla tu diálogo

Vamos a desmenuzar esto en sus componentes más pequeños y a juntar toda la información en la que hemos trabajado en las páginas anteriores. Hasta aquí ya has elegido tu tipo de mercado y has comenzado a desarrollar tu marca personal construyendo tus enunciados sobre *"Quién y qué haces"* y *Por qué lo haces"*. Ahora vamos a devolvernos para revisar todos los ejercicios que has hecho para aclarar la esencia de tu mensaje. Si estuviste trabajando en ellos, construir tu diálogo será un proceso relativamente fácil, y esta parte de tu trabajo será una herramienta poderosa para hacer la diferencia en tu negocio y en tu mensaje.

La fórmula en 5 pasos para desarrollar el *diálogo*

Juntemos todo y creemos diferentes versiones: larga, mediana y corta de tu *diálogo*. Ya has hecho la mayoría del trabajo para construir un diálogo conectado y significativo.

1.4.1 EJERCICIO ESCRITO: Cada una de las siguientes cinco partes ya ha sido contestada en ejercicios anteriores. Todo lo que tienes que hacer es poner las piezas juntas en la fórmula que aparece en seguida. Los ejemplos están en un formato que puedes usar como plantilla. Comencemos:

Parte I: Resume tu tipo de mercado en una frase.

Parte II: Identifica las tres dificultades más importantes que tu tipo de mercado afronta.

Parte III: Explica cómo resuelves esos problemas con tus soluciones exclusivas.

Parte IV: Incluye los resultados más dramáticos que tú y tus clientes han conseguido.

Parte V: Enumera los resultados y beneficios más profundos que han recibido tus clientes.

Versión larga

Todo lo que necesitas hacer es insertar las partes I a V del ejercicio anterior, de la siguiente forma:

- Tú sabes cómo... (inserta la parte I) hacer, ser o sentir... (insertar la parte II).
- Bueno, lo que yo hago es... (insertar parte III).
- El resultado es... (insertar parte IV).
- Los beneficios son... (insertar parte V).

Ahora tienes un resumen que te ayudará claramente a presentar lo que haces sin sonar confuso ni débil. De hecho, sonarás como una súper estrella porque puedes utilizar este ejercicio para tener una conversación significativa. Sin embargo, no te quedes atado al formato, asegúrate de sonar descomplicado, puede que no necesites todos los elementos de este formato en todas las conversaciones. Hay ocasiones en que la persona con la que estás hablando puede resultar guiando toda la conversación y hasta proveyéndote con lo que necesitas exactamente. Luego, simplemente te sientas y te relajas. El punto es, que si estás armado con estos elementos, tienes lo que se requiere para hablar de lo que haces para poder ir trabajando en conseguir un nuevo cliente, que te genere una entrada interesante y puedas construir un negocio sólido.

Ejemplo: Así suena mi versión bien larga (Toma nota sobre la forma que cada ejercicio que has hecho encaja en el diálogo y la manera en que cada parte fluye como un elemento natural dentro de la conversación)

Escenario: conversación informal en una fiesta de coctel:

—*Joe:* Hola Michael, ¿en qué trabajas?

—*Michael:* Gracias por preguntarlo, Joe. ¿Tú sabes cuántos profesionales empleados (parte I) en forma independiente van buscando la libertad que viene de trabajar con independencia, pero terminan aislados, frustrados, y usualmente afrontando luchas financieras? ¿Conoces gente en esa situación?

—*Joe:* ¡Claro que sí! Es más, eso me recuerda a mi hermana Jane.

—*Michael:* ¿En serio? ¡Entonces ella debe estar trabajando por más horas de lo que se hubiera imaginado, permanecer estresada y constantemente preocupada por dinero! O lo que es peor... debe estar desilusionada de trabajar como independiente. (más de la parte II).

—*Joe:* ¡Así es exactamente! He estado tratando de animarla pero francamente se me acabaron las ideas sobre cómo más lograrlo.

—*Michael:* Te entiendo perfectamente. Por favor, dile que no está sola y que su situación es tremendamente común; de hecho, es tan común, que yo enseño a profesionales de servicios sobre cómo ellos pueden llegar a ser *"los mejores promotores de sí mismos y de sus negocios"*, en mis seminarios en vivo y con la ayuda de mis programas de entrenamiento (parte III). Afortunadamente, el 90% de las personas que han aplicado todo mi sistema, han incrementado el número de sus clientes en un 34% y han mejorado sus entradas en un 42% (parte IV), Entonces ¡hay esperanza!

—*Joe:* ¡Ah, eso es muy emocionante!

—*Michael:* Si, muy emocionante y se trata de mucho más que conseguir clientes y dinero. Mis clientes comienzan a pensar en grande acerca de quiénes son y qué tienen para ofrecerle al mundo, sintiéndose libres del estrés financiero, y capaces de compartir apasionadamente su trabajo con la gente a la que le quieren servir (parte V).

Joe suspira, hace una pausa y luego dice:

—*Joe:* Me alegro de haberte preguntado lo que haces. ¿Cómo puedo poner a mi hermana en contacto contigo? Realmente podría utilizar tu ayuda.

—*Michael:* Y yo estoy muy agradecido de haber tenido la oportunidad de contarte cómo puedo ayudar a tu hermana. Aquí tienes mi tarjeta con toda mi información, pero por qué no me das la dirección del correo electrónico de ella y así yo le envío una nota personal diciéndole cómo nos conocemos tú y yo, y que tú pensaste que yo podría ayudarla. Yo te enviaría una copia de ese correo también a ti.

—*Joe:* Eso sería muy bueno, Michael. De esa forma no tengo que agregar eso a mi larga lista de cosas por hacer.

—*Michael:* ¿Sabes? Escribí un libro basado en mi sistema llamado *"Tu mejor promotor: TÚ MISMO".* y creo que tengo una copia en mi carro. ¿Por qué no me permites ir y traerlo? Puedes dárselo a tu hermana como un regalo.

Michael y Joe continúan con su conversación mientras van por el libro al carro.

Esa es una muy buena forma de tener una conversación acerca de lo que tú haces.

La versión mediana:

Puedes adaptar el *diálogo* como necesites. Intenta la versión media y acorta un poco:

- ¿Tú sabes cómo (partes I y II)?
- Bueno, lo que yo hago es... (Partes III y V).

Ejemplo: La versión media de mi *diálogo* es algo como lo que sigue (Recuerda que las conversaciones no ocurren igual dos veces).

> *Escenario: Conferencia en una empresa:*
> —*Jane:* Me agrada conocerte Michael. ¿A qué te dedicas?
> —*Michael:* Gracias por preguntarlo, Lisa. ¿Sabes cuántos dueños de negocios pequeños están siempre buscando formas de encontrar nuevos clientes, pero se quejan que les disgusta el mercadeo y las ventas? (Partes I y II).
> —*Lisa:* Claro que sí. Es más, yo soy una de esas dueñas de pequeñas empresas, y también necesito nuevos clientes ¡pero me disgustan el mercadeo y las ventas!
> —*Michael:* Bueno, lo que hago es enseñar a esos empresarios sobre cómo amar y disfrutar conociendo sobre el mercadeo y las ventas, pero al mismo tiempo, conseguir tantos clientes como lo deseen sus corazones. (Partes III y V)
> —*Lisa:* ¡No sería eso magnifico! ¿Cómo lo haces?

Y el resto ya lo conoces.

La versión corta:

Y ahora viene la forma de utilizar la versión corta, que realmente es tu enunciado *"Quién y qué haces"*.

- Yo ayudo (parte I)... (insertas parte V).

Ejemplo: Esta es mi versión corta:

> *Escenario: fila en un supermercado:*
> —*Bobby:* Bueno conocerte, Michael. ¿A qué te dedicas?
> —*Michael:* Ayudo a profesionales proveedores de servicios – entrenadores físicos, consultores financieros, consultores y otros (parte I) – a mercadear y vender sus servicios para que puedan tener tantos clientes como deseen. (parte V)
> —*Bobby:* ¡Eso es muy interesante! Mi esposa tiene un negocio casero. ¿Podrías ayudarle?
> —*Michael:* Cuéntame un poco sobre lo que ella hace y lo que crees que necesita.

De nuevo, estamos hablando de conversaciones reales. O de lo contrario, puedes volver a lo que estabas haciendo al presentarte: "Hola, mi nombre es (tu nombre) y soy un (el nombre de tu profesión), lo cual no tiene ningún impacto y es prácticamente el comienzo y el final de la conversación.

Cuando hayas identificado tu tipo de mercado, entendido sus necesidades y deseos, y puedas comunicar correctamente cómo puedes ayudarles identificando la parte esencial en la que tus clientes se benefician con tus servicios, jamás te volverán a tomar por sorpresa otra vez. Te sugiero que sigas afilando y refinando tu mensaje y después lo pongas en práctica tanto como sea necesario. Eso es lo que yo hago.

Practica tu diálogo

Comienza en el escenario confortable de tu casa. Puede tomar algún tiempo hasta que tu diálogo suene natural. Aunque no quieres que tu diálogo suene ensayado y rígido, debes practicarlo, pues mientras más lo pongas en práctica, más cómodo te sentirás y menos ensayado parecerá. Antes que te des cuenta, serás capaz de repetirlo hasta en tus sueños. Solo tienes una oportunidad para causar una primera impresión. Presenta tu negocio y a ti mismo en una forma poderosa y convincente.

Practicando en esta forma, te ayudarás a sentirte cómodo con la multitud de formas en las cuales esta clase de diálogo fluirá naturalmente cuando estés hablando con diferentes tipos de personas. Que exista un verdadero diálogo y no algo memorizado ni aprendido, para que cada vez que estés hablando con alguien acerca de los que haces, sea una experiencia única. Como la gente con la que estarás hablando no estará leyendo el libreto, no responderán en forma similar a lo que he propuesto en los modelos de conversación anteriores, pero muy pronto descubrirás que cuando sabes el *diálogo* muy bien, no importará porque contestarás fácilmente en la forma apropiada.

1.4.2 **PASO DE ACCIÓN**: Practica con un colega o dos. Llámense uno al otro espontáneamente para preguntar: "¿A qué te dedicas?" Si tienes miedo, te confundirás cuando escuches el teléfono e inesperadamente te pregunten; entonces coloca tu *diálogo* en la pared cerca al teléfono para recordarlo. Lo más importante es que utilices lo que te enseño. Aprenderlo es una cosa, pero ponerlo en práctica es lo que te llevará a ser un excelente profesional. Después que hayas practicado con tu colega, contéstense mutuamente estas preguntas:

- ¿Me escuchaba relajado y cómodo?
- ¿Pudiste apreciar mi pasión y emoción acerca de lo que hago?
- ¿Qué realmente te llamo la atención?
- ¿Qué te gustó más y menos de mi *diálogo*?

Utiliza este ejercicio como una oportunidad enorme para ser honesto, recibir retroalimentación abierta, y para que puedas ajustar tu diálogo y utilizarlo lo mejor que puedas.

Cuéntales a todos los que conoces

No utilices este sistema solo cuando estés frente a clientes potenciales. Úsalo con todos los que ya conoces y con quienes estás conociendo, porque todos saben de alguien que quiera trabajar contigo. Cuando compartes este conocimiento claro de lo que haces y de los problemas que resuelves, alguien se va a interesar por ti y por tu trabajo – y potencialmente va a referirte a otras personas.

Son más que simples palabras – La regla 55/38/7

Existen muchas formas de hacer sonar bien tu mensaje. No dependas solamente de tus palabras para hacerlo; la forma de comunicarte va más allá del mensaje hablado. El doctor Albert Mehrabian, un investigador en comunicaciones de la Universidad de California en Los Ángeles, reportó en su libro "Silent Messages", el cual fue basado en amplios experimentos clínicos sobre comunicación, actitudes, gustos y aversiones – que el 55% de la forma en que la gente responde está basado en expresiones faciales; el 38% está basado en el tono de voz y solamente el 8% en lo que dices – la información que proporcionas.

Habla con el corazón

Asegúrate de hablar con muchas expresiones, muestra la emoción y pasión que sientes por los problemas que resuelves y lo que haces en este mundo. Si no estás muy interesado en lo que haces, nadie más lo estará.

CUANDO ESTÁS APASIONADO Y EMOCIONADO POR LO QUE HACES Y LO MANIFIESTAS, PUEDES ATRAER A MUCHA GENTE. LA PASIÓN VERDADERA NO PUEDE FINGIRSE Y NO HAY NADA MÁS CONVINCENTE Y ENCANTADOR QUE CONOCER A ALGUIEN QUE HABLA CON EL CORAZÓN.

Y no te olvides:

* *Sonreír:* Quiero decir, realmente sonreír – con una sonrisa franca y amigable.
* *Hacer contacto visual:* No puedes conectarte profundamente con alguien si no lo estas mirando a los ojos.
* *Muéstrate confiado:* Utiliza un lenguaje corporal confiado y abierto. Párate recto pero a la vez relajado.
* *¡Escucha!:* Para y escucha intencionadamente las necesidades y deseos de la persona con quien estás hablando para que puedas comprender lo que es más importante y relevante para ella.

Un diálogo bien construido, que sea expresado con facilidad y sinceridad, con tu autenticidad brillante y tu pasión, es increíblemente poderoso. Comunícalo y compártelo con entusiasmo a cada persona en este mundo.

MÓDULO DOS
CONSTRUYENDO CONFIABILIDAD Y CREDIBILIDAD

*P*ara ser un excelente discípulo de *"Tu mejor promotor: TÚ MISMO"*, es necesario que seas considerado como una persona confiable dentro de tu sitio de mercado, que seas agradable y puedas ganarte la confianza de la gente a la que te gustaría servir. Ahora que tienes una base solida, es tiempo de mirar en qué forma desarrollar una estrategia para crear confianza y credibilidad, para que puedas sobresalir de entre la multitud y comiences a construir relaciones con tus clientes potenciales.

Tu estrategia estará basada en:

- Convertirte y establecerte en un experto en tu campo.
- Construir relaciones de confianza con el paso del tiempo a través de tu ciclo de ventas.
- Desarrollar productos y programas de marca.
- Tener conversaciones sinceras sobre ventas, que obtengan resultados.

Durante el primer módulo, estuviste concentrándote en la clase de gente a la que quieres servir, en las mejores formas de hacerlo, sobre cómo expresarte a ti mismo a través del servicio que ofreces, y sobre cómo hablarle a la gente acerca de la forma en que puedes ayudarles. Ahora es tiempo de intensificar y mirar lo que tienes que hacer, ser y crear para comenzar a alcanzar a la gente a la cual quieres servir.

Como antes, yo te acompañaré paso a paso a través de este proceso, para que comiences a ver que el mercadeo y las ventas no tienen que ser tan difíciles, después de todo. De hecho, creo que te darás cuenta que puede ser divertido y emocionante.

CAPÍTULO 5

¿QUIÉNES SABEN LO QUE SABES?
Y... ¿LES AGRADAS?

"No soy lo suficientemente joven para saberlo todo".
—OSCAR WILDE

*¿H*as escuchado la expresión: *"Lo importante no es lo que sabes sino a quién conoces"?* Esto es verdad solo parcialmente. Si tú eres un profesional proveedor de servicios, las preguntas importantes son: *"¿Quién sabe lo que sabes? Y..."¿Les agradas?"* Entonces es tiempo de establecerte a ti mismo como una autoridad en la materia – un experto reconocido y agradable en tu campo.

Pero antes de discutir sobre la forma en que puedes posicionarte como un experto en tu campo, vamos a lo que necesitamos – los constructores de credibilidad – los cuales son las cosas que necesitas haces y tener a mano para ser confiable y profesional. Una vez tengas controlados estos aspectos, entonces y solo entonces podemos discutir sobre cómo establecer tu reputación como una autoridad dentro de tu categoría y ver cómo tu popularidad influencia tu habilidad para convertirte en *"el mejor promotor de ti mismo y de tu negocio".*

Elementos constructores de credibilidad

Los constructores de credibilidad pueden parecer obvios, pero sin ellos no serás tomado seriamente, así que vale la pena revisarlos:

- *Debes tener una dirección de correo electrónico profesional disponible:* Preferiblemente que incluya el nombre de tu dominio. No es conveniente algo como 1775b@yahoo.com . Si todavía no tienes tu pagina web, entonces por lo menos utiliza tu nombre claramente, como por ejemplo: ricardotorres@yahoo.com.
- *Invierte en tarjetas de negocios de calidad:* Tarjetas hechas en casa, o las que son gratuitas con el sello de la compañía y tu nombre en uno de los lados, le quitan credibilidad a tu imagen.

- *Si no tienes pagina web, construye una ahora mismo:* Mejor dicho, espera hasta que llegues al capítulo 12, que habla sobre la estrategia del uso de la web para conseguir nuevos clientes. Si tienes una página y esta desactualizada o hecha con una plantilla gratuita, construye una nueva y por favor no uses plantillas – al menos que sean súper especiales. Si tienes tu propio negocio, busca un profesional que te diseñe tu página. Nada le quitará más credibilidad a tu negocio que una página mal diseñada.

- *Toma fotografías profesionales:* Para mostrar tus productos y materiales en promoción, es recomendable que lo hagas empleando fotografías producidas profesionalmente. Una foto tuya en piyama, con tu gato, no va a inspirar mucha confiabilidad, (a no ser que tengas un almacén de mascotas en el que además vendas piyamas). Encuentra alguna forma en que puedas utilizar fotos o videos en los que reflejes profesionalismo, tanto en la web como fuera de ella. Cuando estés en seminarios, consigue profesionales que tomen tus fotos con otros profesionales reconocidos dentro de tu industria y utilízalas como material para promocionar tu negocio. Y definitivamente, utiliza fotos tuyas hablando frente a grupos de gente, o atendiendo a tus clientes. Si no tienes fotografías disponibles en tu sitio web o en tus productos de mercadeo, puede ocurrir que tus clientes potenciales se pregunten si tienes algo que esconder o sientan que no les das la oportunidad de conectarse contigo.

- *Organiza un portafolio de testimonios específicos:* Mantener testimonios generalizados, como por ejemplo el comentario de un cliente con un nombre incierto que diga: "Pam fue fantástica, ella realmente me ayudó", no va a tener mucho peso y ciertamente no va a ayudarte a convertirte en *"tu mejor promotor"*. Sin embargo, un testimonio bien delimitado de una persona con un nombre concreto, que tiene o pertenece a una empresa determinada, y si es posible, con una dirección de correo electrónico, que diga en su argumento algo como: "En dos meses Pam me ayudó a bajar 15 kilos. ¡No lo hubiera logrado sin ella!", tendrá mucho valor para Pam, si ella es una nutricionista, porque el mensaje está orientando para mostrarle a la gente los resultados que muchos de sus posibles clientes quieren alcanzar. Pueden obtenerse resultados todavía mejores, si el testimonio proviene de alguien reconocido; por ejemplo, si Cindy Crawford fuera una clienta de Pam, y ella diera muy buenas opiniones, ¿no querrías tú también ser cliente de Pam? Pensarías: "Si ella es buena para Cindy, es buena para mí". Yo lo pensaría. Hacer algo como esto es importante porque en esta época, los testimonios se han convertido en algo rutinario y no ayudan a marcar la diferencia, a no ser que vengan de alguien muy popular. Entonces, recomiéndale a toda la gente a la cual respetas y que te conoce, que den referencias positivas acerca de ti y de tu trabajo; establece buenas conexiones y cuando llegue el momento, también puedes pedir que te den sus testimonios.

- *Conforma un comité asesor:* Una estrategia que te ayudaría a establecer tu credibilidad sería que personas reconocidas dentro de tu campo te permitieran utilizar sus nombres, El simple hecho que te asocies con expertos reconocidos, hará maravillas para establecer tu credibilidad.

Estándares de servicio:

Todo profesional de servicios necesita unos estándares de servicio que sean esenciales y que cumplan con las expectativas de sus clientes. El error que muchos cometen, es pensar que estos estándares son todo lo que se necesita para servir a los clientes y destacarse entre la multitud:

- *Calidad en el servicio:* Claro que debes ofrecer un servicio de calidad, porque de hecho, eso es lo que desea tanto un cliente potencial como el que ya lo es.
- *Método y herramientas:* Se espera que tengas los mejores métodos y herramientas.
- *Receptividad:* Tus clientes confían en que tú les des respuestas a tiempo. Si tienes un servicio de ambulancias, dar respuesta inmediata es primordial. Pero si eres un fotógrafo, tus clientes también desean que le des respuesta a sus llamadas y correos; lo que no esperan es que esa respuesta sea a las 3:00 am de un domingo para tomar las fotos familiares.

- *Referencias:* Para muchos profesionales de servicios, a sus clientes no les interesan tanto las referencias como se podría pensar, a menos lógicamente, que estés en el campo médico, legal, o financiero, casos en los cuales se esperan y se asumen las credenciales y referencias. Por ejemplo, si voy a un Acupunturista, espero que sea acreditado, y si veo su diploma enmarcado en la pared estoy satisfecho. Sin embargo, si ese Acupunturista ganó un premio Nobel, esa ya sería otra historia.

- *Importancia al cliente:* Tus clientes esperan ser tratados con consideración e importancia. Es indispensable que siempre hagas sentir a tu cliente de esta manera. De hecho, quieres que tus clientes sientas que el sol sale y alumbra solo para ellos. Ese trato te ayudará a construir la credibilidad en tu negocio.

- *Precios bajos*: La gente generalmente no compra basada en el precio (aunque digan que lo hacen) y ciertamente, menos cuando se trata de las necesidades de su familia, de su satisfacción personal o la de su negocio, lo cual incluye creo que todos los aspectos. Los precios bajos no necesariamente van a ayudarte a construir tu credibilidad. Muchos clientes potenciales pueden actuar con recelo si tus precios están por debajo de los precios del mercado.

Por favor no creas que estos estándares te vayan a distinguir, porque son lo que cualquier consumidor desprevenido esperaría. Sin embargo, hay algo muy especial que te hará sobresalir de entre la multitud todos los días de tu vida.

Convertirte y establecerte como una autoridad en tu categoría

Ser una autoridad en tu categoría y que tú te establezcas como tal, puede sonar lo mismo a primera vista, pero no es así. Hay una diferencia entre estos dos enunciados. No se trata de fingir que lo eres hasta que lo consigas, es decir que, antes que te establezcas como una autoridad en tu campo de trabajo, debes *ser* primeramente una autoridad. ¿Cómo lo haces? Debes aprender verdaderamente todo lo que te sea posible sobre el campo que elegiste y en el que quieres ser reconocido como una autoridad en la materia.

Si este pensamiento, junto con todo lo que tienes que llegar a aprender, te lleva a sentir pánico, no estás solo. O de pronto ya sientes que puedas ser reconocido como un experto por todo lo que ya sabes, pero el hecho de ponerte en evidencia – y publicarlo en tu campo de trabajo, te hace sentir con deseos de salir a correr a casa de mamá a tomar sopa de pollo.

Para muchos de nosotros, el reto de aprender todo lo necesario dentro de nuestro campo, es extenuante, porque con frecuencia lo primero que aprendemos es cuánto no sabemos. Esto es bueno porque no podemos buscar conocimiento sobre algo que no sabemos que necesitamos, aunque al principio no nos sintamos muy bien.

Para algunos, la idea de pararse frente a la gente que quiere servir en forma abierta, para declarar que son expertos en su campo de trabajo, sabiendo que van a ser expuestos al escrutinio público, les genera mucha inseguridad. El lado oscuro de tus pensamientos puede tomar control y comenzar a rondarte para hacerte pensar: "¿Quién soy yo para hacerme llamar a mi mismo un experto? ¿Qué se yo? Soy un fraude y no se todavía lo suficiente. A lo mejor nunca voy a aprender lo suficiente como para ser un experto. Ni siquiera se dónde comenzar". O peor todavía: "¿Qué tal que comience a decir que soy un experto y después demuestre lo contrario? ¿Qué tal si me veo tonto y avergonzado? ¿Y si todos me odian? ¿Y si se burlan o me critican?". ¿Te suena esto conocido? ¡Te apuesto que sí! Pero de nuevo, ¡tú no estás solo! No tiene que ser así. Si tu lado oscuro está provocando todo esto, enciérralo con llave en un closet a prueba de sonido y dale nuevamente el control al lado brillante e ingenioso que realmente tú sabes que tienes... y sigue leyendo.

¿Tengo que hacerlo?

Si después de evitar tu lado oscuro, otro lado ha tomado control y está lloriqueando y haciéndote decir: ¿Tengo que hacerlo?", la respuesta es un firme y resonante: "Si tienes que hacerlo". Te guste o no, convertirte en una autoridad en tu categoría, en un experto en tu campo, no es algo opcional si quieres que tu negocio tenga todo el éxito que puede tener. Es un deber. Convertirte y establecerte como una autoridad en tu categoría tendrá un efecto tan poderoso sobre tu negocio y será increíblemente recompensado, que bien vale la pena tu esfuerzo y los riesgos que *"percibas"* (lo cual no significa que son riesgos reales).

Convertirte en una autoridad en tu categoría te permitirá:

- Crear la credibilidad y confiabilidad necesarias para que tus clientes potenciales se sientan seguros y cómodos al contratar tus servicios, productos y programas.
- Tener la visibilidad que necesitas para dar en el blanco del mercado.
- Enviar tu mensaje en grande al mundo para darte a conocer y que conozcan tu negocio dentro de tu campo de mercado. La idea es que seas el primero en llegar a la mente de la gente cuando necesiten la clase de servicio, productos y programas que ofreces.
- Conseguir más clientes y aumentar las ventas más fácilmente y con menor esfuerzo, para que también puedas justificar el incremento en tus precios. Te dará el margen que necesitas para sobresalir de entre la multitud de los que ofrecen servicios similares a los tuyos. No serás uno más entre las masas.
- Hacer más fácil la posibilidad de expandir tu negocio hacia los nuevos mercados que elijas.
- Incrementar la auto-confianza en tu habilidad para proveer los mejores productos, servicios y programas a quienes realmente los quieren y los necesitan.

¿Dónde comenzar?

Primero tienes que identificar aquello por los cual te gustaría ser reconocido dentro de tu campo de acción. Si ese campo es demasiado amplio o intentas convertirte en un experto en demasiados aspectos de ese campo, te sentirás abrumado y confundirás a los clientes de tu campo de acción.

Identificando y enfocándote en aquello por en lo cual quieres ser reconocido, simplifica y acelera el proceso sin causar dudas sobre tu experiencia en la mente de aquellos que pertenecen a tu tipo de mercado. Esto te permitirá crear una sinergia, no solo sobre tus servicios, productos y programas, sino alrededor de todas las técnicas que usarás para establecerte como un experto en la materia.

Para lograrlo, necesitas saturar tu campo de mercado con una variedad de técnicas que demuestren tu experiencia en un solo aspecto. Para hacer eso debes ¡enfocarte, enfocarte, enfocarte!

2.5.1 EJERCICIO escrito: Por favor, contesta las siguientes preguntas:
- ¿En qué áreas eres actualmente un experto?
- ¿En qué áreas necesitas ganar experiencia?
- ¿Qué promesas puedes hacer y cumplir a tus clientes, que te posicionen como un experto?
- ¿Qué promesas te gustaría hacer y cumplir a tus clientes pero no te sientes seguro de cumplir?
- ¿Qué necesitas hacer para adquirir confianza en hacer y cumplir esas promesas?

2.5.2 EJERCICIO ESCRITO: Teniendo en mente las respuestas del ejercicio anterior, si existiera solo una cosa por la cual te gustaría ser reconocido en tu campo de acción, ¿cuál sería?

2.5.3 EJERCICIO ESCRITO: ¿Qué necesitas *aprender* para convertirte en una autoridad en la categoría en la que te gustaría ser reconocido?

2.5.4 EJERCICIO ESCRITO: Elabora una lista de las formas en las que puedes aprender las cosas que identificaste en el ejercicio escrito 2.5.3.
Ejemplo: Libros, búsqueda en internet, programas de entrenamiento, trabajo con alguien que ya es una autoridad en la categoría.

Aún si ya estás bastante bien informado en cuanto a aquello en lo cual quieres convertirte en una autoridad, el estudio continuo y la actualización constante de información en tu campo, no solo es una buena idea sino un requerimiento para ser un excelente profesional. Te recomiendo que leas por lo menos un libro al mes, si no más, en tu campo elegido, para que aumentes tu conocimiento, te sientas desafiado por una perspectiva distinta, o generes nuevas ideas y pensamientos; todo lo anterior acentuará el valor del servicio que provees a tus clientes.

2.5.5 EJERCICIO ESCRITO: Busca información sobre tu campo de acción, y luego elabora una lista de cinco libros que te ayuden a desarrollar todo lo dicho en el párrafo anterior.

2.5.6 Paso de acción: Compra esos cinco libros.

Haciendo el cambio mental

Ya hemos discutido sobre lo que necesitas hacer y tener para adquirir credibilidad; a este punto entiendes más claramente cuál es la importancia de convertirte y establecerte como una autoridad en tu categoría. Espero que sea evidente que tú debes *ser* un experto. Puedes pensar que el siguiente paso lógico sería implementar un plan para establecerte como un experto dentro del mercado, pero no es así. Primero debe haber en ti, un cambio de actitud mental muy radical y profunda.

Todas las estrategias de mercadeo que vas a aprender en el Módulo Tres de este libro, te pondrán al frente del mercado de una forma tan poderosa, que te establecerás como un experto en tu categoría. Primero, considera lo que debes aprender y hacer para adquirir experiencia, para que cuando llegue el momento de implementar las siete estrategias planteadas, ya seas un experto. Tendrás que hacer el cambio radical de verte a ti mismo como tal, y si tú no lo crees, estarás en grandes dificultades para convencer a otros.

COMIENZA A PENSAR Y A REFERIRTE SOBRE TI MISMO, COMO UNA AUTORIDAD EN TU CATEGORÍA – COMO UN EXPERTO EN TU CAMPO.

Cuando llegue el momento para establecerte como una autoridad en tu categoría, estarás cómodo y confiado de ello, por tu experiencia. Si ya te consideras un experto, entonces trata por todos los medios de incluirlo en tus materiales de mercadeo actuales.

Solo recuerda – cuando te comuniques con tus clientes potenciales, debes tener claridad sobre lo que haces y no haces. La gente que goza de credibilidad no sabe de todo y se siente cómoda y libre de decir qué desconoce o desconoce.

Existe otro poderoso factor mental-emocional que tiene profundo impacto sobre tus esfuerzos por establecerte como una autoridad en tu categoría, que podrá sorprenderte. Te reto a que no lo subestimes ni lo descartes.

El poder de la simpatía

Ahora que ya sabes lo que necesitas hacer para establecerte como un experto en tu campo de acción, vamos a mirar un aspecto todavía más importante de tener en cuenta: ¿Eres agradable a tus clientes potenciales? ¿Te perciben como alguien simpático? Y quiero decir: *realmente agradable.*

Lo cierto es, que si no es así, ninguno de los otros esfuerzos que hagas para establecerte como una autoridad en tu campo, funcionará. Este es un enunciado muy fuerte y puede llegar a sorprenderte. Voy a darte una luz al respecto con la ayuda de Tim Sanders y de algunos de sus conceptos escritos en su libro "The Likeablility Factor: How to Boost Your L Factor and Achieve Your Life's Dreams".

Cuando vas al fondo del asunto, Sanders destaca lo siguiente: "La vida es una serie de concursos de popularidad". No queremos creerlo ni admitirlo, nos enseñaron que no era necesario pero al final de cuentas, si eres agradable, si tu factor de simpatía es alto, tienes mayores posibilidades de ser elegido y establecerte con solidez.

Mark McCormack, el fundador de International Management Group (IMG), la compañía más poderosa de mercadeo y dirección deportiva agrega: "Si todas las cosas son equitativas, la gente hará negocios con un amigo; y si las cosas no son equitativas, la gente también hará negocios con un amigo". Si un cliente potencial te percibe como alguien agradable y confiable, probablemente tú serás la persona contratada. Y aún si las circunstancias *no* son parejas y no eres el candidato con mayor experiencia, si le agradas a tu cliente potencial, será tu simpatía la que gane a tu cliente.

Sanders también revela que "para hacer elecciones, pasamos por un proceso de tres pasos. Primero, escuchamos algo relacionado con la oferta. Segundo, creemos o no creemos en lo que acabamos de escuchar. Finalmente, le damos un *valor* a lo que oímos. Luego elegimos".

Con tantas ofertas que quieren llamar nuestra atención actualmente, necesitamos filtrar y seleccionar cuidadosamente aquello a lo que le vamos a dar nuestra atención. Por eso es tan importante que te conviertas en una autoridad en tu categoría, pues el mercado y los clientes que te interesan necesitan una razón para juzgar que tu mensaje es lo suficientemente importante, como para merecer atención y *escucharlo*. Si eres agradable, tus posibles clientes estarán más dispuestos a estar de acuerdo y recordar lo que escuchen.

Una vez que te presten atención, te van a escuchar, pero ¿creerán lo que oyen? Aquí es donde tu credibilidad entra en juego. Con tantos mensajes publicitarios que llegan a nosotros de todas partes y todo el tiempo – a través de correo no deseado, comerciales de televisión, e infomerciales, como para mencionar algunos – nos hemos vuelto bastante escépticos acerca de la mayoría de lo que escuchamos. Si tienes credibilidad, tienes mucha más posibilidad que te crean.

Pero espera, ese no es el único factor que entra en juego cuando alguien está tratando de decidir si creerte o no. De nuevo, tu simpatía es un factor decisivo para inspirar confianza. Piénsalo por un momento: eres más propenso en confiar y *creer* en alguien que te agrada. Sanders dice: "Cuando a la gente le agrada la fuente del mensaje, tienden a confiar en el mensaje, o por lo menos trata de encontrar una forma para creerlo".

Supongamos que ya diste los dos primeros pasos en este proceso: tu cliente potencial ya te escuchó y creyó en ti, pero ahora debe determinar el valor real de tu mensaje y de ti.

Piensa en este ejemplo: Susan tiene un spa y está entrevistando a dos masajistas terapéuticas que tienen casi las mismas cualificaciones: tienen una experiencia de doce años, son certificadas en Shiatsu, tejido profundo, masajes de relajación y deportes; las dos esperan un pago de $100 dólares la hora.

La primera masajista llega a la cita 10 minutos tarde, con el seño fruncido y obviamente agitada; luego se dedica a dar quejas sobre su día tan complicado y las razones por las cuales llega tarde. Esta candidata deja a Susan en el límite de su paciencia e irritabilidad; además se da cuenta rápidamente que el resto de sus empleados y clientes están a punto de tener la misma reacción negativa ante la conducta de esta profesional.

La segunda masajista está esperando pacientemente su entrevista cuando Susan termine con la primera. Cuando entra a la oficina, una resplandeciente sonrisa aparece en su rostro, la cual tiene un efecto inmediato sobre Susan y la hace sentir relajada y con deseos de responder con otra sonrisa. En ese momento Susan sabe que sus empleados y clientes estarán complacidos con la segunda entrevistada.

Como este escenario lo demuestra, tu factor de simpatía tiene un enorme impacto en el valor percibido sobre ti. Desarrolla tu credibilidad, establécete como un experto, esfuérzate al máximo, relaciónate agradablemente, y pronto te convertirás en la mejor y más obvia opción para tus clientes potenciales.

CAPÍTULO 6

EL CICLO DE VENTAS

> *"Es un error mirar demasiado hacia adelante.*
> *Solo podemos enfrentar un eslabón a la vez*
> *en la cadena del destino".*
> —SIR WINSTON CHURCHILL

Construyendo relaciones de confianza

odas las ventas comienzan con una conversación. Puede ser entre tú y un cliente potencial o actual; entre uno de tus clientes y una referencia en potencia; entre uno de tus colegas y una referencia potencial. Un ciclo de ventas efectivo consiste en convertir con el paso del tiempo, estas conversaciones sencillas en relaciones de confianza con tus clientes potenciales. Sabemos que la gente compra de aquellos que les agrada y en quienes confía. Esto no puede ser más cierto para un profesional proveedor de servicios.

Si no gozas de la confianza de los demás, entonces no importa qué tan efectiva sea la estrategia que hayas planeado, ni la calidad de lo que estás ofreciendo, ni la variedad de opciones que hayas creado para suplir las necesidades con los presupuestos de la gente. Si un cliente potencial no confía en ti, no importan las demás cosas. No te van a comprar – punto.

Si lo analizas, esta puede ser una de las razones más importantes por las cuales te disgusta el mercadeo y las ventas. Puede que estés tratando de mercadear y vender con gente con la cual todavía nos has construido una relación de confianza.

¿Qué están pensando tus clientes potenciales?

- ¿Reamente creen que tú puedes vender lo que ofreces?
- ¿Confían en ti como para entregarte su información confidencial?
- ¿Les agrada la gente que trabaja para ti?
- ¿Se sienten seguros contigo?
- ¿Creen que si te contratan recibirán una ganancia de acuerdo con la inversión?

Si quieres una fuente perpetua de inspiración que te haga sentir realizado en la vida, junto con unos clientes ideales que aclamen tus productos y servicios, entonces recuerda – todas las ventas comienzan con una simple conversación y se realizan cuando se suple una necesidad y se combina con confiabilidad.

Convertir los extraños en amigos y los amigos en clientes

Seth Godin, autor de *"El marketing del permiso"* (*"Permission Marketing"*), nos implora que paremos de estar interrumpiendo a la gente con mensajes de mercadeo, y en lugar de eso convirtamos a los extraños en nuestros amigos añadiendo valor a la relación; que convirtamos a los amigos en clientes pidiéndoles permiso para ofrecerles nuestros productos y servicios. Este capítulo, no solo te indica cómo convertir a los extraños en amigos y a los amigos en clientes potenciales, sino a los clientes potenciales en clientes actuales, y a los clientes del pasado también en clientes del presente.

Para diseñar ciclos de venta en tu negocio, primero debes entender cómo vas a conducir a la gente en tu ciclo de venta. Luego podemos construir un ciclo de venta que atraiga más clientes de los que puedes manejar, y hacerlo con total integridad.

Seis claves para crear conexiones: Quién, Qué, Dónde, Cuándo, Por qué y Cómo

El ciclo de ventas funciona cuando sabes:
- ¿*Quiénes* son tus posibles o actuales clientes?
- ¿*Qué* están buscando?
- ¿*Dónde* te buscan?
- ¿*Cuándo* te buscan?
- ¿*Por qué* deberían elegirte?
- ¿*Cómo* quieres que se conecten contigo?

Conoce tus respuestas a estas seis preguntas, y te asegurarás que las propuestas que estás haciendo en tu ciclo de ventas están bien enfocadas.

Clave # 1: ¿*Quiénes* son tus posibles o actuales clientes?

Ya hemos estudiado a profundidad sobre cómo elegir tu tipo de mercado, pero voy a reiterarlo aquí debido a su importancia. Necesitas escoger a *quiénes* te gustaría atraer a tu círculo. Entre más específico seas, mejor; elige a una persona o a una empresa (u organización) dentro de tu campo de mercado para enfocarte en ella.

Identificar y dirigir tu mercado hacia un individuo específico (persona, empresa, organización) te permite hacer una importante conexión emocional, la cual es el primer paso para desarrollar una relación con tu cliente potencial. Cuando has hecho el esfuerzo de dirigirte directamente a tu cliente ideal, él lo sentirá, se dará cuenta que tú realmente conoces sus necesidades y deseos – porque tú si las conoces. Esa simple tarea será un paso adelante hacia la construcción de tu credibilidad y confianza con los clientes que buscas.

Si no tienes una idea súper clara acerca de *quiénes* son los blanco de tu mercado, a *quiénes* quieres buscar y atraer, va a ser difícil desarrollar ciclos de venta que funcionen, porque estarás detrás de cualquier oportunidad y no establecerás conexiones fuertes con nadie.

2.6.1 EJERCICIO ESCRITO: ¿*Quién* es tu objetivo para convertirse en tu cliente? Describe cómo es y utilizando tu creatividad, escribe hasta los detalles más específicos.

Ejemplo: Mi amiga y colega Lorrie Morgan Ferrero, es una prestigiosa editora y la dueña de un negocio proveedor de servicios; ella describe su cliente potencial para convertirse en cliente así:

"Nikky Stanton, profesional de 37 años y divorciada, con un negocio de consejería en la red; muy creativa en todo lo relacionado con internet; reinvierte la mayoría de sus ganancias en el negocio; vive en San Diego en una comunidad cerrada junto a su hija de 10 años llamada Madison. Nikky se interesa en el estudio de su hija y la lleva a clases de danza; tiene una casa-oficina y sus entradas son aproximadamente de $117.000 dólares al año. Trota 3 veces a la semana por la vecindad; le encanta encontrar rebajas en la ropa de marca y sueña con visitar Italia en compañía de su hija algún día.

Ahora es tu turno para hacer la descripción de tu posible o actual cliente.

Clave # 2: ¿*Qué* están buscando?

Tienes que entender lo que tus posibles o actuales clientes están buscando. Es importante ser claro en tus respuestas porque si no sabes lo que ellos buscan, no sabrás qué clase de ofertas hacerles en tu ciclo de venta. Usualmente hacemos propuestas que *nosotros* creemos que parecen ser relevantes. Ya es tiempo de poner a tu posible o actual cliente en el primer lugar de prioridades y trabajar sinceramente para lograr entender lo que realmente están buscando. Luego si puedes decidir lo que vas a ofrecerles para suplir sus necesidades.

2.6.2 EJERCICIO ESCRITO: ¿*Qué* están buscando tus posibles o actuales clientes?

Ejemplo: En mi negocio, ellos quieren aprender a ser *"los mejores promotores de sí mismos y de sus negocios"* para tener libertad financiera. Quieren aprender a organizarse para hacer mayores ventas. Quieren encontrar diversas fuentes de entradas pasivas para no tener que cambiar tiempo por dinero. Quieren profundizar su relación con sus socios para no sentirse solos en el mundo. Recuerda, siempre hacerte a ti mismo la pregunta sobre el *"qué"*. ¿Qué es lo que tu posible o actual cliente quiere conseguir? La mayoría quieren solidez financiera.

Clave # 3: ¿*Cuándo* te buscan?

¿*Cuándo* la gente o empresas dentro de tu mercado buscan los servicios que tú ofreces? ¿Qué tiene que ocurrir en su vida personal o en su negocio para que ordenen la clase de servicio que tú vendes? ¿Qué tan alto dejan que llegue su necesidad de tus servicios antes que decidan ordenarlos? La gente puede estar interesada en lo que ofreces y tus ofertas pueden parecerles interesantes, pero puede ser que no te necesiten en el momento de encontrarte.

Por eso es que el ciclo de ventas es tan importante. Tú quieres facilitarles la entrada a tu mundo para que con el tiempo se acerquen gradualmente al centro de tus ofrecimientos. Cuando las necesidades aparezcan, ellos te buscarán y preguntarán por ti, pero mientras tanto debes mantener la relación.

2.6.3 EJERCICIO ESCRITO: Describe las situaciones que parecen terminar en clientes potenciales que necesitan tus servicios, productos y programas. ¿*Cuándo* te buscan?

Ejemplo: Han perdido su trabajo; están comenzando su propio negocio; están tan desorganizados que están perdiendo sus clientes; están experimentando demasiadas fricciones en sus relaciones con sus clientes; han tenido un bebé recientemente y no logran perder el peso causado por el embarazo.

Clave # 4: ¿*Dónde* te buscan?

¿Sabes *dónde* te buscan tus posibles o actuales clientes? ¿Te buscan en internet? ¿En revistas? ¿Llamas a sus amigos para que te refieran a ellos? ¿En qué clase de profesionales confían para ser referidos a alguien que supla sus necesidades? Si no lo sabes, has un sondeo entre tus clientes actuales. Esta es una de las primeras preguntas que deberías hacerle a tus clientes: "¿Cómo hiciste para encontrarme?" Si estás comenzando y todavía no tienes tus propios clientes, pregúntales a tus colegas en qué formas sus clientes los contactan a ellos.

2.6.4 EJERCICIO ESCRITO: ¿En *dónde* te buscan tus clientes ideales?

Clave # 5: ¿*Por qué* deberían elegirte a ti?

Esa es una pregunta gigantesca. ¿*Por qué* deben elegirte a ti? ¿Eres tú una autoridad confiable en tu campo? ¿Qué te hace la mejor opción para ellos? ¿Qué es lo exclusivo acerca de ti o de las opciones que ofreces?

Para este ejercicio es primordial que pongas tu modestia a un lado y te expreses a ti mismo con confianza y claridad – sin respuestas confusas a estas preguntas – Piensa en la última vez que fuiste en busca de la ayuda de un experto. Cuando comenzaste a hablar con ese proveedor de servicios para averiguar sobre su experiencia y sus servicios, y si podría ayudarte, lo último que querías oír de él era: "Bueno, más o menos sé lo que hago y de pronto te puedo ayudar, así que creo que lo intentaré".

AUNQUE PUEDA PARECER INCOMODO AL COMIENZO, TIENES QUE ACOSTUMBRARTE A DECIR: "¡LO MEJOR PARA TI SOY YO!"

¡Garantizado! Decir que tú eres el mejor puede sonar muy riesgoso para ti, pero al menos tienes que decir: "Has venido a la persona perfecta. Claro que puedo ayudarte porque soy experto en mi campo y esta es la forma en que puedo ayudarte".

Alardear es compararte con otros proclamando tu superioridad. Pero hablar de tu experiencia, tus fortalezas, tus habilidades, y tu capacidad para ayudar, no es alardear. Esto es lo que tus posibles o actuales clientes quieren, esperan y necesitan oír de ti.

2.6.5 EJERCICIO ESCRITO: ¿Por qué deberían tus clientes potenciales elegirte? (¡No te atrevas a saltar esta pregunta! Debes ser franco y abierto; exprésate amplia y totalmente. Recuerda que este no es momento para tu modestia).

Clave # 6: ¿*Cómo* quieres que se conecten contigo?

Una vez que tus clientes potenciales hayan aprendido acerca de tus servicios, ¿*cómo* te gustaría que ellos interactuaran o se conectaran contigo? ¿Te gustaría que te llamaran a tu oficina? ¿Quieres que se suscriban a tu boletín informativo vía internet? ¿Qué quieres que *hagan* tus clientes potenciales?

Por supuesto que lo que queremos que ellos hagan, es que compren nuestros productos, servicios y programas de mayor valor, pero esto no es muy frecuente porque la mayoría de tus clientes potenciales necesitan conocerte y aprender a confiar en ti con el paso del tiempo. Ellos necesitan acercarse gradualmente hacia lo que puedan percibir como tus ofertas de mayor riesgo. Se dice frecuentemente, que en circunstancias promedio, necesitas encontrarte con un cliente potencial por lo menos 7 veces, antes que ellos se decidan a ordenar alguno de tus productos. No siempre, pero si entiendes este principio, estarás en el camino indicado, más rápidamente que si tratas de hacer una venta en la primera oportunidad. "Hola, soy un consultor, ¿quieres contratarme ya?" no va a ser para nada efectivo. Ese definitivamente no es nuestro estilo. De pronto deberíamos llamar a ese estilo de venta en un paso, "una venta única" porque en eso finalmente podría convertirse – en el estancamiento de tu ciclo de ventas.

2.6.6 EJERCICIO ESCRITO: ¿*Cómo* quieres que tus clientes potenciales interactúen o se conecten contigo? (Nota: Establecer una forma de comunicación es el primer paso para desarrollar una relación de confianza).

Definir claramente estas 6 claves te ayudará a determinar lo que quieres ofrecer a tus clientes potenciales en cada etapa de tu ciclo de venta, y te ayudará a construir el más efectivo sistema de ventas posible. (Pronto voy a estar dirigiéndote hacia diseñar tu ciclo de ventas). Definir estas 6 claves también te servirá tremendamente para implementar las 7 estrategias de venta propuestas en el Módulo Tres de este libro.

La estrategia de "tener siempre una oferta irresistible"

Esta es simplemente la estrategia de mercadeo más efectiva sobre el planeta para cualquier profesional proveedor de servicios. Siempre querrás tenerla en cuenta para invitar a la gente a conocerte, mediante esa "oferta irresistible" como la mejor forma de dar a conocer tus servicios. Aprenderás a utilizarla a medida que vayas diseñando tu ciclo de ventas. Esto es lo que vas a estar utilizando para dirigir a tus clientes potenciales al llegar al Módulo Tres.

Tus servicios tienen una barrera muy alta que saltar. Para tus clientes potenciales tus servicios son caros e intangibles – independientemente de que lo creas o no – especialmente para los que no han utilizado la clase de servicios que ofreces o para quienes no han obtenido buenos resultados con sus proveedores anteriores. A la gente normalmente le molesta ser engañada pero le encanta recibir invitaciones. ¿No te ocurre? ¿Qué pasa si yo puedo ayudarte a eliminar una necesidad con lo que yo vendo? ¿Sería eso atrayente para ti? Te apuesto que sí. Durante mi segundo año en el negocio esta estrategia literalmente me ayudó a duplicar mi entrada financiera.

El ciclo de ventas con nuestro sistema comienza por no permitirle resistencia a ningún cliente potencial; es decir, se trata de hacer una oferta a la cual nadie se pueda negar; no estoy hablando de dar servicio ni productos gratuitamente, la cual es una práctica muy común entre los profesionales proveedores de servicios. Yo propongo esta táctica en una forma muy diferente.

Vas a utilizar las 7 estrategias de este libro - entre las que están el uso de tus redes de contacto, el uso de la web, el contacto directo, los referidos, contactos por escrito, contactos verbales, manteniendo comunicación constante - para crear consciencia sobre las soluciones que ofreces. Sin embargo, en lugar de intentar *vender*, simplemente siempre vas a *ofrecer* una invitación a la cual tu cliente potencial o actual no se pueda resistir.

Hemos aprendido que "quién sabe lo que tú sabes" es importante cuando se trata de ofrecer tus servicios. ¿Te has puesto a pensar a cuántos clientes más podrías estar sirviendo si ellos supieran lo que tienes para ofrecer? La mejor forma de informarles es teniendo siempre una oferta tan convincente que no la puedan rechazar.

Por ejemplo: Una de mis formas para tener siempre una *"oferta irresistible"* es un producto que he desarrollado que consiste en un tele-seminario (una conferencia muy amplia) al cual le he llamado *"The Think Big Revolution"* (La revolución para pensar en grande), que ofrezco semanalmente y está desarrollada para ayudarle a la gente a pensar más ampliamente sobre quiénes son y qué tienen para ofrecer al mundo. A veces presento un tema que está relacionado con la forma de conseguir más clientes; otras veces me enfoco en los diferentes principios y estrategias que pueden ayudar a obtener mayor éxito en los negocios y en la vida.

Hago notar que la membresía es gratis. Si conozco a alguien que creo que se pueda beneficiar, le invito a ser parte de ésta. Te invito, estoy seguro que te encantará porque es una oportunidad para participar en una actividad que le agregará gran valor a tu vida; pero además me conocerás y así sabrás si mi propuesta te interesa. Y para mí es fantástico porque no tengo que *vender* nada, y realmente puedo ofrecer gran valor a la vida de los clientes potenciales y actuales sin que exista un riesgo para ellos. Al final ellos tienen la oportunidad de pedirme consejería en sus negocios, si se sienten inclinados a hacerlo.

Existen muchas formas en las que puedes implementar esta estrategia para que siempre tengas algo irresistible que ofrecerle a la gente; estás limitado únicamente por tu imaginación. Si tus ideas para ponerla a funcionar no han comenzado a fluir todavía, no te preocupes porque voy a darte muchas formas que a la vez te harán producir tu propia lluvia de ideas en el Módulo Tres.

Por ejemplo, para aceptar mi invitación a ser parte de "The Think Big Revolution" puedes ingresar a www.thinkbigrevolution.com y hacerte miembro. ¿Ves qué fácil? Nada de ventas: solo una generosa invitación.

¡Esta estrategia funciona! Del 93% de mis clientes que exitosamente han establecido negocios sólidos, todos la utilizan de una forma u otra.

Hay otro beneficio agregado a esta estrategia de "siempre tener una oferta irresistible". Puede ayudarte a establecer tu marca personal. Observa cómo mi producto: *The Think Big Revolution"* es una extensión de mi enunciado *"Por qué lo haces".* Una vez que comienzas a venir semanalmente a mis conferencias y te haces miembro, inmediatamente te das cuenta que quiero ayudarte a pensar más en grande acerca de quién eres y qué le ofreces al mundo. Si tú eres alguien con deseos de pensar más en grande acerca de quién eres y qué tienes para ofrecer, sabrás que estás en el lugar indicado, no solo intelectualmente sino que lo sentirás en tu corazón. La estrategia de tener "siempre una oferta irresistible", es la forma perfecta de conectar tu enunciado de *"quién y a qué"* (a *quién* quieres ayudar y a *qué* le puedes ayudar) con tu enunciado de *"por qué lo haces"* (tu razón filosófica por la cual haces lo que haces).

Examina otro ejemplo: Trabajé con un hombre que es un entrenador personal y chef de comida dietética. Cuando él vino a mi estaba afrontando dos retos en los cuales necesitaba mi ayuda. No estaba viviendo al máximo de su capacidad de producción porque estaba trabajando sobre la base de entrenamiento uno a uno; por supuesto que eso no le ayudaba a crear una demanda suficiente de sus servicios. Estas dos situaciones le habían generado ansiedad acerca de lo que le esperaba en el futuro.

Primero le propuse que analizara la mejor forma para pasar sus servicios de ser un entrenador personal a elaborar programas para grupos. Después creamos su "oferta irresistible" que se llamó: *"Fiesta para comelones saludables".* Un domingo en la noche al mes, él ofrecía una fiesta en la cual les enseñaba a sus invitados cómo preparar comida saludable que les ayudara a permanecer en buena forma. Había dos requerimientos para asistir: él pondría su menú en la web a manera de información y cada miembro se encargaría de traer un ingrediente, además de traer a alguien nuevo al evento, lo cual le ayudaría a crear una nueva audiencia para su trabajo. Escasamente tuvo que mercadear su negocio. ¡Fue algo mágico! A la gente le encantó el evento y se fascinaron con el entrenador por haberlo planeado. Se inscribieron en sus programas debido a esto.

Un planeador financiero también puede hacer algo similar, ya sea por teléfono o en persona. ¿Ya has comenzado a tener tus propias ideas acerca de cómo podría esto funcionar en tu caso?

El valor que tú ofreces en tu "oferta irresistible" suple las necesidades y deseos de la gente a la cual sirves. Por eso esta estrategia es parte importante de tu ciclo de ventas. Posteriormente, a medida que vayas construyendo confiabilidad ofreciendo valor adicional y creando consciencia de los servicios que ofreces, atraerás a tus clientes potenciales más profundamente hacia tu ciclo de ventas, moviéndolos gradualmente hacia de tus productos y programas centrales.

Notarás que los dos ejemplos que te doy utilizando la estrategia de "la oferta irresistible" se ha hecho en el formato de grupos. Existen 3 razones importantes para esto:

- Nivelarás el uso de tu tiempo conectándote con la mayor cantidad de clientes potenciales posible en la menor cantidad de tiempo.
- Utilizarás la fuerza de la comunidad. Cuando se reúne mucha gente, se crea mucha más energía y entusiasmo del que puedes crear por ti mismo. Tus invitados verán otra gente interesada en lo que tienes para ofrecer, y esa es la mejor forma de construir y establecer tu credibilidad.
- Serás visto como una persona interesante. En serio, si dentro de tu tipo de mercado eres conocido por ser quien reúne gente, eso te ayudará a construir tu reputación y a desarrollar tu simpatía.

Por favor, regala más valor del que creas, hasta que hayas regalado demasiado y después... regala más. Tenía un amigo en la universidad que cuando ordenaba sus emparedados siempre decía: "Póngale tanta mayonesa que crea que lo ha dañado y después póngale mas". Desmedido, lo sé. (Creo que mi amigo ya dejó de comer así y sus arterias se lo agradecieron), pero agregar valor es un ejercicio muy parecido. Recuerda que tus clientes potenciales deben saber lo que tú sabes, debes agradarles y deben confiar en que tú tienes las soluciones a sus necesidades más urgentes. La mejor forma de lograrlo es invitándolos a experimentar el hecho de estar cerca de ti y de la gente a la que sirves.

El ciclo de ventas

El ciclo de ventas funciona de tal manera que el cliente potencial puede entrar en él en cualquier momento del proceso, dependiendo de la situación. Un cliente te contrata cuando las circunstancias de su vida o de su trabajo combinan con tus ofertas. Si eres un especialista en hipotecas, puede que yo no necesite tus servicios en este preciso momento, pero quizás dentro de seis meses quiera poner mi casa en venta y entonces podrás creer, que no solamente querré tus servicios sino que voy a necesitarlos inmediatamente. ¿Ves cómo cambian las opciones? Ahora, si tú no has estado en contacto conmigo ofreciéndome un valor mayor durante este tiempo (sin esperar nada a cambio), muy difícilmente vas a venir a mi mente cuando yo esté afrontando esta necesidad.

El ciclo de ventas es una secuencia de fases sobre las cuales el cliente potencias pasa cuando está decidiendo si contratar o no tus servicios. El siguiente ejemplo te dará una idea de este proceso. Tu ciclo de ventas puede incluir 3, 10, y hasta 15 fases, dependiendo de tu negocio en particular y de la variedad de productos que ofreces. Voy a enseñarte los principios que gobiernan efectivamente el ciclo de ventas para que puedas construir el que mejor te funcione para suplir las necesidades urgentes de tus clientes potenciales y actuales.

Te explicaré cada fase y te daré un ejemplo basado en mi negocio para ayudarte a visualizar exactamente cómo funciona cada una de ellas. También voy a pedirte que escribas tu objetivo para cada fase y cómo vas a hacer para alcanzarlo. De esta manera, al final del capítulo habrás completado tu propio ciclo de ventas. Haré mi mejor esfuerzo para ayudarte a absorber y a implementar lo más fácilmente posible toda esta información. Si te sientes un poco abrumado, por favor quédate conmigo porque esta es una parte muy importante, y si entiendes bien los principios que hay detrás de estas técnicas, te garantizarán que vas en el camino correcto hacia establecer un negocio sólido.

A medida que trabajas en este proceso, recuerda que tú simplemente estás sosteniendo una conversación con otra persona y estás haciendo una conexión para construir confianza y que con el tiempo, posteriormente puedas compartir tus servicios con esa persona. ¿No es eso maravilloso?

Ciclo de ventas - Fase Uno

Para usar este programa, debes realizar ciertas tareas que mantendrán tu nombre presente en la mente de tus clientes potenciales. En la Fase Uno, tu objetivo es crear consciencia sobre los servicios, productos y programas que ofreces con el uso de las siete estrategias de nuestro programa.

Las 7 estrategias de auto-promoción en tu ciclo de ventas son:
   * *El uso de tu red de contactos.*
   * *El contacto directo.*
   * *Utilizando referidos.*
   * *El uso de la web.*
   * *Hacer presentaciones y demostraciones.*
   * *Escribiendo.*
   * *Mantenerse en contacto.*

Tu objetivo en la Fase Uno de este ciclo de ventas debe ser simple y medible, como invitar a tus clientes potenciales a visitar tu página web, o llamarte a tu oficina - eso depende de ti - pero una vez que hayas escogido tu objetivo, debes escoger la estrategia que vas a utilizar para lograrlo.

El ciclo de ventas es más efectivo cuando se usa en conjunto con la estrategia de mantener el contacto. El tamaño de tu red de contactos y especialmente el número de clientes potenciales en ella, es directamente proporcional a la solidez de tu negocio. Te recomiendo fuertemente que hagas una base de datos – o tu lista – como se le llama en el mundo de mercadeo con internet. Tu lista, es toda la gente que te ha dado permiso de comunicarte con ellos con regularidad; contiene la información acerca de tus clientes potenciales, actuales y pasados, como también la de tus referidos y colegas. Si construyes esta lista, tienes la posibilidad de contactar y hacer más clientes en menos tiempo. Todo lo que tienes que hacer es enviar boletines informativos por correo o por internet, haciendo "ofertas irresistibles" para crear mayores posibilidades de nuevos clientes. No quiero sonar simplista, pero verás lo fácil que es, una vez que hayas construido tu credibilidad entre un grupo grande de clientes que te han dado permiso para agregar valor a sus vidas y hacerles ofertas al mismo tiempo.

Ejemplo de Michael en la Fase Uno: Mi objetivo es llevar a mis clientes potenciales a visitar mi página web. Voy a usar la estrategia de la web, la estrategia de hablar y demostrar y la estrategia de escribir. (Aprenderás estas estrategias en los capítulos 12, 13, y 14, respectivamente).

2.6.7. EJERCICIO ESCRITO: Ciclo de ventas - Fase Uno:
- ¿Cuál es tu objetivo en la Fase Uno de tu ciclo de ventas?
- ¿Cómo vas a lograrlo?

Ciclo de ventas - Fase Dos:

En esta fase demostrarás tu conocimiento, tus soluciones y tus deseos sinceros por agregar valor al objetivo del mercado que hayas elegido, sin ningún costo y sin ninguna clase de riesgo para ellos. Los beneficios para ti incluyen el incremento de confiabilidad – ellos sentirán que tal como pensaron, de alguna manera tú eres la mejor opción.

Para familiarizar a tus clientes potenciales con tus servicios, necesitas ofrecerles soluciones, oportunidades e información relevante, a cambio de su permiso para contactarlos y seguir comunicándote con ellos convenientemente. ¿Cuál es esa clase de comunicación? Puedes proveer un reporte especial o una hoja de papel en blanco con la lista de las necesidades que observas en tus clientes potenciales, así como la de sus deseos más urgentes. Puedes dar un cupón de descuento por tu sesión inicial, que puede ser tu "oferta irresistible", como mi programa de "The Think Big Revolution". No importa lo que escojas, debe ser algo dirigido a sus necesidades, pero también a la forma en que tú quieres que te conozcan.

Ejemplo de Michael en la Fase Dos: Mi objetivo en esta fase es animar a mis visitantes a mi página web a ingresar sus nombres, correos electrónicos, y dirección, a cambio de un capítulo gratis de este libro, junto con un audio de muy buena calidad con duración de 60 minutos durante los cuales amplío mis conceptos, principios y estrategias.

2.6.8 EJERCICIO ESCRITO: Ciclo de ventas - Fase Dos:
- ¿Cuál es tu objetivo en la Fase Dos de tu ciclo de ventas?
- ¿Cómo vas a lograrlo?

Ciclo de ventas - Fase Tres:

Ahora que empezaste a construir confiabilidad con tus clientes potenciales, vas a trabajar en desarrollar e incrementar la confianza, y en cultivarla la relación.

En la Fase Tres de tu ciclo de ventas tu objetivo tiene doble propósito: Continuar agregando valor ayudando a tus clientes potenciales a incorporar la información que les diste en la Fase Dos; el otro propósito es hacer la venta. Por ejemplo, si les diste un mini-curso, deberías hacerles seguimiento por medio de correos electrónicos automatizados. Si los invitaste a tu evento para ofrecer "tu oferta irresistible", podrías darles más información al respecto y asegurarte que ellos saben cómo tomar ventaja de ello; obviamente que también tienes que contarles cuáles son los beneficios de participar en tu evento. Además debes ofrecerles algo que los sorprenda, como un pase de invitación a algún taller que vayas a hacer, o una nota personal con tu lista de libros sobre tu campo de experiencia, que creas que puedan ayudarles a resolver sus necesidades inmediatas. Recuerda que el valor que agregas no necesariamente tiene que ser sobre ti. Si tú le recomiendas una buena fuente de conocimiento a tus clientes potenciales, ellos asociarán muy bien el contenido del valor que les diste, contigo.

Como lo mencioné antes, esta es la primera fase en la cual tus clientes potenciales van a invertir dinero: un seminario en persona, un libro, un CD, un libro de trabajo, un manual, una guía, un tele-seminario. (Te enseñaré cómo crear esta clase de productos informativos en el capítulo 7). Cuando envíes tus correos de seguimiento, informarás a tus clientes potenciales sobre las oportunidades que tienes para ellos, las cuales cubres sus necesidades y deseos, y así continuarás agregando valor sin esperar nada a cambio.

Lo que es importante de entender es que la oferta monetaria que estas presentando no tenga una oposición muy alta, pues no es cuestión que te apures y cruces la puerta para sorprender a tus clientes potenciales con la oferta de mayor valor; así como no esperar ofrecer matrimonio en la primera cita, no importa qué tan interesado estés. Tú quieres ofrecerles algo para lo que ellos estén listos, y si ellos están listos para más en el momento, te preguntarán. Tú siempre les dejarás saber cómo entrar a tu página web, la cual contiene toda la variedad de tus servicios, en caso que ellos quieran elegir algo más.

Ejemplo de Michael en la Fase Tres: Mi objetivo en la Fase Tres es dar a aquellos que previamente optaron por el capítulo gratis de este libro y el audio de 60 minutos, el incentivo de comprar el libro por amazon.com (Tú no tienes que haber publicado un libro para hacer lo mismo; puedes ofrecer un bono de entrada, un libro, CD, o cualquier otro artículo que pueda servirte disminuir la barrera del rechazo con una oferta de entrada).

2.6.9 EJERCICIO ESCRITO: Ciclo de ventas - Fase Tres:
- ¿Cuál es tu objetivo en la Fase Tres de tu ciclo de ventas?
- ¿Cómo vas a lograrlo?

Ciclo de ventas - Fase Cuatro:

Tu enfoque ahora consiste en ayudar a tu cliente potencial a moverse hacia el siguiente nivel de tu ciclo de ventas. Digamos que tu cliente potencial compró tu producto de oferta de entrada que tiene el propósito de bajar la barrera del rechazo, o de repente se ha convertido en cliente gracias a tus esfuerzos en la Fase Tres. Ahora es el momento de hacer una *"extra-entrega"* del producto que tu cliente compró. ¿Qué es eso? Tú preguntarás. Aquí hay un ejemplo: tu cliente te ordenó recientemente un libro y tú observas que tienes un taller o una presentación que has programado sobre el mismo tema. Para hacer una *"extra-entrega"* del producto, puedes enviarle a tu cliente un correo electrónico invitándolo a este evento y si no puede asistir, enviarle la copia de las notas después del evento. Qué mejor forma para brindarle a tu cliente una *"extra-entrega"*, que anexando algo que él estaba no esperando recibir.

Cuando él ha recibido un gran valor de su compra, entonces puedes hacer tu movimiento hacia el siguiente nivel de tus productos o servicios, algo que requiera una mayor inversión económica que el anterior producto que tu cliente ya ha ordenado. Observa que tu cliente ha venido moviéndose más y más cerca de tus productos principales y de mayor costo. Usualmente funciona así, pero solamente hasta que hayas incrementado tu factor de credibilidad, demostrado que tus soluciones funcionan y hayas hecho tus entregas en la forma que prometiste.

Si tu cliente potencial no se involucra en una de tus ofertas de la Fase Tres inmediatamente, no te desesperes; recuerda que estás construyendo una relación de confiabilidad que va creciendo y que esperas que dure toda la vida. Cuando sea el momento indicado, tu cliente potencial se convertirá en tu cliente regular.

Ejemplo de Michael en la Fase Cuatro: Mi objetivo durante la Fase Cuatro del ciclo de ventas es enrolar a mis clientes potenciales en mis seminarios en vivo a través de los Estados Unidos y Canadá; estoy hablando de los mismos clientes que recibieron la muestra gratis del capítulo de mi libro, el audio de 60 minutos, y posteriormente compraron mi libro.

Creo que cuando la gente ha leído mi libro cuidadosamente, ha desarrollado mis ejercicios, y tomado los pasos de acción que propongo en *"Tu mejor promotor: TÚ MISMO"*, necesariamente van por el camino correcto a establecer sus negocios sólidamente. Además están confiados de que lo que yo tengo para ofrecer es válido y valioso y que puedo suplir sus necesidades y deseos más relevantes, personales e inmediatos. Sin embargo, ellos probablemente quieran la oportunidad de trabajar en los conceptos, principios y estrategias del libro conmigo, con mi equipo y con otros profesionales del servicio expertos en vivo y en persona, por varias razones: quieren aprovechar la oportunidad de entrenamiento y atención personal, desean adquirir mayores niveles de responsabilidad, quieren oportunidades para ampliar sus redes de contactos.

El punto es, no quiero invitarlos a participar en los eventos en vivo hasta que no hayan tenido la oportunidad de leer el libro, porque quiero que estén entusiasmados por conocerme junto con mi equipo; prefiero que sepan que podemos servirles, antes que asistan a mis eventos en vivo. Este solo hecho, que sepan que podemos servirles, le dará a nuestros participantes mejores resultados, como es nuestro propósito – ayudar a nuestros clientes a conseguir los resultados que ellos desean. ¿No es esa tu meta? Además, se por experiencias anteriores que se elevará la asistencia a los eventos. ¿Habrá gente que asista sin haber leído el libro? Claro, pero habrá más gente que se enrole en los eventos después de haber leído el libro. Tu meta durante el ciclo de ventas, es ayudar a la gente a moverse cada vez más cerca de tus productos principales asegurándote que ellos están recibiendo los resultados que necesitan, en cada fase del ciclo.

Cada una de esas fases tiene que ver contigo, independientemente de que estés organizando eventos para 400 personas o para un grupo pequeño. Para hacer el siguiente ejercicio, simplemente vas a remplazar mi oferta de un evento en vivo con una oferta apropiada para ti y para tus clientes. Recuerda que tu ciclo de ventas tendrá tantas fases como sean necesarias para ti y para tu negocio y evolucionará de la misma forma en que evoluciona tu empresa.

2.6.10 EJERCICIO ESCRITO: Ciclo de ventas - Fase Cuatro:
- ¿Cuál es tu objetivo en la Fase Cuatro de tu ciclo de ventas?
- ¿Cómo vas a lograrlo?

Ciclo de ventas - Fase Cinco:

Tu objetivo en esta fase es similar al de la fase anterior: ayudar a mover a tus clientes potenciales hacia el siguiente nivel de tu ciclo de ventas ofreciéndoles productos o servicios de mayor nivel. Lo que es importante de entender sobre este proceso, es que no toda persona u organización que entre en tu ciclo de ventas se moverá hasta completarlo; también hay que tener en cuenta que el tiempo que cada cliente potencial se toma para hacer sus decisiones es diferente.

Ejemplo de Michael en la Fase Cinco: Mi objetivo durante la Fase Cinco es enrolar a mis clientes potenciales en mis programas de entrenamiento intensivo. De nuevo, hay mucha gente que se inscribe en algunos de mis programas sin asistir a mis seminarios en vivo, o justo después de leer mi libro, simplemente porque fueron referidos a mí por alguien en quienes ellos confían, pero puedes estar seguro que tendrás mayor éxito si elaboras un plan para conectar a la gente con tus productos y servicios.

El curso intensivo de entrenamiento que yo ofrezco, requiere más que compromiso financiero y de inversión de tiempo que mis seminarios en vivo; por eso es tan importante para mí que aquellos que se inscriben en esos programas sepan que ese es el sitio indicado para continuar creciendo en el desarrollo de sus negocios y de su confiabilidad, para lo cual mi equipo de trabajo y yo estamos listos a colaborar. Me imagino que tú quieres lo mismo. Después que la gente atiende a mis seminarios, lo cual es mi oferta para la Fase Cuatro, deben creer en esto profundamente. Se trata de construir confiabilidad con la gente con el paso del tiempo, confiabilidad que es proporcional al tamaño de la oferta que estás ofreciéndoles.

Como profesional proveedor de servicios no quieres tratar de convencer a la gente que lo que estás ofreciendo es apropiado para ellos. Lo que quieres es proveer valor tras valor hasta que ellos sepan que tus servicios son apropiados para ellos. De esta manera recibirán mejores resultados y estarán más satisfechos con tus servicios, los cuales son factores importantes difíciles de olvidar.

2.6.11 EJERCICIO ESCRITO: Ciclo de ventas - Fase Cinco:
- ¿Cuál es tu objetivo en la Fase Cinco de tu ciclo de ventas?
- ¿Cómo vas a lograrlo?

Utiliza tu ciclo de ventas para servir incondicionalmente a tus clientes

Puedes usar tantas fases en tu ciclo de ventas como te sean necesarias para construir credibilidad con tus clientes potenciales, acerca de los productos y servicios que ofreces. Con el solo hecho de comprender tu ciclo de ventas podrás clarificar y expandir la forma de hacer tus ofertas. Se fueron los días en que podías hacer solamente una oferta para solidificar y ampliar tu negocio. El mercado es muy competitivo y diverso, ya que todos los días un proveedor inspirado lanza una nueva propuesta alrededor del mundo. Cada día más y más gente atiende al llamado de servirle a otra gente en algún campo del mercado.

Expandir tus ofertas con el fin de crear un ciclo de ventas puede mejorar el modelo de tu negocio – el mecanismo por medio del cual generas tus entradas – pasando del ofrecimiento de un solo producto o servicio, a múltiples servicios y productos con múltiples márgenes de entradas.

El ciclo de ventas no se trata únicamente de lograr que nuevos clientes contraten tus servicios, sino que está diseñado para que también sirvas incondicionalmente a tus clientes actuales. Es mucho más difícil ofrecer tus servicios, productos y programas a nuevos clientes, que a aquellos que ya los han recibido en términos constantes. Todo negocio, ya sea grande o pequeño, debe ser consciente de esto. Por ejemplo, una de las razones por las cuales amazon.com tiene tanto éxito, se debe a que una vez que te conviertes en su cliente, ellos te conocen, saben lo que lees, lo que necesitas, y continúan sirviéndote basados en esto. La mentalidad de un cliente por lo general supone que hagas tu venta y sigas adelante. Yo te propongo que hagas tu venta y preguntes: "¿Cómo puedo hacer una "extra-entrega" de este producto y continuar sirviendo a esta organización o persona? ¡Esta es una premisa muy relevante!

Ahora es tu turno para desarrollar tu ciclo único de ventas. No te limites a los pocos ejemplos que te he dado. Hay multitud de formas para construir confiabilidad hacia tus clientes potenciales, y para facilitarles su aproximación hacia tus productos principales. Utiliza tu creatividad e imaginación para construir tu ciclo de ventas hasta que te funciones de la forma más natural y rentable.

CAPÍTULO 7

EL PODER DE TUS PRODUCTOS PROMOCIONALES

"Saber dónde encontrar la información y como usarla.
Esa es la clave del éxito".
—ALBERT EINSTEIN

Programas para construir tus productos de marca y hacer seguimiento fácil

ucha de la información de este capítulo surge del programa de entrenamiento que he creado en coautoría con mi amigo Mitch Meyerson, llamado *"El producto de fábrica: 90 días para lograrlo".*

Nada ayuda tanto a construir tu credibilidad como productos y programas diseñados para satisfaces las necesidades urgentes y los deseos primordiales de los clientes con quienes quieres trabajar en tu tipo de mercado. A la gente le encanta comprar paquetes de conocimiento y experiencias. Es muy fácil para ellos entender lo que están ordenando cuando compran uno de tus programas o productos. Tu servicio puede no estar muy bien definido y puede tener baja oposición de entrada. A medida que sigas construyendo e implementando tu ciclo de ventas con nuestro programa, vas a querer ir construyendo productos y programas que te permitan hacer el cubrimiento total de todas las fases de tu ciclo de ventas.

Estoy seguro que los estantes de tu biblioteca están llenos con productos y programas que has ordenado a otros profesionales proveedores de servicios a través de los años. De hecho, estás leyendo uno en este momento. ¿Cómo te parecería que pudieras crear tu propio programa o producto de *"auto-expresión"*? Utilizo el término *"auto-expresión"* porque los productos y programas a los que me estoy refiriendo, te dan la oportunidad de expresarte al mundo y servir a tus clientes al mismo tiempo. Ese es el encanto de ser un profesional proveedor de servicios.

> ESTÁS EN EL NEGOCIO DE SERVIR A OTROS, Y AL
> MISMO TIEMPO TE ENCUENTRAS FRENTE A LA
> OPORTUNIDAD DE TRABAJAR EN LO QUE MÁS
> TE GUSTA, CUMPLIENDO TU DESTINO, Y AUTO-
> EXPRESÁNDOTE A TRAVÉS DE TU TRABAJO.

Me gusta mucha la oportunidad que se presenta a través de la creación de tus productos promocionales, porque puedes tener un sistema que te lleve a la producción de otro ingreso y al mismo tiempo la satisfacción proveniente de una amplia posibilidad de auto-expresión. Demos un vistazo a todos los beneficios importantes que surgen de producir tus productos promocionales:

- Esta clase de productos crean oportunidades para que tengas diversas fuentes de entradas, ya sean pasivas o circunstanciales, que pueden venir de almacenes pequeños o a través de tu red o de la red de muchos de tus afiliados con alcance mundial durante *24X7X365*. Constantemente recibo órdenes de compra sobre mis productos promocionales, de gente de todas partes del mundo que los vieron en alguna de mis páginas de la web o en las de mis afiliados.
- Tener un producto promocional aumenta tu credibilidad entre tus prospectos de compradores, amigos, compañeros, clientes potenciales y actuales, como también en los medios, porque te establece como un experto en tu campo y te permite tomar la delantera con respecto a tus competidores.
- Tus productos promocionales pueden ayudarte a conseguir más clientes porque aceleran tu ciclo de ventas. Si tus servicios enfrentan una barrera de resistencia alta, tus clientes potenciales van a necesitar saltar vallas igualmente altas para convencerse que necesitan contratarte. Si tienes un producto promocional para ofrecer basado en tus servicios, tus clientes potenciales tienen la oportunidad de probarlo sin necesidad de tomar altos riesgos. Luego, si tienen éxito contigo y obtienen buen servicio de tu producto, se moverán de un producto de bajo costo a un producto de mayor costo.
- Si usas el discurso público como una de tus estrategias de mercadeo, mostrar un producto promocional en la parte del

fondo de tu escenario en el momento de hablar, te da credibilidad, y a la vez te permite tener producto de bajo costo disponible para introducir a tus clientes potenciales en tu negocio, además de producirte una entrada complementaria.

- Tus productos promocionales nivelan tu tiempo. Uno de los principales problemas que afrontan los profesionales proveedores de servicios es el paradigma de cambiar tiempo por dinero. Si todo lo que haces es cambiar tiempo por dinero, tus entradas están limitadas al valor que cobras por tu hora de trabajo. Por ejemplo, si tú hablas frente a 100 de tus clientes potenciales y logras vender un par de docenas de tus productos promocionales a $50 dólares cada uno, entonces acabas de incrementar el valor de tu tiempo, de $100 a $1.000 la hora. Recuerda que mucha gente está más dispuesta a comprar productos promocionales de lo que están dispuestos a contratarte con uno de tus productos de mayor costo.

Uno de los primeros productos promocionales que desarrollé y vendí, fue un programa de audio en 3-CD sobre cómo conseguir más clientes, produciendo así un producto orientado hacia los resultados de los clientes en mi tipo de mercado, el cual me posicionó como un experto en mi campo. Este producto hizo el trabajo de mercadeo por mí y no tuve que volver a hablar de lo que puedo hacer para ayudar, porque fui capaz de demostrar mi experiencia.

Comienza con el fin en la mente

A lo mejor te encuentras en la fase inicial de construir tu negocio y estás ajustándote a la lectura de este libro, pero como dice el doctor Stephen Covey, autor de *"Los 7 hábitos de la gente altamente efectiva"* (*"The 7 Habits of Highly Succesfull People"*): "Comienza con el fin en la mente". Si formalmente quieres construir una carrera duradera como profesional proveedor de servicios, tienes que comenzar a pensar seriamente a construir productos promocionales.

No permitas que esta idea te intimide porque puedes comenzar donde estás y después, el cielo es tu límite. Por ejemplo, tú puedes:

- Publicar un libro de consejos gratuito.
- Escribir un folleto promocional.
- Producir un audio CD.

- Escribir un artículo.
- Escribir un taller.
- Recopilar y publicar un glosario de frases célebres.

Estas son algunas características para tus primeros productos promocionales de auto-expresión:

- Que sea algo sencillo.
- No creas que tiene que ser perfecto.
- No te preocupes si quieres ser extremadamente original.
- Consejos, manuales, o guías son buenas ideas.
- Que contribuyan a mejorar la calidad de vida de tus prospectos y clientes.

Cuando estés pensando en la forma de crear un producto promocional, comienza por examinar las distintas posibilidades y pregúntate: "¿Cómo puedo incrementar mi conocimiento actual y crear un producto promocional que pueda producir y usar en la menor cantidad de tiempo posible?"

Asegúrate de no haber pasado por alto el contenido de la opción que hayas elegido. Si has decidido escribir un artículo, tienes que emplear su contenido en distintos formatos, puedes convertir tu artículo en un curso en la web, puedes imprimirlo y llevarlo a una conferencia, o puedes como material introductorio en un evento. Como ves, un simple artículo puede tener múltiples formatos y ser utilizado en diferentes circunstancias, haciendo posible la creación de un ciclo entero de ventas con la ayuda de un solo contenido.

Define tu producto o programa

Selecciona la idea o producto que más te apasione y que esté de acuerdo con las necesidades actuales de tu negocio. Si hasta ahora estás comenzado y necesitas construir tu base de datos, primero necesitas generar un producto *"líder"*, que puedas utilizar para crear conexión con tu cliente potencial. Si ya tienes ese producto y necesitas generar un producto promocional de mayor labor, como un audio CD o un folleto, ¡entonces comienza!

A medida que defines tu producto, no solamente necesitas decidir qué clase de producto es la que quieres promocionar, sino a quién se lo vas a ofrecer, los servicios y los beneficios que el producto ofrece, la apariencia y el sentimiento que quieres transmitir, y la forma en que puede elevar el contenido.

2.7.1 EJERCICIO ESCRITO: Por ahora desarrolla el ejercicio escribiendo en un papel todas las ideas que se te ocurran.

- ¿Qué clase de productos o programas te gustaría crear?
- ¿Cuál sería el producto por el cual sentirías mayor pasión cuando piensas en crearlo y ofrecerlo a tus clientes?
- ¿A quién estarías ofreciéndole este producto? (Tipo de mercado).
- ¿Qué beneficios experimentaría tu tipo de mercado como resultado de tu producto?
- ¿Cómo quieres que luzca y se sienta tu producto? ¿Qué imagen y/o emoción quieres que tu producto transmita?
- ¿Cómo puedes elevar el contenido de este producto para que te funcione en una diversidad de formatos y realzar su valor en tu ciclo de ventas?

Evaluar la necesidad

Es importante tener claridad en cuanto a las intenciones de tu producto o programa y es vital que cubran una necesidad en el mercado al cual le apuntas. No importa cuánto disfrutes creando algo si tus clientes no lo necesitan, porque estarías desafiando el propósito por el cual lo creaste.

2.7.2 EJERCICIO ESCRITO: Contesta las siguientes preguntas:

- ¿Por qué tu tipo de mercado necesita tu producto inmediatamente?
- ¿Qué debe tener tu producto para cubrir las necesidades del público?
- ¿Es realmente diferente tu producto a los que ya están en el mercado?
- Bono: ¿Cómo puedes dar un valor agregado a tus promesas agregando a tu producto un valor inesperado para que sea un producto bien destacado?

Si estás inseguro acerca de la necesidad de tu tipo de mercado con tu producto o programa, hacer investigación de mercado te ayuda a asegurarte que estás creando algo que tu tipo de mercado realmente necesita. Puedes hacer una encuesta entre tus clientes, discusiones en la web y en organizaciones locales.

5 Pasos para desarrollar tu contenido

Los cinco pasos para desarrollar tu contenido están discutidos en las siguientes secciones:

- *Paso 1*: Elige el papel que estás desempeñando.
- *Paso 2*: Escoge el marco de tu producto.
- *Paso 3*: Elige un nombre que venda.
- *Paso 4*: Elabora tu tabla de contenidos.
- *Paso 5*: Diseña tu contenido.

Paso 1: Elige el papel que estás desempeñando

Cualquier producto que decidas crear - como su autor - estarás esencialmente contando una historia; para lograrlo necesitas elegir el papel que vas a desempeñar cuando entregues el contenido:

- *Experto:* Esto es lo que he hecho y ésta es mi teoría por la cual pienso que funciona. Ese es el papel que he elegido para mí en este libro.
- *Entrevistador:* Recoges información de otros expertos. Puedes conformar un producto entrevistando a otros que son expertos en sus respectivos campos. Un buen ejemplo de eso es el libro de Mitch Meyerson, *"Success Secrets of the Online marketing Superstars"*. Él entrevistó a 20 de los mejores expertos reconocidos mundialmente en el mercadeo por internet y recopiló sus entrevistas en este libro. (Su servidor fue incluido).
- *Investigador:* Buscas información para cubrir las necesidades y deseos del mercado que elegiste. Luego recopilas los resultados para crear el producto que los cubre. La investigación puede convertirte en un experto con el paso del tiempo. El libro de Collins Jim, "Good to Great" es un ejemplo perfecto. Es un estudio de investigación que lo ha convertido en una autoridad en cuanto a producir grandes resultados en grandes empresas. Tú no necesitas hacer un estudio clínico de 10 años como él lo hizo, pero el concepto es el mismo.
- *Replanteador:* Utilizas y modificas un contenido existente (con permiso) para un propósito distinto. Muchos de los libros de *"La Excelencia en el Mercadeo de Guerrilla"* (*"The Guerrilla Marketing"*) son ejemplos excelentes de esto. Jay

Conrad Levinson inventó la marca "The Guerrilla Marketing" y más tarde muchos autores tomaron este material y lo ofrecieron con diferentes propósitos – por ejemplo "Guerrilla Marketing for Job Hunters" por David Perry (Yo también contribuí con ese libro).

2.7.3 EJERCICIO ESCRITO: ¿Cuál papel se parece más al tuyo o es más apropiado para tu programa o producto, y por qué?

Paso 2: Escoge el marco de tu producto

Necesitaras un marco dentro del cual puedas organizar y ofrecer tu contenido. Un marco lo hará más fácil, no solo para que desarrolles tu producto, sino para que tu cliente potencial lo entienda y tome el mayor valor posible de él.

Puedes encontrar que tu contenido combina perfectamente con tu marco en particular. Si por ejemplo, estás desarrollando el contenido para un libro sobre el embarazo, el marco cronológico puede ser la elección lógica. Sin embargo, tu contenido puede funcionar bien en más de un marco. Con frecuencia un producto o programa promocional utiliza una combinación de dos o varios marcos. Estos son 6 de los más comunes:

- **Problema/Solución:** Formula un problema y presenta soluciones a ese problema. "The Magic of Conflict: Turning Your Life of Work into a Work of Art", escrito por Thomas F. Crum está hecho en este marco. Él presenta una serie de problemas que la gente afronta en la vida y en el trabajo, presentando soluciones a esos problemas utilizando los principios filosóficos del arte marital de *Aikido*.

- ***Numérico:*** Crea tu producto como una serie de lecciones. Un buen ejemplo de esto sería el libro de Steven Covey, *"Los 7 hábitos de la gente altamente efectiva".*

- ***Cronológico:*** Algunos productos deben presentarse en orden específico porque es de la única forma en que tienen sentido. El paso A debe ir antes del paso B, como en *"Your Pregnancy Week by Week"* escrito por Glade B. Curtis y Judith Schuler.

- ***Modular:*** Este libro es el ejemplo perfecto. El libro consta de 3 módulos: Tus Fundamentos, Construyendo Confianza y

Credibilidad, y Las 7 estrategias de autopromoción del ciclo de ventas con el programa *"Tu mejor promotor: TÚ MISMO".* Entonces puedes ver que este libro tiene dos marcos: un marco principal (modular) y un marco secundario (cronológico).

- *Comparar y contrastar:* Enmarca tu creación de manera que puedas encasillarla en varios escenarios y opciones y luego las comparas y contrastas. Jim Collins en su libro *"Good to Great"* compara compañías exitosas con compañías no tan exitosas.
- *Referencia:* Tan sencillo como suena. Puedes crear un producto que se convierta en un recurso valioso para los miembros que pertenecen a tu tipo de mercado. Una recopilación de información puede ser encasillada mejor dentro de un formato de referencia, como el que se utilizó en "Words That Sell" por Richard Bayan. Es una guía de referencia sobre frases y palabras apropiadas para vender.

2.7.4 EJERCICIO ESCRITO: ¿Cuál marco emplearías y por qué?

Paso 3: **Elige un nombre que venda**

El nombre de tu producto o programa puede hacer una gran diferencia en lo que tu producto ofrece. El nombre es lo que inicialmente capta la atención de los consumidores y les determina si deben seguir buscando. Por eso es tan importante que el nombre que escojas sea suficientemente convincente para tu prospecto de cliente, quien deberá saber exactamente lo que estás ofreciendo con solo escuchar y leer el nombre. El tiempo que inviertas diseñando y construyendo un nombre muy cautivador para tu producto es determinante, porque en el fondo tiene un impacto significativo. Estos son 6 estilos de nombres que puedes adaptar a tus necesidades:

- Suspenso: "La vida secreta de las madres que se quedan en casa".
- Cuenta una historia: "El camino del empresario exitoso".
- Dolor o temor: "Los 10 mayores temores que enfrenta todo líder, y cómo enfrentarlos".
- Llama la atención del lector: "¡Cuidado! Los diez errores más frecuentes en una cita".
- Solución a problemas: "Enfócate: las 7 claves para lograr realizar lo que necesitas, aún si tienes dificultades de atención".

- Conexión emocional: "Lo que la tragedia de mi hijo me enseñó con respecto a vivir la vida al máximo".

Paso 4: Elabora tu tabla de contenidos

Tu tabla de contenidos es otra pieza clave para organizar tu contenido porque te será más fácil de presentar, y a tus clientes potenciales les será más fácil de entender y seguir. Independientemente del papel que asumas para presentar tu contenido, la creación de tu producto da la impresión que tú eres un experto y así será como los clientes en tu tipo de mercado te verán.

La tabla de contenido debe ser muy bien organizada y profesional. Debe ser muy fácil de escudriñar para entender los conceptos y puntos importantes de tu producto. Además te permite dividir el contenido en segmentos manejables. El hecho de escribir un simple artículo, folleto, reporte especial, o libro, a primera vista puede parecer abrumador, pero no tiene que serlo. Usa tu tabla de contenidos para dividir el proceso en partes pequeñas que sean más fáciles y menos intimidantes de trabajar.

2.7.5 EJERCICIO ESCRITO: Elabora tu tabla de contenidos teniendo en cuenta las siguientes preguntas:
- ¿Cuáles son los pasos para comprender tu contenido?
- ¿Tu contenido fluye de manera lógica y fácil de entender?

Paso 5: Diseña tu contenido

Usando tu tabla de contenidos, establece un horario para hacer un borrador de cada sección. No dejes que esto se te convierta en algo abrumador – no tiene por qué serlo. Si escribes algo tan sencillo como un párrafo o dos al día, puedes completar el contenido de tu producto o programa en tan poco tiempo como una semana dependiendo de la complejidad con que quieras trabajar.

Un paso necesario en el crecimiento de tu negocio

Crear un producto o programa es un paso poderoso – y posiblemente necesario – en el crecimiento de tu negocio, porque cuando lo haces tu negocio tiene el potencial de un cohete. Un producto se convertirá en otro y otro – las posibilidades son interminables.

Solo imagínate esto: Abres tu correo temprano en la mañana y ves 15 órdenes de compra nuevas – una de Suiza, otra de Australia, una de la India, y una docena de dentro de todos los Estados Unidos – todas de productos que recientemente hiciste disponibles en la web. Son las 7:00 am y tu todavía estas tomando tu primer café y estas medio despierto, pero ya te ganaste $3.500 dólares.

Este escenario puede parecerte más un sueño que la realidad en estos momentos, pero es totalmente posible de alcanzar y mucho más fácil de lograr, de lo que puedas imaginarte; es cuestión de seguir los pasos que acabo de describirte sobre cómo crear una línea interminable de productos promocionales, literalmente sobre cualquier tema que se te pueda ocurrir y antes de lo que piensas, empezarás a recibir muchas órdenes de compra y escucharás constantemente el melodioso sonido ¡de tu máquina registradora!

CAPÍTULO 8

EL CICLO DE VENTAS ES SÚPER FÁCIL

"La jungla es oscura pero llena de diamantes..."
—ARTHUR MILLER

C omo proveedor de servicios, tú no quieres verte a ti mismo como un vendedor. Tú estás en el negocio de servir a otros y el proceso de venta puede ser algo contradictorio a tu propósito. Si te sientes incomodo con el proceso de venta, es probablemente porque los ves como algo poco ético, manipulador y deshonesto, Y viéndolo de esa forma, ¿quién no se sentiría incómodo?

Muchos proveedores de servicios también se sienten incómodos cobrando por servicios que se les facilita proveer, porque se trata de algo que se les facilita o les gusta hacer; existe la sensación que si se trata de algo fácil o agradable de hacer, es un error cobrar por eso.

A eso se le agrega el hecho que el profesional proveedor de servicio vende su imagen así como vende sus productos, y todo este cuadro se vuelve todavía más incomodo porque pareciera como si estuvieras fanfarroneando y actuando desvergonzada e inmodestamente.

Para que te sientas bien con el proceso de ventas, es necesario que te despojes de cualquier creencia limitante que tengas con respecto a merecer el dinero que ganas y requiere un cambio de mentalidad referente a tu perspectiva del proceso de ventas mismo.

Despójate de las creencias limitantes

Mucha gente exitosa recibe un buen pago por hacer lo que hace bien. No te vuelves famoso haciendo algo que te parece difícil, sino cuando explotas tus talentos naturales. Imagínate a Tom Hanks diciendo que no deberían pagarle por hacer películas porque es realmente bueno y le encanta hacerlo. O a Alex Rodriguez diciendo que debería jugar beisbol gratis porque le encanta y lo disfruta.

Tom Hanks, A-Rod y todos en quienes puedas pensar, que sean famosos y sepas que son o fueron, realmente famosos por su actividad, se esfuerzan hasta el máximo para ser cada vez mejores en los que son sus talentos naturales. Ellos le han dado magníficas experiencias a la gente a la cual les sirven, ya sea que se trate de una audiencia, un admirador o un cliente. Por eso es que ellos - tanto como tú - se merecen el dinero que ganan.

Si has estado sintiendo que no puedes, o no debes, ser pago por hacer lo que amas, debes despojarte de esa creencia limitante, si quieres ser "Tu mejor promotor: TÚ MISMO".

Si no crees que vales lo que cobras, es poco probable que la gente te contrate con tus precios porque tienes que verte y sentirte muy seguro de lo que estás cobrando para que puedas convencer a los demás. Para lograrlo, debes trabajar para cambiar tu mentalidad hasta lograr sentirte completamente cómodo con precios aún más altos, antes que bajarlos hasta eliminar tu sentimiento de incomodidad.

Hay un viejo chiste acerca de un hombre que tomó un taxi en la ciudad de Nueva York y le preguntó al taxista cómo llegar al Carnegie Hall; el taxista le contestó: "Practicando, practicando, practicando". Tú vas a incrementar tu confianza en ti mismo practicando, en la misma forma como se practica un arte marcial, un deporte, o el canto. Este último es un buen ejemplo porque a medida que ejercitas tu voz, te vas oyendo más convincente. Al principio es incomodo pero poco a poco se va haciendo más natural y agradable. Así va a ocurrirte cuando des tus precios y te veas seguro, otra gente va a verlos como algo natural y agradable y te pagarán por tus servicios lo que tú sabes que vales.

Cambiando tu perspectiva

El paradigma de ventas se trata de construir relaciones con tus clientes potenciales basadas en tu confiabilidad. Es simplemente, sobre tener conversaciones sinceras que les permitan a tus clientes potenciales saber lo que puedes hacer para ayudarles. No estás manipulando ni ejerciendo presión para que te compren algo que los demás no necesitan ni quieren comprar. El trabajo tuyo consiste en hacerles conscientes de algo que ofreces y que ellos ya necesitaban, querían o deseaban.

Pensando en términos de soluciones y beneficios, es el *cambio de mentalidad* del proceso de ventas, es la llave a tu cambio de perspectiva, la prueba real que te muestra que no volverás a pensar sobre el proceso de ventas otra vez lo mismo.

Cuando pienses en términos de soluciones a problemas, los clientes te rogarán para trabajar contigo porque tú eres un consultor y un consejero de por vida. Cuando tú tienes soluciones fundamentales y un verdadero deseo de ayudar a la gente, se te vuelve un imperativo moral mostrar y contarles a tantas personas como te sea posible. ¡Estás cambiando vidas!

¿Dónde están los botones rojos?

Las ventas se basan en pura emoción. ¿Alguna vez has escuchado la expresión *"los botones rojos"*? Son detonadores emocionales que llegan directo al corazón y producen nuestros deseos, temores y pánicos. Estos puntos personales tan delicados dirigen hacia el camino de la venta. Estos son algunos detonadores emocionales que todos tenemos:

- La gente quiere sentirse aceptada y necesaria.
- La gente quiere sentir satisfacción por sus logros.
- La gente quiere sentirse admirada y reconocida por sus logros.

Por favor: recuerda que los *"botones rojos"* no deben confundirse con manipulación. Tú no puedes crear un botón rojo para nadie porque tus clientes potenciales responden a lo que ofreces y esto genera en ellos una emoción y una carga positiva.

Problemas, aprietos y dilemas

Todos tenemos problemas de vez en cuando y aunque seas una persona bien optimista, lo normal es que cuando estás compartiendo tus problemas, aprietos y dilemas con alguien más, te enfocas en lo negativo. Desafortunadamente, esa actitud no es una forma efectiva para resolver el problema y estoy seguro que ya te has dado cuenta de eso; sin embargo completa el ejercicio escrito 2.8.1, para que veas el efecto negativo que tiene esta actitud frente a la resolución de un problema.

2.8.1 EJERCICIO ESCRITO: Identifica un problema que tengas actualmente. (Nada muy trascendental) Contesta lo siguiente:
- ¿Cuál es el problema, aprieto o dilema?
- ¿Cuánto hace que esto viene siendo un problema?
- ¿Cómo has fracasado al querer resolverlo anteriormente?
- ¿Por qué es imposible corregir totalmente la situación?

Ahora que has contestado a esas preguntas, ¿te estás sintiendo motivado para tomar acción y resolver tu situación? ¿No? Eso no me sorprende. Te apostaría que te sientes mas desmotivado y desinflado ante el hecho, que antes. Hasta puedes estar sintiendo que la situación no tiene solución.

Las preguntas en el ejercicio anterior se enfocaron en el aspecto negativo, en el problema mismo, en lo que has estado haciendo mal y no has podido resolver. Si enfocas tu atención en lo negativo, te quita energía, te roba la fuerza, y te mantiene estancado.

Fija tu atención en los aspectos positivos

Sin importar lo difícil o negativo que parezca un problema, puedes elegir enfocarte en lo positivo. Miremos el mismo problema de antes con una perspectiva positiva.

2.8.2 EJERCICIO ESCRITO: Contesta lo siguiente:
- ¿En qué estás trabajando? ¿Cuál es tu meta? Descríbelo positivamente y tomando control. Define claramente tu meta y piensa en algún período de tiempo en el cual la puedas cumplir.
- ¿Cómo sabrás cuando la hayas alcanzado? Utiliza todos tus sentidos y visualiza los resultados. Imagina cómo te sentirías realmente y cómo cambiaria tu interacción con los demás:
- ¿Qué resultados ves?

- ¿Qué retroalimentación escuchas?
- ¿Qué sentimientos te produce?
- ¿Cuáles son los beneficios de ir tras esta meta? Si la cumples, ¿qué obtendrás? Se específico, ¿cambiaría alguna de tus relaciones? ¿Dormirías más tranquilo? ¿La confianza que ganes con este logro afectaría otras áreas de tu vida?
- Si alcanzas esta meta, ¿qué sería lo más importante para ti?

¿Cómo te sientes después de haber mirado el mismo problema desde una perspectiva positiva? Cuando enfocas tu atención en lo positivo, en lo que quieres y no en lo que no quieres, en todos los beneficios de hacer un cambio para construir metas positivas, tu energía se eleva, tu fuerza se apodera de ti, y estas listo para hacer cambios positivos.

El ciclo de venta es súper fácil

El propósito de los ejercicios anteriores fue ayudarte a experimentar por ti mismo, el impacto que tiene el cambio de perspectiva frente a una situación. A lo largo del sistema de venta súper fácil, aprenderás a hacer lo mismo para ayudar a tus clientes potenciales.

Ya es tiempo de parar de pensar acerca de las ventas como la presentación enlatada para influenciar o manipular a la gente. El proceso de la venta es más acerca de tus clientes y menos acerca de ti. Si estás vendiendo apropiadamente, lo que verdaderamente necesitas hacer es:

- Hacer más preguntas de las que te hacen.
- Escuchar más de lo que hablas.
- Analizar las necesidades y deseos del cliente antes que las tuyas.
- Mantener una conversación positiva y empoderada.

Con este sistema iniciarás las conversaciones con tus clientes potenciales utilizando las preguntas del ejercicio escrito 2.8.2, porque es una forma sincera y genuina que te permite guiar a tu cliente potencial con una perspectiva positiva frente a algún inconveniente. Si a lo mejor ellos ya pasaron por la sesión de la queja y el desánimo con sus amigos, familiares y compañeros de trabajo – y se han quedado sintiendo desmotivados y desilusionados - luego de una conversación contigo se sentirán animados y con deseos de empoderarse y actuar para lograr los cambios positivos que necesitan hacer en sus vidas.

A lo mejor te preguntas: "¿Cómo es ese un sistema súper fácil de ventas? ¿Cómo va eso a ayudarme a promocionarme a mí mismo y a mis servicios?" Esta es la belleza de mi sistema – tú sencillamente estás ayudando a tus clientes potenciales a sentirse mejor acerca de ellos mismos y de sus vidas, mostrándoles que ellos pueden tomar control y hacer cambios. La conversación se convierte en un sistema súper sencillo de venta, agregando una sola pregunta: "¿Te gustaría un socio que te ayude a lograr tus metas?" Con esa sola pregunta, te conviertes a ti mismo en la clave de la solución.

¡Es tan sencillo como eso! ¿Ves los beneficios de este estilo de ventas? Tus clientes hacen toda la venta por ti. Ellos...

* Analizan los beneficios.
* Crean una imagen mental enfocada en buenos resultados.
* Mantienen las críticas negativas fuera del camino.
* Visualizan los resultados y adquieren confianza sobre lo que serían sus vidas.
* Te perciben como el socio indicado para ayudarles a cumplir sus metas.

Cambiar tus perspectivas te trae grandes resultados, y si le ayudas a tus clientes a cambiar las de ellos, se agradarán de ti y de tu trabajo porque comenzarán a ver y a vivir sorprendentes resultados por sí mismos.

2.8.3 PASO DE ACCIÓN: Practica este proceso sin ninguna presión, con un amigo y observa lo que ocurre. Enfócate en:

* Dejar que tu amigo comparta su historia.
* Escuchar el significado que se encuentra detrás de las palabras.
* Preguntarte cuáles son las necesidades que existen que son más fuertes que las palabras.
* Identificar sus botones rojos o detonadores emocionales.

Una vez que hayas comenzado a sentirte cómodo con el sistema súper sencillo de ventas, ¡anímate! No te limites. La próxima vez que hables con tus clientes, formula tus preguntas confiadamente y permíteles encontrar su propia solución trabajando contigo. Recuerda, si un cliente dice no, o no dice si, no lo tomes personalmente ni asumas que hiciste algo malo; evita actuar a la defensiva porque lo que realmente está ocurriendo es que el cliente todavía tiene preguntas sin resolver. Cuando tú encuentres las respuestas y se las des, entonces podrán comenzar a trabajar juntos.

Aquí es donde verdaderamente aprendes lo bueno. Cuando escuches un "no", estás recibiendo una luz en verde para continuar indagando más profundamente y encontrar la verdadera objeción. Y probablemente no es una sola sino que puedes encontrar una cantidad insospechada, pues que cada vez que descubras y contestes una objeción, vas a encontrarte con más. Si esa es tu experiencia, felicítate a ti mismo porque estás equipado con una información maravillosa y acercándote a una innumerable cantidad de oportunidades para ser *el mejor.*

Visualiza los resultados

Cambiemos de dirección y pasemos de hablar sobre la fuerza de pensar positivamente y vayamos a visualizar los resultados que quieres lograr. ¡30 segundos de visualización pueden cambiar toda tu conversación!

Intenta este ejercicio mental: antes de hablar con tus clientes, visualiza la palabra *"si"* saliendo de sus bocas. Escúchalos decirlo y...

• Mira la sonrisa de acuerdo.

• Observa que su expresión se torna alegre y complacida.

• Visualiza que te hace un cheque cubriendo el costo total.

Suena un poco tonto, pero te prometo que si revisas tu intención y tu enfoque, mejorarás los resultados. No solo confíes en lo que te digo, hazlo. Utiliza un poquito de tu fe y experimenta los resultados por ti mismo. Puedo darte muchos ejemplos de mi vida en los cuales esta reflexión cambió el curso de la conversación. No es un hecho lejano – es una posibilidad muy real.

Simplificando el sistema súper fácil de ventas

Si este sistema súper fácil de ventas todavía te parece muy complicado de implementar de una sola vez, utilízalo aún más simplificadamente, para conseguir nuevos clientes y recoger resultados inmediatos:

- *Pregunta*: ¿Cuál es tu meta?
- *Muestra* los beneficios después que ellos obtengan su meta.
- *Ofrece*: ¿Te gustaría un socio que te ayude a lograr tu meta?

Y eso es todo. Convierte estos 3 pasos en tu mantra y pronto conseguirás construir y establecer un negocio muy sólido.

Mantener el contacto

Para el próximo paso necesitas compromiso. De nuevo, piensa en ti mismo como en un consultor; no estarías haciendo el mejor trabajo para tu cliente si te quedas callado, entonces deja que tu luz brille y ofrece un plan de acción. Estos son algunos asuntos para recordar:

- Lleva la relación hacia adelante.
- Mediante el seguimiento exige pequeños compromisos.
- No te rindas si sabes que puedes ayudar.

La buena noticia es que eventualmente, el servicio que ofreces se convertirá en una prioridad, porque algo en la vida de tus clientes cambiará. Pero si no te has mantenido en contacto con ellos ni has hecho un seguimiento, van a buscar a alguien más para que les ayude a alcanzar sus metas. Por el contrario, si has llamado, mantenido contacto, y mostrado interés, entonces serás la persona que ellos elijan para trabajar.

Estos son los emocionantes y fáciles pasos para usar el sistema súper sencillo de ventas que te ayudarán a solidificar tu negocio. Comienza con cosas pequeñas y termina con algo muy grande. Y recuerda – el éxito de las ventas consiste únicamente en saber mostrar a tus clientes potenciales cómo puedes ayudarles a vivir más felizmente y con mayor éxito en la vida.

MÓDULO TRES
LAS 7 ESTRATEGIAS
DE AUTO-PROMOCIÓN

A este punto, pienso que entiendes por qué la mayoría de profesionales proveedores de servicios odian la idea de mercadear y vender. Ellos no tienen un fundamento o base para sus negocios, ni han desarrollado estrategias que les ayuden a construir y establecer su credibilidad y confiabilidad. Ahora que has trabajado diligentemente a lo largo y ancho de los Módulos Uno y Dos, ya tienes ese fundamento o base para construir tu negocio, y también cuentas con las estrategias necesarias para construir y establecer la credibilidad y confiabilidad necesarias. Cuidado, porque no solo estás en el camino a gustarte el mercadeo y las ventas, sino a enamorarte bastante de los dos.

**PARA CUANDO HAYAS TERMINADO EN
MÓDULO TRES, VAS A ESTAR APASIONADAMENTE
ENAMORADO, NO SOLO DE LA IDEA DE MERCADEAR
Y VENDER, SINO ADEMÁS, DE LA APLICACIÓN REAL
QUE TIENEN
LAS 7 ESTRATEGIAS DE AUTO-PROMOCIÓN**

Así como ocurre con un nuevo amor, quieres relacionar todo con él. No dejes que la multitud de estrategias, técnicas y ejercicios del Módulo Tres te abrumen. Escoge las tácticas que más se ajusten a tus talentos y comienza con ellas, porque el error que posiblemente cometas, es tratar de implementarlas todas al tiempo. Si lo haces, corres el riesgo de desgastar todos tus esfuerzos y frustrarte con los resultados, o lo que es peor, renunciar sin verlos. Recuerda, cualquiera de estas técnicas puede ayudarte a construir el más exitoso negocio, acompañado de gente maravillosa.

Disfruta, mejora y toma ventaja de las 7 estrategias de auto-promoción:

- *Con el uso de la red de contactos.*
- *Con el contacto directo.*
- *Utilizando referidos.*
- *Con el uso de la web.*
- *Con la estrategia de hacer presentaciones y demostraciones.*
- *Escribiendo.*
- *Mediante la estrategia de mantenerse en contacto.*

Los conceptos y pasos de acción que se encuentran en las siguientes páginas, te ayudarán a crear una increíble demanda de los servicios y productos que ofreces para que construyas un negocio llenos de valor, acompañado de excelentes clientes.

CAPÍTULO 9

LA ESTRATEGIA DE LA RED DE CONTACTOS

"Algunos producen felicidad
a donde quiera que van.
Otros... cuando se van".
—OSCAR WILDE

Red de contactos ¡Upps!

*E*s posible que – así como el pensamiento de mercadear y hacer ventas - la idea de utilizar tu red de contactos te produzca malestar. Cuando la mayoría de profesionales proveedores de servicios escuchan la palabra "network", piensan en la mentalidad de la antigua escuela de promocionar con el uso del network, organizando eventos en los cuales todo mundo está allí para maniobrar de alguna forma y obtener la red de contactos del mayor número de participantes, en el intento de ganar algunas ventajas para ellos y para sus negocios.

¿A quién no le molesta la idea de pasar una o dos horas intercambiando banalidades e intentando vender con una sonrisa falsa para disimular la incomodidad? Si esto te hace sentir incómodo, egoísta y engañoso, la probabilidad es que todas esas tarjetas de negocios recolectadas terminen en el fondo de algún cajón de tu escritorio para no volverlas a ver, porque estás tan reacio a hacer el seguimiento, que terminarás posponiéndolo hasta que se te olvide.

¡Anímate querido lector! No tiene que ser así. Nuestra estrategia con el uso de la red de contacto es totalmente diferente. Se trata de conectarte y compartir con otra gente; todo lo que necesitas, es hacer un cambio de mentalidad para pasar de la escases y el temor, a la abundancia y el amor. Con la perspectiva de nuestra estrategia, el enfoque se basa en compartir libre y sinceramente, dando y compartiendo, y al hacerlo, construir relaciones profundas, mutuas y benéficas con otros. Se trata de hacer relaciones duraderas.

Haciendo el cambio de perspectiva

Lo primero es cambiar tu perspectiva acerca de lo que realmente es la red de contactos. Crees que el uso de este medio tiene que ver con la vieja escuela de negocios, con mentalidad de escases y temor, y se enfoca en:

- ¿Cómo puedo llenar mi agenda?
- ¿Cómo puedo llamar o mantener la atención en mi mismo?
- ¿Qué puedo decir para impresionar y manipular?
- ¿Cómo puedo utilizar cada contacto para obtener lo que quiero o necesito?
- ¿Cómo puedo ganar la competencia?
- ¿Cómo puedo dominar el mercado?

La estrategia *de la red de contactos* basada en la abundancia y el amor, pregunta:

- ¿Qué puedo dar y ofrecer a otros?
- ¿Cómo puedo ayudar a otros a tener éxito?
- ¿Cómo puedo iniciar y sostener conversaciones amigables?
- ¿Cómo puedo facilitarle a otros sus circunstancias?
- ¿Cómo puedo expresar mi sinceridad y generosidad de la mejor forma?
- ¿Cómo puedo escuchar tan atentamente que logre identificar sus necesidades y deseos?
- ¿Cómo puedo proporcionar verdadero valor a la vida de los demás?
- ¿Cómo puedo expresarme ampliamente para lograr conexiones genuinas con otros?

Remplacemos la palabra *"network"* por la palabra *"conexión"*. ¿Te ayuda eso a conectarte con el concepto de network? No *encontramos* contactos, no *adquirimos* contactos, no *tenemos* contactos; *hacemos* conexiones con gente real.

CONECTARTE CON OTRO SER HUMANO SIGNIFICA QUE TE SINCRONIZAS DE UNA MANERA RELEVANTE Y MUTUA. ESA TIENE QUE SER NUESTRA DEFINICIÓN DE NETWORK.

Cuando la gente me pregunta cuál ha sido el factor más importante en mi rápido éxito como profesional proveedor de servicios, siempre tengo una respuesta de dos palabras: otra gente. El éxito de mi mercadeo está determinado por otra gente – cómo me responden y yo les respondo y las oportunidades que creamos el uno para el otro. El éxito de tu mercadeo también está determinado por otra gente.

Si te preguntas por el valor agregado de las preguntas anteriores y continúas implementando la estrategia de la red de contactos que voy a presentarte, tendrás la capacidad de crear una red grande y poderosa, construida con compasión, generosidad, credibilidad e integridad, que sea invaluable, con la cual cosecharás beneficios en los años venideros.

La regla 50/50 de la estrategia con la red de contactos

Esta regla requiere que enfoquemos nuestra red equitativamente entre nuestros clientes potenciales y otros profesionales. Algunos piensan en la red como algo que haces primeramente para atraer clientes. Eso no es así.

Mientras que la estrategia de la red de contactos le agrega valor a la vida de la gente que puede convertirse en tu clientela, también quieres invertir el 50% de tu tiempo conectándote con otros profesionales, porque te da la oportunidad de compartir recursos, conocimiento e información. Debes tener en cuenta que trabajar solo no significa trabajar aislado, porque puedes hacerlo mucho mejor cuando otra gente talentosa se encuentra alrededor tuyo.

¿Tienes alma?

La mejor preparación que he recibido sobre la red viene de Tim Sanders, en su libro: *"Love Is The Killer App: How to Win Business and Influence Friends".*

El mensaje de Sanders es que el amor es la clave del éxito y es el eje de nuestra estrategia. Sanders cita al filósofo y escritor Milton Mayeroff, y a su definición de amor en su libro *"On Caring"*: "El amor es el asenso desinteresado del crecimiento del otro". Luego Sanders hace su propia definición de amor en los negocios como "el acto de compartir inteligente y generosamente tus intangibles con tus colegas".

¿Cuáles son esos intangibles? De acuerdo con Sanders ellos son: tu conocimiento, tu red de contactos, y tu generosidad. Estos son los ingredientes esenciales de tu éxito dentro de la red.

Trabajar en red requiere que integres conscientemente cada uno de estos intangibles hasta que ellos se conviertan en una parte natural de tu vida diaria, a todas partes que vayas y en cada cosa que hagas. Si, dije *"vida diaria"*. Conectarte en la red no es algo que haces solamente en eventos organizados con ese fin, sino un proceso continuo que trae muchos beneficios.

Comparte lo Que *sabes, a* Quién *conoces, y* Cómo *te sientes*

- **Comparte lo** *Que* **sabes:** Esto significa, todo lo que has aprendido – ya sea a través de las experiencias de la vida, observaciones, conversaciones o estudio – y todo lo que continúes aprendiendo.
- **Comparte a** *Quién* **conoces:** Esto es, a todo el que conozcas, tan simple como eso. Ya sea amigo, familiar, vecino, compañero de trabajo, socio de negocios; todos los que conforman tu red son potencialmente una buena conexión para alguien más, y nunca sabes a quién vas a conocer posteriormente, que sea la otra mitad de una gran conexión.
- **Comparte Cómo te sientes:** Tiene que ver con tu generosidad, la cualidad que más nos hace humanos y es nuestra habilidad para simpatizar con otros. Compartir tu generosidad en todo aspecto de la vida, te traerá las mejores recompensas no solo desde adentro de tu ser, sino de saber que estás actuando desde el fondo de tu corazón y con integridad en todos tus actos.

NOTA: Comparte estos tres intangibles libremente y sin esperar nada a cambio, porque aunque parezca como parte de una estrategia o un plan calculado, el hecho es que cuando te comportas con inteligencia, amistad y colaboración, la gente alrededor tuyo te apreciará, querrá estar contigo y se acordará de ti cuando sepa de alguien que necesitan tus servicios.

Compartiendo y mejorando lo que sabes

Yo recomiendo libros todo en tiempo y me preguntan con frecuencia: ¿cómo puedes leer tanto?, lo cual siempre me hace reír porque cuando era un niño mi padre pensaba que yo no iba a aprender mucho porque no lograba hacerme leer mucho más allá de "*The Hardy Boys*". Ahora leo dos libros al mes. ¿Qué cambió? Ahora me doy cuenta que las respuestas a cada pregunta que me hago, están en algún libro, más aún, tengo la posibilidad de elegir lo que aprendo y de *quien*. Una vez que tengo el conocimiento que necesito, estoy en capacidad para compartirlo con otros.

A lo mejor estás pensando: "Pero si yo siempre me estoy refiriendo al trabajo de otra gente, ¿no se olvidarán simplemente de mí y tomarán lo que necesitan directamente de la fuente o referencia que acabo de citar?" ¡Buena pregunta! Primero que todo, si les gusta el libro o la información al cual los referiste, es muy probable que asocien ese valor y se sientan conectados contigo porque tú les ayudaste a alcanzar alguna meta, a cambias la vida, o sencillamente aprendieron algo nuevo, cosa por la cual nadie es subestimado. Entre más preparado estés y te perciban, mayor confiabilidad y credibilidad recibirás dentro de tu red. Leer libros es, hasta donde yo conozco, la mejor y más eficiente manera de incrementar el conocimiento.

Leer un libro relacionado con los servicios que provees te ofrece la posibilidad de iniciar una conversación con clientes potenciales o contactos. De hecho, son ellos los que posiblemente inicien la conversación contigo mediante la pregunta: ¿Qué estás leyendo? Me di cuenta de esta técnica por accidente. Yo nací en Nueva York, en donde casi todo neoyorkino utiliza el tren subterráneo porque sencillamente es la mejor vía de acceso rápido a todas partes, y es además el mejor sitio para hacer amigos. Piénsalo: te empujan, te pisan, te arrastran en medio de gente que no conoces; en lugar de estar en constantes peleas, la mayoría de la gente decide que la mejor manera de afrontar la situación cotidiana pacíficamente, es iniciando una conversación. Si tienes un libro en la mano, ¿de qué crees que va a tratarse la conversación? Adivinaste: sobre el libro. ¿Y qué mejor forma para iniciar un *diálogo*, que explicando por qué tienes ese libro en tus manos?

Obviamente que esta situación no solamente ocurre en los trenes subterráneos de Nueva York. A todo lugar que vas, en cada situación en que te encuentras y te conectas con otra gente. ¿Qué ocurriera si siempre tuvieras un libro a la mano que te permitiera compartir tu conocimiento en tu campo de experiencia para el mejoramiento de la persona con quien hablas? Yo sé que no toda persona con la que te encuentras es miembro del tipo de mercado que elegiste, o por lo menos puede enviarte clientes, pero eso no importa. Tú solo estás tratando encontrar oportunidades para agregar valor a la vida de la gente que te encuentras, compartiendo tu conocimiento con ellos.

> **3.9.1 Paso de acción:** Intenta llevar este libro a todas partes y trata de explicarle a la gente por qué lo estás leyendo; así tendrás la oportunidad de hablar de la filosofía de ofrecer tanto valor a los demás tanto que sientes que has llegado muy lejos y después seguir ofreciendo todavía más, y la forma en que esta filosofía va de acuerdo con tus valores. Luego inicias tu *diálogo* estratégicamente.

Pregúntate qué de todo el conocimiento que has adquirido, añadiría mayor valor y te haría más atractivo para tus clientes potenciales y tus socios de negocios. Tu inversión en libros – el hecho de comprarlos y leerlos – te dará dividendos que no te alcanzas a imaginar. De hecho, en su libro "Love Is the Killer App", Sanders describe un sistema maravilloso de lectura, en el que aprendes y aplicas el nuevo conocimiento para ayudarte a hacer conexiones más profundas con otros, en lo relacionado a los negocios.

> **3.9.2 EJERCICIO ESCRITO:** Elabora una lista de 5 libros que hayas leído y consideres obligatorios en tu tipo de mercado. Piensa en cada uno y conéctalo con gente que creas que puede utilizarlo.

> **3.9.3 EJERCICIO ESCRITO:** Elabora una lista de 5 libros que te hayan recomendado como obligatorios, o que sabes que contienen información importante que agregaría valor a tu tipo de mercado. Luego vas y haces la inversión de al menos uno durante esta semana.

> **3.9.4. EJERCICIO ESCRITO:** Los libros no son nuestra única fuente de conocimiento. Como lo mencioné anterior-

mente, las experiencias de la vida, las observaciones, y las conversaciones, también son fuentes de conocimiento. Piensa por lo menos en 5 áreas en las que poseas mucha información; diviértete con este ejercicio y deja que fluya. Si sabes mucho sobre deportes, o algún arte japonés, ¡inclúyelo! Nunca se sabe cuál tema puede ayudarte a iniciar una conversación.

Comparte a Quién conoces

Yo haría cualquier cosa por hacer negocios con gente que admiro y respeto. El año pasado envié por encima de $100.000 dólares en referidos valiosos a uno de los diseñadores de mi web. Yo me desvivo por servirle a la gente que me sirve.

Piensa en lo siguiente: ¿A quién te gustaría darle tu negocio o recomendarle a otros miembros de tu red? De alguna manera, es a la gente que te ha servido; a los que son amistosos, agradables, inteligentes y colaboradores; a los que caminan contigo la milla extra, a los que dan más de lo que estabas esperando, a los que trabajan con integridad para ofrecer lo mejor de su trabajo. Esa es la gente que siempre está dispuesta a sonreír, y de quienes te alejas sintiéndote apoyado y animado.

Si tú eres esa persona en cada interacción que tienes con otros, ya sea a nivel personal o comercial, tu red de mercado va a crecer exponencialmente y te van a recordar y a querer hacer negocios contigo. Te van a conectar en la red con quienes puedas hacer conexiones beneficiosas y te van a referir a todos los que ellos conocen y que posiblemente necesitan tus servicios y productos.

Conozco cientos de amigos y colegas, que son así y hay uno que me viene a la mente como un ejemplo ideal de lo que es realmente compartir tu red de contactos ampliamente con quienes puedes hacer conexiones beneficiosas y te van a referir a todo el que conocen y que posiblemente va a utilizar tus servicios y productos.

Caroline Kholes es una experta en el negocio de la salud y el buen estado físico. Es una de las personas más talentosas que yo haya tenido el placer de conocer y haría por ella cualquier cosa en cada ocasión que se me presenta. ¿Por qué? Por ella me envía clientes constantemente, me conecta con gente con la que puedo asociarme, me da oportunidades para mercadear mis servicios, y constantemente comparte conmigo lo que ha aprendido o escuchado sobre lo que ella piensa que me ayudará personal o profesionalmente. Lo que más destaco en Caroline es que ella nunca espera nada en retorno.

Hay una cosa que es esencial para que la analices con respecto a compartir tu red de contactos: debes hacer lo que dices que vas a hacer – siempre. Y si no lo haces, discúlpate y hazlo bien, porque si haces compromisos y no los cumples, dañarás tu reputación y cerrarás puertas que han estado abiertas para ti. Si no haces compromisos al conectarte, nadie los hará por ti. Los hábitos necesarios para adquirir los compromisos que adquieres y lo que debes hacer para cumplirlos, son esenciales para conectarte a una red que sea realmente útil y le de valor a la vida de los demás.

3.9.5. EJERCICIO ESCRITO: Primero, elabora una lista de las 5 personas que más te apoyan enviándote referidos, dándote consejos o haciendo lo que sea necesario para ayudarte. Luego, identifica a alguien en tu red de contactos con quienes puedas conectar a estas 5 personas. ¿A quién conoces que podría agregar valor a sus vidas o a sus trabajos? ¿Es un cliente potencial, un socio potencial, un vendedor potencial?

La gente que acabas de escribir en el ejercicio, va a agradecer la oportunidad de contacto o la recomendación que vas a hacer y cuando alguien que ellos conocen necesite tus servicios o productos, posiblemente se acuerden de ti y actúen recíprocamente.

Recuerda también, que la teoría de los 6 grados de separación dice que tú estás solamente a 6 personas de distancia de la persona o información que necesitas. (En tu campo, los grados de separación de tu conexión con algo o alguien que necesitas, son aún más pocos). Toda la gente que conoces tiene el potencial para conectarte (A través de su red de contactos y de los contactos de la misma) con algo o alguien que necesitas; por lo tanto, es tiempo de salirte de tu zona de comodidad y hacer el esfuerzo de entablar una conexión sincera con alguien con quien normalmente no interactúas; mientras mayor diversidad exista en tu red de contactos, más efectiva y poderosa será, porque te ayudará a abrir puertas que de otra manera permanecerían cerradas.

3.9.6. EJERCICIO ESCRITO: Piensa en la clase de personas o profesiones que no están representadas en tu red de contactos actual y escribe 5 que te beneficiarían expandiéndola; ahora piensa dónde podrías encontrarlas.

Comparte Cómo *te sientes*

En el negocio de los servicios, generalmente la gente no te contrata a menos que sienta que tú tienes generosidad e interés por la situación que ellos están pasando. Si tenemos en cuenta que expresar tu generosidad e interés cuentan para tener éxito en las relaciones laborales, ¿cómo estás con respecto a este aspecto? Escucha atentamente, permanece 100% alerta y presente cuando estés haciendo conexiones, sonríe tanto como te sea posible, haz contacto visual, formula preguntas abiertas que demuestren sinceramente tu curiosidad e interés.

Toma el tiempo necesario para agregar valor a la persona con quien estás haciendo contacto, ofreciéndole información y recursos que hablen de sus necesidades. Si no tienes lo que la persona necesita, piensa en alguien de tu red que podría ayudarle y sirve como la conexión entre ellos dos. Recuerda, esta intervención es sin esperar nada a cambio de forma inmediata.

3.9.7. EJERCICIO ESCRITO: Piensa en una situación reciente, en tu negocio o en lo personal, en la cual alguien haya actuado con generosidad hacia ti, mostrando genuino interés; piensa cómo te sentiste durante la interacción, ¿Qué sentiste hacia esa persona por la generosidad con que actuó contigo?

Oportunidades para hacer contactos

Las oportunidades para relacionarte son interminables. Cada vez que compartes tus conexiones, conocimiento y generosidad, están haciendo contactos. Cada vez que aprendes más acerca de lo que otros hacen y saben, estás haciendo contactos. Cada vez que sirves de conexión entre personas que conoces y sabes que se necesitan, estás haciendo contactos.

Oportunidades informales para hacer contactos

Estas son las ocasiones en las cuales no estás pensando que vas a buscar un contacto intencionalmente, pero ocurre. Tenemos docenas de ocasiones como estas a diario:

- Charla casual en la fila para hacer algún pago.
- Escogiendo una película en una tienda de videos.
- Hablando con el vecino cuando sacas el perro.

Escojamos al administrador de la tienda de videos como un ejemplo: Cada fin de semana entras a la tienda de videos para rentar películas, y sonríes con él mientras te atiende; con el paso del tiempo lo saludas, vas entablando una conversación y poco a poco comienzas a conocer aspectos de él y de su vida familiar. En algún momento él comenta que va a tener una cena muy especial con la esposa la noche siguiente, pero después suspira y dice que la niñera canceló a última hora y agrega: "Me gustaría conocer a alguien con quien pudiera contar". Tú tienes la niñera con la que siempre cuentas y entonces sacas tu celular para buscar su número telefónico y la llamas diciendo: "Nelly, hablas con Marcos. Tengo una oportunidad excelente para que cuides a unos niños mañana en la noche, y yo sé que tú eres la más indicada para hacerlo". Mientras dices eso le pasas tu celular al administrador.

Este intercambio no tiene absolutamente nada que ver con negocios, ¿o sí? Superficialmente, no está relacionado con eso. Sin embargo, ¿a quién crees que Nelly o el administrador van a llamar cuando ellos, o alguien que ellos conocen, necesiten tus servicios? El administrador está súper agradecido contigo porque le salvaste su invitación con su esposa; Nelly está muy contenta porque le conseguiste un nuevo cliente y agregaste valor a sus servicios. Los dos están muy cómodos con su nueva interacción y posibilidad de negocios, por lo cual te agradecen y te tienen en cuenta. Y lo más importante es que incrementaste la posibilidad del factor de conexión con cada uno de ellos. El factor de conexión es la confiabilidad que construyes con cada uno de los contactos de tu red. Mientras más valor le agregues a la vida de alguien, mayor será el grado de confiabilidad hacia ti.

3.9.8. EJERCICIO ESCRITO: Piensa por un momento si has desaprovechado recientemente alguna oportunidad para conectarte más profundamente con alguien. Escribe 5 oportunidades en las cuales hubieras hecho conexiones, si hubieras compartido tu conocimiento, tu red de contactos o tu generosidad.

Oportunidades para hacer contactos con el uso de la web

Hay numerosas oportunidades para hacer conexiones actualmente, sin siquiera tener que salir de la casa – algunas formales y otras informales. Estas son solo algunas:

- Negocios con páginas en la web.
- Grupos de discusión y foros en línea.
- Cualquier línea interactiva en la que puedas conectarte con otros, como la membresía perteneciente a clubes y a programas de aprendizaje.

3.9.9. EJERCICIO ESCRITO: Busca 3 sitios en la web en donde puedas comenzar a incrementar tu conocimiento personal y profesional, agregando valor a tu vida y a la de otras personas.

Oportunidades formales para hacer contactos

Estas son las oportunidades planeadas a propósito para hablar y hacer negocios y para conocer gente, que puede ser muy agradable y divertida:

- Reuniones en la Cámara de Comercio.
- Reuniones de los diferentes gremios y profesiones.
- Reuniones de integrantes de redes de contacto.
- Reuniones de asociaciones de comerciantes.

3.9.10. EJERCICIO ESCRITO: Realiza una búsqueda y encuentra por lo menos 3 oportunidades más para establecer otras redes de contactos como las que te acabo de mencionar, con la intención de agregar valor a otros, así como la de mejorar tu propia red.

Eventos con redes de contacto - ¿Qué hacer?

- **Llegar a tiempo:** Esta no es la ocasión para hacer una entrada triunfal llegando tarde o contar la historia por la cual llegas retardado. A nadie le importa. Si tu tardanza es notoria, presenta disculpas y deja así la situación.

- **Relájate y se tú mismo:** Opuesto a la sabiduría convencional, no tienes que esforzarte para encajar. Suena trillado, pero se tú mismo, a menos que "ser tú mismo" signifique terminar con la corbata en la cabeza y metiendo tu cara en la refractaria de la ensalada. Hablando seriamente, a la gente le gusta conocer quién es el dirigente que se destaca, que lidera, que está haciendo las reglas, y no existe curiosidad por conocer a los que están siguiendo al rebaño. Entonces, no tengas miedo de expresarte amplia y positivamente porque si lo haces, serás una persona fácilmente memorable.

- **Sonríe y se amigable:** Tanto hombres como mujeres temen que si sonríen demasiado va a parecer como si estuvieran desesperados por llamar la atención. Si este temor te va a retener de sonreír, no le hagas caso. Es mejor equivocarte por el lado de sonreír y ser muy cordial, que optar por ser reconocido como alguien distante y de pocos amigos.

- **Enfócate en dar:** Si tu enfoque es hacia lo que puedes ofrecerle a los demás, vas a recibir; si tu enfoque está en ver qué puedes obtener, tendrás muchísimo menos éxito.

- **Prepárate para el evento:** Averigua los nombres de los organizadores y de algunos otros dirigentes, con quién o quiénes puedas compartir durante la función, que te orienten sobre a quién puedes informar y lo qué debes informarles; es posible que los organizadores quieran saber a quién o quiénes conoces (sin ser un delator), qué sabes (sin ser un sabelotodo), y lo que puedes compartir (sin hacer presunciones), con la gente que va a estar en el evento. Nunca sabes qué puede cambiar la vida de los individuos.

- **Preséntate con la persona que está dirigiendo el evento:** Esta persona puede agregar un enorme valor a tu red de contactos. Nunca olvides dar las gracias.

- **Preséntate con "el pez gordo":** Si hay alguien a quien quieras conocer en un seminario o evento importantes, a alguien famoso en tu industria, ¿vas a ir a decirle: "Esto es lo que yo hago y esta es mi tarjeta de negocios"? ¡No! Comienza por expresar tu admiración diciendo algo como: "Solo quiero decirle que su trabajo ha tenido gran influencia en mi vida" o "Su trabajo me ha inspirado para hacer esto o lo otro". Así, la próxima vez que te lo encuentres nuevamente en un evento puedes decir: "Me gustaría colaborarle en lo que necesite". La persona puede decirte: "No gracias", pero no tienes nada que perder. Además, nunca se sabe si te contesta: "Si, pareces muy considerado y atento; creo que me podrías ayudar". No olvides que los individuos importantes siempre están ocupados porque tienen en sus manos más cosas de las que pueden manejar y siempre están buscando gente talentosa que les ayude a facilitar sus vidas. Si puedes ayudarle a alguien a reducir el estrés, tendrás un amigo por el resto de tu vida.

- **Ofrece tu ayuda de entrada y cuando sea posible:** Brinda admiración (como en el ejemplo anterior), generosidad, o una conexión. Cuando dices: "Yo conozco a alguien a quien tienes que conocer" o "Hay un libro muy bueno que puede ayudarte a resolver tu problema", esta persona no va a verte como alguien que le mete su tarjeta de negocios en el bolsillo y le dice: "Estemos en contacto, amigo". Si puedes dejar a este individuo sintiéndose mejor, más animado y entusiasta después de su interacción contigo, él te va a recordar.

- **Comienza conversaciones haciendo preguntas:** Este es un enfoque interesante, especialmente si estás nervioso. Te quita la importancia a ti para dársela a la otra persona y te permite aprender algo, al mismo tiempo.

- **Identifica 2 0 3 cosas específicas que quieres aprender de este evento:** La gente es atraída por aquellos que les parecen importantes e interesantes.

- **Establece contacto visual:** Muestra interés y respeto por tu interlocutor, enfoca tu atención en él, porque si por ejemplo, tú estás hablando conmigo pero tus ojos siempre están buscando por todas partes como tratando de encontrar a alguien que te parezca más importante o relevante, ¿no crees que eso me haría sentir poco apreciado?

- **Usa ropa cómoda:** Si te afecta la presentación personal y sabes que si no te sientes bien vas a estar incomodo, lo mejor es que te vistas de manera en que te sientas confiado, porque de lo contario vas a estar trasmitiendo tu incomodidad a los que te rodean.

- **Toma la iniciativa:** Involúcrate con la gente y construye relaciones. A muchas personas le encanta que les pregunten sobre sí mismos, sobre sus pasatiempos y preferencias, sobre sus familias. Este puede ser el momento para conocer individuos con quienes tengas la oportunidad de encontrar intereses en común que te permiten que las conexiones sean más fáciles y naturales.

- **Ofrece un apretón de manos firme:** Mantén tu trago en tu mano derecha para eliminar el gesto de secarte la mano en tu ropa antes de estrecharla con la de otra persona; y no pienses que necesitas extender tu mano de forma diferente a un hombre que a una mujer porque una saludo firme (no estrangulador) siempre es apropiado.

- **Se inclusivo:** Siempre puedes invitar a otros a incluirse en tus conversaciones; esto es muy importante porque nunca debes monopolizar a los que tienen mayor demanda de popularidad entre el público, como por ejemplo el conferencista del evento, lo cual puede hacerlo sentir incómodo porque él también está allí para conocer más gente; es molesto para los demás participantes que le quieren conocer. Consejo: Si quieres ser útil, pregunta al conferencista si hay alguien en especial a quien le gustaría conocer, o simplemente incluye e invita a otras personas a tu conversación. De esta forma serás conocido por ser una persona generosa y abierta por los otros participantes al evento, y el conferencista te va a recordar como alguien que le ayudó a hacer conexiones y a relacionarse durante del evento.

- **Pide tarjetas de negocios para mantener el contacto:** Es tu responsabilidad pedir la tarjeta de negocios, si realmente la quieres; también es tu responsabilidad hacer el seguimiento. La calidad y no la cantidad, es lo que realmente cuenta cuando quieres construir relaciones y conexiones genuinas. Si vas por el evento recolectando tarjetas de negocios de todos y cada uno de los participantes, como si se tratara de ganar un premio por ser el mayor recolector de tarjetas, te harás a ti mismo un gran daño. Y recuerda que solo porque alguien te da su tarjeta de negocios, *no* significa que tienes su permiso para agregarlo a tu lista de correos. No lo hagas. Puedes enviarle un correo normal para hacer un seguimiento y hasta deberías hacerlo, pero eso no significa que puedas ni debas agregarlo a tu listado. Eso no es bueno.

- **Siempre es útil mantener un esfero a la mano:** Cuando recibas una tarjeta de negocios, escribe en ella una notica sobre la persona que te la dio, el compromiso, lo conversado, las cosas personales o particulares que te ayuden a recordar en el futuro de quién se trataba; así podrás especificar en futuros contactos; asegúrate de escribir la fecha exacta y el nombre del evento en el cual se encontraron o conocieron.

Eventos para conseguir contactos - ¿Qué *no* hacer?

- **Trata de no ser molesto:** Procura no sobrepasarte por tratar de disimular tu nerviosismo actuando inapropiadamente, como por ejemplo, alardeando acerca de tus éxitos personales. Esto sí que es molesto.
- **No preguntes: "¿Qué haces?":** No te permitas iniciar una conversación utilizando esta pregunta; deja que ésta fluya naturalmente dentro de la conversación.
- **No te sientes con gente que ya conoces durante la mayor parte de evento:** Aunque es más cómodo compartir con quienes ya conoces, es muy posible que te quedes solamente con ellos, y si esto ocurre, estarías perdiendo uno de los propósitos por el cual asististe, que consistía en ampliar tu red de contactos. Procura salirte de tu zona de comodidad y relaciónate con gente desconocida para ti.
- **No te encartes con muchos objetos:** Procura ir liviano para eliminar la posibilidad de incomodarte con el abrigo, la cartera, el maletín, el trago, el plato del pasabocas o la comida. Deja libre tu mano derecha para estrecharla con los demás, para recibir tarjetas de negocios, para hacer anotaciones, etc.
- **No te quejes de estar haciendo contactos:** No te quejes de nada. El síndrome de las quejas es de fácil contagio, especialmente en un evento en el cual la mayoría de la gente se siente un poquito inconforme. Aunque las quejas rompen el hielo, no son una forma atractiva de hacerlo. Puedes cambiar el tema, por ejemplo comentando: "¿Ya probaste los camarones?"- O aprovecha la oportunidad para recomendar este

gran libro y la forma en que te ha ayudado a cambiar tu concepto acerca de utilizar la estrategia de ventas con las redes de contacto.

- **No seas muy trascendental:** Recuerda relajarte y divertirte.

Siempre estás haciendo contactos

Tus ganancias vendrán de conexiones con gente que pueda enviarte negocios – puede que se trate de un cliente satisfecho que te recomienda con otras personas; de pronto por un colega tuyo que tiene la habilidad de recomendarte como conferencista, que escribe sobre ti, o se asocia contigo; por el administrador de la tienda de videos que aprecia tu amplia y amable sonrisa y por la recomendación que le hiciste de una buena niñera aquel fin de semana en el que él necesitaba de una con gran urgencia.

Con la estrategia de la red de contactos, la posibilidad de crear la tuya no tiene que ser algo estresante ni urgente; todos nos conectamos diariamente, en todas partes y con mucha gente; solo tenemos que volverlo un hecho consciente, estando más alertas a esa actitud hasta que se nos convierta en algo natural y agradable en nuestra vida cotidiana.

El seguimiento y el contacto permanente son imperativos para que evoluciones con cada una de tus conexiones y logres conformar una base de datos cada vez más amplia. Si tu contacto no aparece en tu red ni haces algo para mantenerte en contacto, entonces tu red de contactos no tiene sentido. Por eso es bueno que mantengas parte de ella contigo para que te sea fácil conectarte frecuentemente.

"Tienes espinaca en tus dientes"

Te he dado varias técnicas en este capítulo acerca de qué hacer, qué no hacer y cómo interactuar con la gente cuando estás haciendo conexiones, pero hay una gran diferencia entre técnicas y principios, y estos últimos son los más importantes para tener en cuenta y comenzar a implementarlos. Si puedes comenzar a incorporarlos, estarás bien.

Por ejemplo, se dice que cuando se conoce gente nueva en un evento es importante hacer contacto visual, estrecharle la mano con firmeza, sonreír y saludar haciendo una venia de respeto con la cabeza; pero si haces todo eso y no adoptas una postura de cordialidad, no importa qué tan pulidamente llegues a actuar. Sin embargo, si tienes una actitud correcta, compartes tus contactos, lo que sabes, y manifiestas tu generosidad hacia los demás, aún si tienes "espinacas en tus dientes" y tu mano es sudorosa, estarás bien porque la gente te va a responder por la calidad de persona que tú eres. De hecho, compartirán su generosidad contigo dejándote saber gentilmente que tienes una enorme placa de espinaca metida entre tus dos dientes frontales.

Entonces, ¿qué opinas? ¿Estás listo para hacer más contactos y ampliar tu red para obtener nuevos clientes, relaciones más profundas y más ganancias? Compartir tu conocimiento, tu red de contactos y tu generosidad, te traerán un paso más cerca de establecer tu negocio sólidamente.

CAPÍTULO 10

LA ESTRATEGIA DEL CONTACTO DIRECTO

"Te pierdes del 100% de los intentos que no haces".
—WAYNE GRETZKY

Idealmente, todos tus clientes potenciales y regulares vendrán a buscarte. Realistamente, habrá ocasiones, especialmente al comienzo, en las que necesitarás contactar proactivamente a tus clientes potenciales para hacer tus ofertas. Adicionalmente, también habrá muchos momentos en tu negocio, pero especialmente iniciando, en los cuales vas a necesitar contactar otros profesionales, asociaciones y organizaciones para promocionar y ofrecer tus servicios.

Definamos claramente lo que *no es* el contacto directo, antes de definir detalladamente lo que *sí es* y cómo hacerlo de manera auténtica, fácil y exitosa. *No* es enviar correo no deseado de cualquier clase -ya sea a través de medios electrónicos o mediante la oficina de correos – de manera indiscriminada a personas que forman parte de los listados en circulación. Se conoce también como *"correo basura"*. Como sabes, esta no es la forma en que trabaja el sistema de *"Tu mejor promotor: TÚ MISMO"*. Nunca ha sido ni lo será. Antes de la invención del Internet, el contacto directo era una estrategia de mercadeo muy común; supongo que todavía sigue siéndolo, pero desafortunadamente es percibida como no deseada, por eso debes ser muy cuidadoso a la hora de decidir aplicarla.

Cuando inicies tu estrategia del contacto directo, por favor asegúrate que tus esfuerzos sean bien encaminados, personalizados, valorados y legítimos, para que no sean percibidos como indeseados y por el contrario, sean apreciados y tenidos en cuenta a la hora de actuar.

La estrategia del contacto directo está basada en hacer conexiones personales. Con cualquiera de las siguientes herramientas que emplees, tu objetivo debe ser contactar a la gente de una manera sincera, genuina y auténtica.

Cuándo utilizar el contacto directo

Esta estrategia es buena siempre que quieras contactar:
* A un cliente ideal y a otros dentro de tu tipo de mercado para informarles acerca de la forma en que puedes servirles.
* Al organizador o persona encargada de tomar decisiones en una organización o asociación, para promover o asegurar tu intervención, entregar artículos o materiales de promoción, etc.
* A la prensa.
* Para otra gran variedad de oportunidades de hacer negocios.

Herramientas para hacer contacto directo

* Cartas
* Llamadas telefónicas
* Correos electrónicos
* Postales
* Folletos y volantes
* Lo que se necesite para lograr un contacto directo

Cartas

Las cartas son una herramienta excelente para hacer un contacto directo porque la gente todavía abre el correo que le parece interesante o pertinente, especialmente cuando está escrito a mano y es personalizado. Cuando alguien me envía una carta con información o una oferta que es relevante y oportuna, yo tomo nota. Por eso es que el seguimiento es la clave maestra en tu estrategia de contacto directo. Las cartas son la mejor herramienta para comenzar a hacer tus contactos; luego utilizarás una llamada o un correo electrónico.

El aspecto más importante de las cartas como herramienta en este proceso, es la "personalización". La expresión: "Apreciado Señor /Señora" simplemente no te funcionará. Si no tienes por lo menos el nombre de la persona a la que le estás escribiendo, es mejor que pienses en utilizar otra iniciativa. Por eso debes hacer tu tarea tratando de juntar la mayor cantidad de información posible acerca de la persona con la que quieres conectarte. ¿A quién conoces que pudiera conocer a alguien que pudiera conocer al contacto que quieres? O mejor todavía, ¿quién lo conoce personalmente?

Comienza tu carta diciéndole a tu lector por qué le estás escribiendo; explícalo de una manera amistosa y sincera. Luego, emplea un momento para alagar al lector. ¿Qué encontraste durante tu investigación que te haga querer conocerlo? Pero primero recuerda explicar el propósito de tu carta para que el destinatario se sienta cómodo de continuar leyendo, porque quiere saber si vale la pena o no, tomar el tiempo para leer tu carta.

El siguiente paso es extenderte en tu razón para escribir y presentar tu causa. De acuerdo con Seth Godin, el autor de *"Free Prize Inside! Th e Next Marketing Idea"*, hay 3 cosas que los demás toman en cuenta, ya sea consciente o inconscientemente, acerca de las propuestas que haces:

- ¿Va a tener éxito?
- ¿Vale la pena hacerlo?
- ¿Realmente esta persona puede hacer lo que dice?

Si consigues un ¡sí! definitivo a todas estas 3 preguntas, lo lograste. Si tu lector levanta su ceja tan siquiera ante una de ellas, probablemente no llegues tan lejos como quisieras con este proyecto. Por eso es primordial que tu carta – o cualquiera de tus herramientas para hacer contactos directos – tenga efectividad; estas 3 preguntas deben tener respuesta afirmativa. Por lo tanto, debes hacer un acercamiento honesto y considerado para contactarte con la gente.

Cuando yo era actor, (esa fue mi primera profesión), tenía algo de éxito. Hice algunas apariciones en *"Sexo en la ciudad"*, *'Guardianes de la bahía"*, *"La ley y el orden"*, *"Todo sobre mi familia"*, y muchos otros programas. Además filmé cientos de comerciales para TV y doblajes de voz, pero abandoné todo esto porque consideré que la carrera del mundo corporativo le daba significado y estabilidad a mi vida. ¡Oh, sí que estaba equivocado con respecto a eso! En todo caso, de mi vida como actor, entre otras cosas recuerdo que desperdiciaba las audiciones porque estaba desubicado; en lugar de preocuparme porque me llamaran, me estaba enfocando en conseguir el papel, cuando en realidad en lo que debía concentrarme era en conseguir que me llamaran para una segunda entrevista. Luego, una vez que me volvieran a contactar por segunda vez, debía preocuparme por lograr una entrevista con el productor; posteriormente, debía esforzarme porque me dejaran hacer una prueba de registro y así sucesivamente. Yo quiero que hagas el mismo procedimiento con tu estrategia de contacto directo: que vayas un paso a la vez para que te vaya bien y así puedas completar todo el proceso del contacto directo de forma autentica.

Finalmente, asegúrate que los siguientes pasos que te sugiero te queden bastante claros. Debes darle a conocer al lector de tu carta, en qué forma exactamente puede sacar buen provecho de tu oferta, qué quieres que él haga, y cuándo quieres que lo haga.

Antes de enviar cualquier forma de cartas o correos para hacer contactos directos, asegúrate de formularte las siguientes preguntas:

- ¿Es esta una carta personalizada?
- ¿Estoy siendo directo sin atacar?
- ¿Estoy relacionado con alguna de las necesidades del lector?
- ¿Manifesté que haría seguimiento?
- ¿Se cómo voy a hacer ese seguimiento?
- ¿Estoy siendo real en la carta?
- ¿Tengo claridad en cuanto a cuáles son los siguientes pasos y la forma en que él me puede contactar?
- ¿Entiendo y expreso claramente lo que estoy ofreciéndole?

3.10.1 EJERCICIO escrito: Identifica 3 personas a las cuales quieras contactar directa y personalmente. (Pueden ser clientes potenciales, personas con poder de decisión dentro de una organización, empresa o prensa).

3.10.2 EJERCICIO escrito: Elige una de las personas que identificaste en el ejercicio anterior; luego escribe tu carta de contacto directo, teniendo en cuenta la guía anterior. Recuerda hacerte las preguntas antes de enviar tu carta.

3.10.3 *Paso de* acción: Envía la carta que acabaste de escribir. Piensa en la forma en que vas a hacer seguimiento y escribe las fechas en el calendario en que lo vas a hacer.

Llamadas telefónicas

He tenido clientes que me han dicho que prefieren abrir zanjas antes que llamar por teléfono a alguien que no conocen para tratar de hacerles una oferta. También he tenido clientes que me han dicho que no tienen ningún problema y hasta disfrutan llamando gente que no conocen. Personalmente, estoy en el primer grupo. Ciertamente, yo llamaría a alguien que no conozco para hablar de cualquier oferta promocional o de alguna oportunidad de inversión, o de alguna iniciativa para comenzar un negocio; pero nunca llamaría en frio a alguien que no conoce acerca de mí ni de mi compañía, para ofrecerle mis servicios de entrenamiento y consultoría.

Como lo expresamos hace un rato, tú quieres mantener contacto y hacer seguimiento con cada uno de los clientes potenciales que conozcas. La elección estaría en la forma en que vas a hacerlo; en este punto, no debe subestimarse la antigua, buena y tradicional forma de la llamada telefónica porque a través de ese medio se pueden hacer conexiones reales, personales y emocionales con los clientes potenciales y con los contactos con quienes nos interesa hacer negocios.

Hacer seguimiento con el uso del teléfono es diferente a hacer llamadas en frio porque tienes permiso para hacerlo. Además, porque los correos electrónicos se han convertido en la forma más común de la comunicación empresarial, así que muy poca gente actualmente se comunica vía telefónica; inclusive es una agradable sorpresa escuchar la voz de alguien y llegar a conocerle a través de una conversación telefónica significativa.

Cuando hagas esas llamadas, es apropiado que seas breve, directo y al punto; también es importante que tu mensaje sea bien claro y conciso; habla confiadamente y con voz firme.

3.10.4 Paso de acción: Elige a una de las personas que identificaste anteriormente y hazle una llamada. Si te parece, puede ser la misma persona a la que le enviaste tu carta, como una forma de hacer seguimiento.

Correos electrónicos

Los correos electrónicos son una herramienta sorprendente. Puedes conectarte con alguien a cualquier parte del mundo casi instantáneamente. Cuando conoces a alguien en un evento de negocios o en una reunión social, o cuando eres referido personalmente a alguien, enviar un correo electrónico personalizado y breve es una forma efectiva para asegurarte de continuar profundizando la conexión. Pero el correo electrónico también suele ser una forma de salida fácil porque tiene un cierto carácter impersonal. Adicionalmente, la mayoría del correo no deseado viene por este medio y es muy fácil de ignorar, ya que típicamente no causa una impresión muy profunda. ¿Cuándo fue la última vez que escuchaste a alguien exclamar: "¡Oh, acabo de recibir un correo electrónico! ¿No puedo creerlo?"

La moraleja de esta historia es utilizar los correos electrónicos en conjunto con otras herramientas para hacer contacto directo. Piensa en esta, como una forma de conexión con las demás herramientas.

Postales

Las postales son una herramienta fantástica de contacto directo. De hecho, las postales son el gancho de conexión en la industria del correo directo. Tú probablemente recibiste un par de postales en tu correo esta semana. Éstas pueden animar rápidamente a la gente a actuar sobre algo directo y simple, como entrar en tu página web, marcar una línea telefónica, o sintonizar un programa de televisión. Las postales funcionan mejor cuando la acción requerida es gratuita y fácil, y cuando estás ofreciendo algo de valor.

¿No crees que sería muy bueno si recibieras una postal personalizada de alguien antes de conocerle? ¿Qué tan seguido ocurre algo así?

3.10.5 Paso de acción: Compra una docena apropiada de postales y estampillas y mantenlas a la mano ya sea en tu planeador, maletín, bolso o carro. La próxima vez que conozcas a alguien con quien te gustaría hacer contacto directo, inmediatamente escríbele un mensaje personalizado y envíale la postal por correo. La persona estará complacida de ver que hiciste el esfuerzo extra y te recordará por eso.

Folletos y volantes

Si tu negocio es nuevo, a lo mejor quieres evitar esta estrategia. Tu negocio va a estar cambiando tan rápidamente durante los siguientes años, que invertir una cantidad considerable de dinero diseñando e imprimiendo folletos y volantes, simplemente no se justifica.

Sé que puedes diseñarlos tú mismo e imprimirlos en tu impresora personal. Por favor *no lo hagas* – a menos que seas un diseñador talentoso y experto. ¿No quieres que los materiales que te representen a ti y a tu negocio sean diseñados profesionalmente y altamente sofisticados? La mayoría de los folletos y volantes que veo que utilizan los profesionales proveedores de servicios son horribles. Generalmente son hechos con programas caseros, impresos a una tinta, repletos de logotipos y posteriormente fotocopiados, de tal forma que están lejos de representar el profesionalismo y talento del dueño de esos materiales.

Creo que puedes esperar por esos folletos y volantes hasta que te hayas dado cuenta que la forma de hablar acerca de lo que haces, tus ofertas, tus precios, y todo lo relacionado con tu negocio, se haya fortalecido por lo menos en un año. Si tú mismo vas a diseñar tus volantes, hazlos sencillos, despejados y con la información básica.

Lo que se necesite para lograr un contacto directo

Puedes hacer muchas cosas para llamar la atención, siempre y cuando sea de una forma que agregue valor y no que lo reste. Si tú eres creativo y con un fuerte sentido del juego, te divertirás planeando una campaña con la cual logres llamar la atención positivamente, y que te ayude a hacer contactos directos.

Años atrás, cuando trabajé en el mundo corporativo, uno de mis jefes contaba con que yo tenía que convencer al ejecutivo de una firma de cosméticos para que apadrinara unos de nuestros programas. El único problema era que él no atendía ninguna de mis llamadas; aunque yo trataba de explicarle a mi jefe que esa no era la entidad adecuada para nuestros propósitos, él siempre estaba en desacuerdo conmigo y terminaba enviándome de regreso a hablar directamente con el mismo ejecutivo.

Después de algunas semanas tratando de conseguir una cita con él, ya estaba listo para darme por vencido cuando su asistente, la más estricta guardiana del jefe que yo haya conocido, sin darse cuenta me dejó saber que él estaba almorzando en el momento en que lo llamé. Como para hacer la conversación placentera le dije: "Oh si, ¿qué habrá escogido para el almuerzo de hoy?" "La comida china es su favorita", me contestó sin pensarlo. "¡Bueno, gracias! Que tengas un día placentero", le dije y colgué.

Al día siguiente ordené una selección de comida china y se la llevé personalmente. Dentro de la orden estaba la propuesta de nuestro proyecto. 20 minutos antes que la comida llegara lo llamé - y esta vez la llamada entró directamente – por lo tanto aproveché y le dije: "¿Le daría una mirada a mi propuesta ahora?" "No", me contestó. "¿Puedo saber por qué?", le pregunté. "Porque no me gusta ninguno de los platos que escogió en el menú que me envió". "¿Qué le gusta entonces?" y él me lo dijo. Fue ahí cuando yo le propuse: "Si le envío ese menú para su almuerzo de mañana, ¿miraría mi propuesta?" "No, de todas formas voy a leerla y si me gusta lo voy a contactar". "¿En qué momento puedo volver a ponerme en contacto con usted?", le pregunté. Me contestó y nos despedimos. Él leyó la propuesta y subsecuentemente logramos reunirnos. Realmente nunca cerramos el trato porque nuestras compañías no se entendieron, pero nos hicimos amigos y él me presentó a uno de mis primeros clientes después que dejé el mundo corporativo y comencé con mi negocio. ¡Nunca se sabe!

Uno de mis clientes estaba tratando de conectarse con alguien con el planeador de una enorme compañía y no lograba localizarlo para que le concediera un espacio en su ajustada agenda. Después que todos sus intentos por hacer el contacto directo fallaron, se le ocurrió enviarle al planeador un coco con una nota que decía: "Eres una nuez dura de partir". Cuando mi cliente llamó al planeador, él todavía se estaba riendo de la nota y la ocurrencia. Finalmente consiguió la cita.

Piensa creativamente acerca de las posibles formas de hacer contacto directo que puedan llegar a ser divertidas, inusuales, y efectivas, que puedan ayudarte a llamar la atención y funcionen. Deja que tus ideas fluyan.

3.10.6 EJERCICIO ESCRITO: Elabora una lista con 5 formas inusuales y divertidas que te ayuden a hacer una conexión personalmente, en especial con alguien con quien no hayas podido conectarte utilizando estrategias tradicionales.

Promoción con el uso de la prensa

La publicidad – promoción a través de la prensa – es el tipo de propaganda que nos gusta, como los anuncios de servicios publicados por escrito o durante la transmisión de algún programa. La publicidad es especialmente efectiva como herramienta promocional porque la gente le da mayor credibilidad a lo que lee o ve cuando viene de una fuente periodística, debido a que la credibilidad en los mensajes comerciales ha sido contaminada comprensible y frecuentemente por distintos niveles de desconfianza; por ese motivo yo rara vez recomiendo que los profesionales proveedores de servicio compren anuncios publicitarios.

La incredulidad y desconfianza masivas se debe a que existen muchas fuentes de historias inverosímiles en los distintos medios de información; las encuentras desde los diarios locales (interesados en mantener a la comunidad local acerca de lo que ocurre en su área), hasta los periódicos nacionales, acompañados por el creciente número de revistas de interés, programas de radio y televisión.

Para ampliar tu mercado, puedes contratar una firma publicitaria con honorarios anticipados, esperando que trabajen fuertemente para darte bastante cobertura y conseguirte enormes cantidades de referidos nuevos, con el perfil que necesitas; también puedes hacerlo tú mismo. A menos que tengas una buena cantidad de entrada financiera disponible para invertir en tu negocio, te recomiendo que seas tú mismo el agente publicitario de tu negocio. Después de todo, esto es lo que te he venido proponiendo: que seas *"Tu mejor promotor: TÚ MISMO"*.

Puedes también hacer distintos esfuerzos para conectarte con algún editor, productor, o escritor, hasta del mismo periódico de tu localidad o estación de radio. Sin embargo, el tiempo, dinero, esfuerzo y energía que gastas en promoción a través de la prensa realmente puede afectar tu negocio. Estos son 6 pasos sencillos que te ayudarán a desarrollar tus propias campañas publicitarias.

Los 6 pasos para planear y ejecutar tu propia campaña publicitaria

- **Especifica tus metas:** ¿Qué quieres lograr? ¿Estás tratando de buscar publicidad para alguno de tus programas o productos nuevos? ¿Estás pensando en algún suceso extraordinario que le haya ocurrido a uno de tus clientes mediante el uso de uno de tus productos?

- **Identifica a quiénes quieres alcanzar e interesar:** No es a la gente de la prensa; eso ocurre después. Primero identifica al tipo de mercado al que quieres impactar, a la clase de pú quieres que llegue tu mensaje. ¿Quiénes son? ¿Dónde viven? ¿Qué hacen? ¿En dónde hacen sus compras?

- **Selecciona a cuáles medios de comunicación quieres apuntar:** Para hacer esto debes identificar la clase de medios que frecuenta tu tipo de mercado, qué clase de publicaciones leen, qué programas de radio escuchan, qué programas de televisión ven, y a qué asociaciones pertenecen; luego haces una lista organizada que vaya descendiendo de los medios más frecuentados a los menos frecuentados.

- **Escribe el mensaje publicitario que quieres lanzar:** También puedes contratar un escritor experto para que lo haga por ti, mientras que tú escribes tu propuesta.

- **Prepárate para las entrevistas:** Redacta y utiliza tus notas sobre los puntos principales de lo que quieres comunicar y sobre los cinco mayores beneficios que se obtienen de utilizar tu producto, programa o servicio.

- **Remite tu propaganda vía fax y correo electrónico a los medios de comunicación que elegiste:** Espera 5 días y después comunícate con los recipientes o clientes de tu propaganda, con tus notas a la mano para que intereses a tu contacto directo en lo que tienes para ofrecer. Si no logras hacer el contacto con la persona o entidad a la que llamaste, deja tu mensaje de voz y asegúrate de hacer seguimiento.

3.10.7 EJERCICIO escrito: Identifica 5 medios de comunicación a los cuales vas a contactar. Recuerda que deben ser conocidos entre los clientes que pertenecen a tu tipo de mercado.

3.10.8 EJERCICIO escrito: Utilizando las pautas que acabo de darte, medita sobre la forma en que puedes hacer publicidad a tu negocio utilizando los mejores resultados que han obtenido tus clientes con tus productos o servicios. Esta es una forma excelente en que puedes basarte para dar a conocer tu negocio.

Plan para hacer contactos directos

Existen muchas formas para conectarte directamente con tus clientes potenciales y actuales, pero ninguna de las herramientas que te di es útil si no tienes un plan. Después que identifiques una persona o asociación a la cual quieres contactar, ¿qué debes hacer? ¿Crear un plan y luego ejecutarlo? Bueno, eso está bien porque ahora vas a deleitarte con el éxito que tu plan te traerá.

- Identifica el individuo o empresa que quieres contactar.
- Elige los pasos que usarás para contactarlo (a).
- Planea un horario de actividades.
- Ejecuta tu plan.
- Evalúa los resultados.

3.10.9 EJERCICIO escrito: Con cada una de las personas que elegiste en el ejercicio 3.10.1 elabora un plan de contacto directo. No te saltes ninguno de los pasos anteriores.

3.10.10 *Paso de* acción: Toma el plan que acabas de diseñar y elabora un cronograma para ponerlo en acción. Luego desarróllalo. Toda la planeación e ideas que hayas preparado no tiene ningún valor si no tomas un paso de acción y lo vas ejecutando hasta que hayas conseguido los resultados que te propusiste.

La paciencia y la persistencia
obtienen resultados que valen la pena

Es importante entender que no existen *trucos* en el contacto directo. La fórmula mágica para este tipo de contacto - si existe alguna - consiste en un plan persistente de acción en tu vida de negocios. El contacto directo, así como cualquiera de las otras estrategias, como por ejemplo, la de la red de contactos o la de hacer llamadas telefónicas o enviar correos electrónicos, es algo que debe convertirse en parte de tu rutina diaria. Toma tiempo, pero si eres paciente y persistente, construirás un negocio sólido.

CAPÍTULO ONCE

LA ESTRATEGIA DE LOS REFERIDOS

"Porque es dando como recibimos".
—SAN FRANCISCO DE ASÍS

Imagínate disfrutando de relaciones más estables con cada uno de los clientes con los cuales trabajas, y al mismo tiempo trabajar para atraer 3 o 4 veces la misma cantidad de clientes que los que tienes ahora. Pues no solo es posible sino barato. La clave está en generar referidos de tus clientes. Si comienzas un programa organizado de referidos puedes conectarte inmediatamente y sin esfuerzos con un número creciente de nuevos clientes potenciales.

Como tus clientes respetan y disfrutan el hecho de trabajar contigo, no tendrán inconveniente para recomendar tus servicios y productos con sus amigos y familiares. De hecho, la gran mayoría de tus nuevos clientes vienen a ti como resultado de los referidos que has estado recibiendo de cliente en cliente, ya sea directa o indirectamente. Si tuviera que adivinar, diría que no tienes un plan establecido que te ayude a beneficiarte de las recomendaciones voz a voz que podrías estar recibiendo.

Es fácil incrementar exponencialmente tu cuota de referidos. ¿Cuántos obtienes actualmente sin tener un sistema para ellos? Ahora, triplica o cuadruplica ese número. Potencialmente, ese es el número creciente de clientes con el cual podrías estar trabajando el mes entrante. Los clientes adquiridos a través de referidos con frecuencia son más leales, consistentes y bien adaptados a tu sistema, que ninguna otra clase de clientes potenciales que puedas encontrar.

Análisis rápido sobre los referidos

Veamos cómo ya estás recibiendo referidos. Identificando una situación en el pasado, durante la cual un colega o cliente, o las dos cosas, te refirió a alguien, reconocerás patrones que te ayudarán consistentemente a producir los resultados que esperas.

3.11.1. **ejercicio escrito:** Comienza por recordar la última vez que un referido de calidad vino en busca tuya y de tus servicios:
- ¿De quién vino ese referido?
- ¿Específicamente, para qué te necesitaba?
- ¿Necesitaba tus servicios inmediatamente?
- ¿Cómo te contactaron? ¿A través del cliente que te conoce y te recomendó o por el cliente potencial?
- ¿Habías preparado a tu cliente actual o le habías mencionado sobre algo relacionado con los referidos?
- ¿Cómo atendiste a tu referido y qué clase de seguimiento le hiciste?
- ¿Es ese referido tu cliente actualmente?

Ya debes haber notado algunas de tus fortalezas en cuanto a generar referidos; de repente has observado que a lo mejor alguna parte del proceso necesita un poquito más de tu atención. De cualquier forma, vamos a diseñar un proceso rentable y fácil.

Encuentra oportunidades para obtener referidos

Las oportunidades para encontrar referidos abundan por todas partes y la mayoría se están escabullendo entre tus dedos ahora mismo, ya sea porque no las estás notando o porque no estás haciendo nada para aprovecharlas. Comienza por elegir un día de la semana en el que puedas enfocarte sobre dónde y cuándo conseguir referidos. ¡No te pongas nervioso todavía! Tú estás simplemente haciendo consciencia acerca de las oportunidades que se te presentan o puedes buscar para hacer contactos a traves de referidos potenciales. Presta atención muy de cerca y observa cada posible situación en la que puedas verte a ti mismo pidiendo referidos.

3.11.2. **ejercicio escrito:** Comienza a llevar el registro diario de las oportunidades que se te presentan para pedir referidos.

Puedes comenzar a reconocer la ilimitada cantidad de oportunidades para conseguir tus referidos, y a esforzarte para sobreponerte si tienes sentimientos que te dificultan actuar para pedirlos. Vas a estar gratamente sorprendido de la innumerable cantidad de posibilidades que se te presentarán para realizar esta búsqueda diariamente.

Comenzando el proceso de pedir referidos

¿Estás listo para comenzar a trabajar con nuevos clientes que están deseosos de trabajar contigo porque han escuchado referencias sobre tu experiencia y los beneficios que ésta les ofrece? Nunca olvides qué tan rentable y próspero puede ser tu negocio. ¿Qué tan comprometido estás? ¿Hay en ti la convicción que esto es algo que realmente quieres hacer? ¿Sí? Bueno, entonces continuemos ya que te sientes tan inquebrantable y comprometido.

Paso 1: Identifica las necesidades de tu cliente

Debes mantener en tu mente los beneficios de tus clientes cuando hables con ellos acerca de tus referidos, porque estos son las mejores rezones por las cuales tus clientes querrían lo mismo para sus amistades, familia o a quien ellos te quieran referir.

3.11.3. EJERCICIO ESCRITO: Escribe una lista de los beneficios que experimentarán tus clientes al trabajar contigo. Escribe hasta que hayas agotado todos los posibles beneficios.

Paso 2: Analiza por qué te referirían otras personas

¿Cuáles son los beneficios emocionales, sociales y profesionales que van unidos al hecho de ser la persona que conecta a los que están en necesidad, con aquellos que los pueden ayudar?

3.11.4. EJERCICIO ESCRITO: Elije a dos de tu mejores clientes y piensa por qué razones ellos querrían referir sus familiares y amigos a ti. Recuerda, piensa en términos de beneficios. ¿Cómo se sientes después de haber referido sus familiares y amigos a una buena fuente?

Ejemplo: Ellos se sienten excelentemente de ayudar a sus amigos a mejorar su negocio o su vida en forma específica; se sienten felices de haber hecho un aporte positivo a la vida de sus amigos; se sienten bien informados acerca del aspecto que aconsejaron; se sienten conectados y aceptados cuando presentan sus amigos y socios con profesionales de alta calidad; se sienten útiles de ser un recurso de valor en la vida de sus amigos y de haberlos enviado a alguien calificado, comprometido y agradable.

Paso 3: Describe el perfil de los referidos que quieres

¿Te acuerdas de tus clientes ideales que cruzaron por el cordón de terciopelo rojo y con los cuales tú realizas tu mejor labor?

3.11.5. EJERCICIO ESCRITO: Describe el perfil de la gente que quieres que tus clientes, socios, familiares y amigos te refieran, porque puede que ellos no tengan ni la menor idea de lo que tú estás buscando.

Ejemplo: Familiares, amigos, vecinos, socios, dueños de negocios pequeños, ejecutivos, gente pasando por dificultades financieras o crisis de divorcio.

Paso 4: Ubica los lugares en donde tus referentes conocen a tus referidos ideales

Tu meta en este punto es ayudar a tus clientes y demás personas relacionadas, a entender a quiénes en sus vidas les beneficiaría conocer sobre tus productos y servicios, y a saber en dónde pueden encontrarlos. Con estos detalles específicos les estás ayudando a tener claridad acerca de las personas en sus vidas que se beneficiarían de conocerte y trabajar contigo. Teniendo esas dos precisiones en mente – a quiénes deben referirte y dónde encontrarlos – tienes lo que necesitas para comenzar a andar por tu camino hacia los referidos.

3.11.6. EJERCICIO ESCRITO: Escribe una lista de posibles sitios en los cuales tus referentes podrían conocer o conectarse con referidos ideales para ti.

Ejemplo: En la oficina, llevando los niños al bus, en eventos de la vecindad, actividades deportivas, almuerzos de negocios, socializando después del trabajo, funciones de caridad, el gimnasio, convenciones políticas.

Paso 5: Clarifica y comunica cómo tus referentes consiguen un referido

Enfoquémonos en la forma en que tus referentes pueden tener una conversación con un referido potencial para conectarlo efectivamente contigo y con tus servicios. No puedes dejarle este factor a la suerte porque si tus referentes están preparados para explicar lo que haces - en forma tal que te destaque de entre la multitud y te conecte sinceramente con gente a la cual ya estás listo para servir – la preparación adecuada de tus referentes, no solamente es necesaria sino esencial en la construcción de un negocio sólido.

3.11.7. EJERCICIO ESCRITO: Escribe cómo te gustaría que tus referentes te enviaran sus contactos. ¿Qué quieres que digan? ¿Cómo piensas que ellos describan tu servicio? ¿Qué frases y palabras específicas emplean? ¿Quieres que ellos digan que eres el mejor? ¿Que cuenten sobre algún premio especial que has recibido por algún trabajo comunitario? Procura ser muy específico. Piensa en ti como si fueras una agencia de propagandas que decide lo que quiere que su gente esté preparada para decir.

Paso 6: Consigue referidos

Si quieres incrementar tu número de referidos en un 50%, la mejor forma de hacerlo es preguntando por ellos. Esta es la parte más simple e importante de la estrategia de los referidos. Los ejercicios anteriores y siguientes te ayudarán a formular preguntas de manera efectiva. Por favor asegúrate de completarlos cuidadosamente.

Comienza hoy mismo a buscar conversaciones para conseguir referidos; voy a darte unas ocasiones muy oportunas que te llevan a conseguirlos en forma natural. Cuando tu cliente ideal:

- Te agradece por tus excelentes servicios o productos.
- Te pide más servicios.
- Te pide claridad en algún proceso o producto.
- Te describe un problema pasado en el que le ayudaste a buscar una solución o te recuerda alguna meta que le ayudaste a alcanzar.

Y estas son algunas ocasiones obvias:

- Tu cliente ideal menciona un amigo o socio que ha estado enfrentando la misma situación que le has ayudado a resolver a tu cliente.

- Tu cliente ideal te comenta que va a asistir a una conferencia por algunos días (y tú trabajas en ese tipo de mercado o industria sirviendo a individuos o empresas).

O puedes crear una oportunidad para pedir referidos cuando estés:

- Agradeciendo a un cliente por su colaboración y entusiasmo durante un servicio o sesión.

- Ayudándole a clarificar sus metas o haciéndole sugerencias.

- Preguntándole cómo se siente frente al servicio que estás desempeñando actualmente o en el pasado.

- Felicitando a un cliente por sus progresos.

Puedes crear posibilidades para pedir referidos a través de otra cantidad innumerable de ocasiones, preguntas o enunciados. Una vez que hayas logrado que tu cliente inicie una conversación contigo, pregúntale sobre el valor que recibe de tus servicios y utiliza esto como una puerta abierta para que él o ella hablen de la forma en que podrías beneficiar a otras personas u organizaciones con las cuales tienen conexiones.

Paso 7: Facilita la conexión del referido

Ofrece tu disponibilidad para encontrarte, hacer consulta o aconsejar a la persona referida e importante para tu cliente, manifestando que quieres informarle ampliamente a su referido acerca de tus servicios y productos:

- Envía postales o la dirección de tu correo electrónico para que tus clientes puedan distribuir esa información entre sus amigos y familiares.

- Mejor todavía, pide a tu cliente que te escriba una lista de los posibles referidos y la forma de contactarlos (# de teléfono, dirección de correo electrónico) y tú mismo los contactas.

Es importante que corras el riesgo de contactarlos por medio de la llamada o el correo porque si no lo haces, estarás perdiendo el 50% de las oportunidades. ¿Por qué? No porque tu referido no quiera la conexión contigo, sino porque pueden ocurrir muchas cosas. La gente actualmente vive muy ocupada y se sumerge en su trabajo y las miles de cosas por hacer, pero si tú haces la conexión y el seguimiento, hay mayor probabilidad que las cosas te resulten bien.

Lo mismo ocurre cuando conoces clientes potenciales personalmente y te dicen que van a llamarte; probablemente lo dicen con las mejores intenciones, pero ocurren cosas que se interponen y nunca recibes la llamada. Entonces te sugiero que cuando conozcas a alguien con quien realmente hagas conexión y que haya manifestado interés por tus servicios, no dudes en hacer el contacto.

3.11.8. Paso de acción: Escribe uno o dos párrafos en los que expliques qué haces y a quién le sirves. Envíalo por correo electrónico a los clientes, amigos indicados, familiares o asociados que te hayan pedido información acerca de tu actividad para referirte a otros contactos. Complétalo con una nota personal de agradecimiento.

Paso 8: Recuerda hacer seguimiento a tus referentes y referidos

Contacta nuevos referidos y preséntales tus servicios – de una forma significativa, acertada y útil. Aquí es donde tu "oferta irresistible" te funciona maravillosamente porque te da una forma fácil de comenzar una conversación con el cliente potencial, para extenderle una invitación de bajo riesgo y posibilidad de resistencia, que sea atrayente y convincente. Todo lo que tienes que hacer es una invitación generosa y así comenzarás tu ciclo de ventas fácilmente.

Cuando inicies una conversación con un cliente potencial, debes tener en cuenta lo siguiente:

- Organiza reuniones o demostraciones en privado para eliminar los temores o la timidez de tu cliente potencial frente a la posibilidad de ensayar nuevos productos.
- Averigua si tu prospecto ha tenido alguna mala experiencia con respecto a la clase de servicios o productos que ofreces. Y lo más importante aún, averigua lo que tu cliente potencial espera conseguir.
- Infórmale sobre tu sistema, tu forma de trabajar y los beneficios que va a experimentar.
- Incluye también los detalles administrativos, lo que debe tener a la mano en algún caso; ayúdale a sentirse tan cómodo y preparado como te sea posible.

- Anexa artículos escritos por terceros junto con hechos que sustenten el análisis que haces al describir los beneficios que ofreces.
- Invita a tu cliente a trabajar contigo y no te olvides del sistema súper simple de ventas. Ofrece fechas y horas que vayan con el horario de tu prospecto.

Practica tu presentación de referidos

- Habla con entusiasmo y muestra tu interés acerca de lo que ofreces.
- Sonríe.
- Establece contacto visual.
- Actúa confiadamente.
- Abre tu corazón.
- Aprovecha la oportunidad para escuchar cuando tu cliente potencial comience a hablar.

3.11.9. Paso de acción: Comprométete a pedir referidos durante 5 días seguidos.

¿Estás tan animado como yo con las docenas de clientes potenciales que vas a conocer? Solo piensa en todas esas personas que han estado buscando y esperando para conocer un experto como tú. Espero que sirvas a tus clientes potenciales y a sus comunidades, comenzando a pedir y buscar referidos, para que una vez que empieces a trabajar con tus clientes potenciales a un nivel más profundo, te vean más allá del título que sustentas, como a una persona que les ha agregado un valor, una nueva dimensión y mayor nivel de respeto.

Esta conexión significativa es la clave para alcanzar un mayor nivel de prosperidad y satisfacción personal.

¿Quién quiere lo que tú quieres?

De la misma forma en que muchos de tus clientes van a referirte a bastantes personas sin que tengas que preguntar, otros no lo harán. Como lo mencioné anteriormente, no es que ellos no quieran, sino que simplemente están tan ocupados con sus propias vidas, que no se les ha ocurrido hacerlo. Puede que al comienzo te sientas incómodo preguntando a tus clientes por referidos, pero inténtalo y te sorprenderás de lo dispuestos que están a hacerlo tan pronto como les hagas la sugerencia; después de todo, ellos quieren que sus familiares, amigos y socios también experimenten los mismos beneficios de los que están disfrutando contigo. Y además disfrutarán del hecho de ayudarte, ya que cuando alguien tiene un efecto positivo en nuestra vida, aunque sea en algo pequeño, es bueno dar algo en retribución, y los referidos son una gran manera de ayudarte.

Otros profesionales, otras fuentes de referidos

Otros profesionales que ofrecen productos complementarios a los tuyos y que trabajan con tu tipo de mercado, son fuentes ideales de referidos. Cuando tú operas desde el punto de vista de la abundancia y la cooperación - y no desde la escasez y la competencia – se vuelve fácil alcanzar a las personas y establecer relaciones que sean mutuamente benéficas. Entre más gente tú les refieras a tus colegas, más inspirados se sentirán ellos de darte referidos.

Muchos servicios profesionales tienen un grupo formal de referidos, junto con otros 5 o 6 profesionales que sirven al mismo tipo de mercado, y que a la vez ofrecen servicios y productos complementarios. Una buena posibilidad es que te unas a alguna asociación u organización que agrupe profesionales proveedores de servicios en tu área de trabajo porque conoces otros colegas, y a la vez te das a conocer dentro de tu gremio, dando a conocer los mejores aspectos de ti y de tu trabajo.

Piensa en grande

Utiliza tu creatividad. Habla con tu peluquero, con tu barbero, con tu agente de finca raíz, con todos aquellos que tienen contacto con grupos de personas que sean clientes potenciales para ti. No te olvides de alcanzar a aquellos que aparecen en listas más grandes de suscriptores, y que tienen relación con tu tipo de mercado.

¿A qué boletines te has inscrito, que tengan una lista de miles de suscriptores? Infórmales sobre tus servicios, productos y programas, y pregúntales si estarían dispuestos a informarles a sus subscriptores acerca de ti. Pero primero pregúntales qué puedes hacer por ellos – y diles qué hay ahí para ellos.

Programas de cuotas y beneficios para afiliados

Crea unos beneficios para aquellos que te den referidos. Ese beneficio puede ir desde una afiliación formal a alguno de tus programas, hasta cupones de descuentos en tus productos y servicios; también puede ser un detalle diferente, como por ejemplo una canasta de productos alimenticios estilo gurmé.

Algunos profesionales proveedores de servicios se preocupen por perder dinero al invertir en este tipo de cosas, pero los números dicen otra cosa – que haces dinero pagando por referidos. Digamos que cobras $500 dólares por tus servicios mensuales y actualmente tienes 10 clientes, lo cual quiere decir que te están entrando $5.000 dólares mensual. Ahora, supongamos que cada uno de tus 10 clientes te refiere a un nuevo cliente y tú les das el 10%, para un total de $500 dólares en pagos de comisiones. ¿Invertirías $500 dólares para obtener una entrada de $5.000 y una ganancia de $4.500 para un total de $9.500 dólares mensual? Yo lo haría. Y piensa en lo que esto significaría si estuvieras recibiendo $40.000 o $50.000 dólares al mes.

Fortalece las relaciones

Fortalece las relaciones que has desarrollado con aquellos que te dan referidos e interésate por hacerles un seguimiento inmediato. Así no solamente tendrás clientes contentos, sino también satisfechos por tu buen servicio.

CAPÍTULO 12

LA ESTRATEGIA DE LA WEB

> *"La distancia más corta entre dos puntos*
> *está en construcción".*
> — NOELIE ALTITO

Si no estás en línea estas fuera de línea

$\mathcal{V}$oy a retarte a que me muestres un profesional proveedor de servicios exitoso que no tenga una página web. Este es un punto crítico que puede ayudarte a iniciar y continuar conversaciones productivas con clientes potenciales; si no tienes tu página web, te estás perdiendo de la mejor forma de incrementar tu negocio.

En este capítulo voy a presentarte los propósitos y beneficios de tener tu sitio en la web; vamos a revisar distintos aspectos como por ejemplo, cuál es el error más frecuente que la mayoría de la gente comete en el tema de las páginas web, cuál es el contenido de una web - incluyendo los 10 formatos más eficaces para un profesional proveedor de servicios – qué tener en cuenta cuando estás buscando un diseñador de páginas web, cuáles son las 9 estrategias para generar tráfico más importantes y fáciles de entender en una página web; además vamos a revisar los 5 principios esenciales de conversión de los visitantes de las páginas web.

Te prometo que voy a hacerlo tan fácil de entender como un día en la playa – o por lo menos día en la playa con tu computadora portátil. Pero antes que nos adentremos en los aspectos que hacen que estas páginas sean excelentes, consigue un papel y un lápiz para que escribas lo siguiente:

LA EFECTIVIDAD DE MI PAGINA WEB ES DIRECTAMENTE PROPORCIONAL A LO BIEN ORIENTADAS QUE SEAN MIS OFERTAS.

Ahora ubica este aviso en el lugar que lo veas en el momento de diseñar o rediseñar tu pagina web porque esta es la herramienta singularmente más efectiva para atraer y asegurar clientes – si está bien hecha.

Propósitos y beneficios de tener una página web

Existen numerosos propósitos y beneficios de tener una página web y de hacer una presencia fuerte en el mercado a través de esta herramienta, por las siguientes razones:

- **Te posiciona como un experto**: La percepción juega un papel determinante y definitivo en el asunto del mercadeo vía Internet. Si tienes una página web incrementas tu visibilidad, credibilidad y profesionalismo.
- **Construyes la identidad de tu marca**: Tu página web te representa a ti y a tu negocio en el mercado.
- **Alcanzas al mercado global**: Si tienes un producto en tu página web, expandirás tu punto geográfico en el mercado de tu vecindad local al mundo entero.
- **Obtienes una maquina de producción pasiva 24X7**: La web nunca duerme, osea que puedes convertirla en una máquina registradora permanente, y la mayoría de los procesos, si no todos, pueden ser automatizados.
- **Construyes tu base de datos**: La página web puede incrementar inmediatamente la efectividad de tu ciclo de ventas, permitiéndote construir una lista autorizada de clientes que te han dado permiso para hacerles seguimiento. Puedes construir una web con la opción de ingreso, que te permita agregar valor al mismo tiempo que construyes tu base de datos (ofreciendo algún valor a cambio de las direcciones de correo electrónico). Recuerda que el visitante debe ver tus servicios, productos y ofertas, como oportunidades que valgan la pena de invertir, aunque sea una inversión tan pequeña como una dirección de correo electrónico.
- **Te permite filtrar clientes que no tienen el perfil ideal**: Todos tus productos de mercadeo tienen que dirigir al cliente a tu pagina web, que es el lugar que te has esmerado en construir para permitirles familiarizarse contigo, con tus servi-

cios, tus procedimientos y tus precios, antes de decidir contactarte para recibir mayor información, para que entonces puedan determinar si eres lo que ellos están buscando.

- **Permite la oportunidad de expresarte y aprender ampliamente:** Tu página web es un medio fantástico para expresarte ampliamente porque es la extensión de lo que tú eres y de lo que es tu negocio.

El mayor error que la gente comete en la web

Si tu pagina web no convierte un buen porcentaje del tráfico que llega a tu pagina, entonces ésta es inefectiva y hasta inservible. *Convertir* significa que tus visitantes te dan sus direcciones de correo electrónico (generalmente, a cambio de algún regalo), junto con el permiso para que les hagas seguimiento regular. *Tráfico* significa visitantes. Entonces, todo esto quiere decir que tú necesitas convertir todo ese tráfico en clientes potenciales, y posteriormente en clientes regulares.

Una página web que sea muy hermosa pero que no convierta exitosamente el tráfico en clientes potenciales, no tiene razón de ser. Claro que vas a recibir algunas llamadas porque alguien visite tu página y vendas algunos productos, pero el 99% de tus visitantes no te volverá a visitar. No es porque no les gusten tus ofertas, pero la mayoría de la gente está muy ocupada y ni siquiera recuerda cómo llegó a tu web.

Como todo exitoso mercadeista en línea, tienes que enfocarte en lo que se llama una *lista* de clientes potenciales y actuales que esperan ansiosamente por tus productos y ofertas. Recuerda la importancia de estar construyendo credibilidad permanentemente. Si tu objetivo primordial es ofrecer un valor agregado extraordinario por una dirección de correo electrónico y el permiso para hacer seguimiento, entonces puedes hacer propuestas económicas proporcionales más adelante, cuando hayas construido tu credibilidad más sólidamente.

Contenido y estructura

El contenido y la estructura de tu web incluyen: la información que necesitas para convertir el tráfico, y la forma en que la organizas para una navegación fácil. De la misma forma en que puedes utilizar la información de un contenido dentro de diferentes formatos, también puedes elegir diferentes formatos para diseñar el contenido de tu página web.

A medida que construyas su contenido y estructura, tu enfoque debe estar dirigido hacia tu tipo de mercado; esto es algo especialmente difícil cuando estás trabajando con un diseñador que desconoce tu audiencia, pero aunque a él no le interesara quién es tu tipo de mercado, a ti si te debe importar.

El contenido y la estructura de tu sitio, son los elementos clave que determinan si tu web es o no efectiva. El contenido debe ser relevante para el público y la distribución de la página debe hacer obvio al visitante a dónde puede entrar y lo que debe hacer.

Los visitantes a tu página necesitan información y recursos que los ayuden en sus trabajos y en sus vidas. Si no pueden encontrar lo que necesitan, se frustrarán con tu página y contigo y el resultado es una conexión perdida. Esfuérzate para que tu página sea fácil de navegar y establecerás excelente comunicación con tus visitantes porque les harás sentir que ya los conoces y los entiendes.

3.12.1. EJERCICIO ESCRITO: ¿Cuál es el objetivo primordial de tu página web?

Aspectos básicos de una página web

Vamos a enfocarnos en el formato de la página inicial de tu página, porque es el aspecto más importante. Los estudios de la industria afirman que solo tienes 3 segundos para crear una conexión con tus visitantes nuevos, o de lo contrario los pierdes. Asegúrate que la página inicial incluya los siguientes aspectos fundamentales:

- **Elige un nombre para tu página web, que sea fácil de recordar y que esté enfocado en el visitante:** ¿Sabías que puedes tener más de un nombre de dominio para dirigir tus clientes potenciales a una sola página? Te invito a que tengas por lo menos 2 nombres de dominio – que uno sea tu nombre porque es la estrategia que la mayoría de tus clientes usarán si no tienen el nombre de tu pagina a la mano, como www.michael-port.com - y que el otro nombre se refiera al tipo de mercado al que sirves, como por ejemplo: www.SmallBusinessExcelence.com. Los dos nombres dirigen hacia la misma página web.

* **Dirígela a a tu tipo de mercado:** Tu página debe hablar a las necesidades y deseos del público perteneciente a tu tipo de mercado. Aquí es donde tú ofreces soluciones y describes los beneficios de tus soluciones.

* **Invita a actuar:** Debes incluir una invitación obvia y sencilla para que tu cliente actúe consecuentemente con respecto a tus ofertas, productos y servicios.

10 Formatos de página inicial efectivos para los profesionales proveedores de servicios

Folletos

Un folleto generalmente contiene 5 páginas y es el equivalente en la web a un folleto escrito. Es el formato más común para un profesional de servicios. Generalmente, incluye información sobre ti y sobre tu negocio, tus servicios, junto con algunos recursos para principiantes. El riesgo que corres al utilizar este formato es que parece centrarse más en ti que en la gente a la cual sirves; si no eres creativo, tu página web no va a ser nada diferente a la de los demás profesionales.

Una forma de incrementar la creatividad de una web con este tipo de formato, es combinarlo con otro de los formatos para páginas iniciales que yo sugiero mas adelante.

El ritmo de conversión (el porcentaje de visitantes que optan por ingresar en tu web y/o compran un servicio o producto), posiblemente es mayor con los formatos que sugiero a continuación.

El convertidor de correos electrónicos

Este formato es conocido como lo máximo en páginas de inicio. Solo hay una cosa por hacer en una página de convertidor de correos – ingresar tu correo electrónico a cambio de un regalo, como un reporte especial, un mini curso, un cupón, o el acceso a tu *"oferta irresistible"*. Debes tener una oferta tan interesante que convenza a tus visitantes de engancharse porque solo tienes una oportunidad para conseguir esa dirección de correo tan importante.

El formato convertidor de correos electrónicos, combina fácilmente con cualquier otro de los formatos. Además necesitas una herramienta para capturar las direcciones de correo y enviar una confirmación automática y el seguimiento a tu nuevo cliente potencial o actual.

La carta de ventas en una página

Este tipo de formato se utiliza específicamente para incentivar la compra de algún programa, producto o servicio. Tú debes haberte encontrado con algunas de estas cartas. Recuerda que todas las estrategias de mercadeo deben estar dirigidas a tu tipo de mercado. La razón por la cual muchos profesionales que utilizan Internet para mercadear sus productos, utilizan este tipo de formato en forma larga, se debe a que cuando está herramienta está diseñada apropiadamente, es un extraordinario formato para generar ventas porque está diseñado para provocar una respuesta directa del lector. Este tipo de formato funciona bien porque no es necesaria la lectura completa de la carta, sino que se puede escanear mediante la lectura de los titulares generalmente coloridos, algunas palabras clave escritas en negrilla y textos resaltados, como para dar algunos ejemplos. El punto central aquí es: "conocer tu tipo de mercado". Recuerda que necesitarás una herramienta que te habilite para vender tus productos en línea: llenar las órdenes de compra, tomar la información de las tarjetas de crédito, y enviar una confirmación automática al cliente.

El menú de servicios

Este es un formato de página inicial que ofrece una lista de opciones en los cuales provees tus servicios. Tus visitantes optarán por una elección basados en sus necesidades, y después automáticamente son guiados hacia mensajes más específicos que aparecen en otras páginas. Luego pueden iniciar conversaciones virtuales a través de espacios más concretos para recibir ayuda en alguna situación en particular. Esta herramienta te permite prestar un servicio personalizado y tiene el nivel de interacción del cual carecen los otros formatos.

Pero cuidado: Este formato puede ponerte en riesgo porque parece hacer muchas cosas diferentes, a servir como experto en un área singular. Además, es una línea menos directa para entrar, que comienza una conversación porque tus clientes requieren de ir a elegir otra página primero.

La asignación

Ofrecer una asignación que responde directamente a las necesidades y los deseos de los visitantes de tu página web, (tu tipo de mercado) es una forma magnífica de crear una conexión inmediata y ayudar a tus clientes potenciales a calcular qué tanto ellos realmente necesitan tus servicios. Las asignaciones pueden presentarse en diferentes formatos: evaluaciones, reportes, portafolio personal; son efectivas porque son interactivas, enganchan al visitante e invitan a tomar acción. Para recibir acciones para presentar la asignación, los visitantes necesitan entrar a su correo electrónico; todo el proceso puede ser automatizado, y puedes crear nuevas asignaciones o evaluaciones para mantenerlas disponibles en tu pagina web para todos tus visitantes.

El testimonio

Una de las formas ms efectivas de crear conciencia por el valor de los servicios que ofreces, es que otras personan hablen acerca de ti y de lo que haces. El formato de página de entrada con testimonios está diseñado con el fin en la mente. Reúnes toda la información que has recibido y la pones en tu página. Los testimonios hablan sobre los resultados que tus clientes han obtenido al trabajar con tus programas y productos.

Los visitantes de tu página quieren escuchar lo que tienes para decir y estarán más influenciados por la admiración de otras personas hacia tus beneficios. De hecho, los testimonios en audio y video son más convincentes que los escritos.

Si estás interesado en conectar audio y video, puedes llamar a compañías especializadas en recolectar los testimonios de tus clientes a través de una línea gratuita.

El portal

Típicamente, un portal ofrece un catálogo de páginas web, una maquina que busca - la cual se conoce como "buscador"- grandes cantidades de información sobre temas importantes, o ejecuta todo lo anterior.

No es muy usado por el profesional de servicios, pero puede ser una buena opción en caso que tengas muchos productos, servicios y programas que son distintos entre sí o que sirven a distintos tipos de mercados. Este formato te permite presentar tus ofertas múltiples para que los visitantes puedan elegir en qué clase de producto o servicio requieren mayor información basados en sus necesidades. Sin embargo, debes asegurarte de no crear una página inicial con demasiadas opciones que confundan potencialmente a tus visitantes.

Yo utilizo esta clase de formato para mi página web y desde allí mis visitantes pueden acceder a todas mis páginas.

El generador de contenido

Es un formato para captar un correo electrónico, para comenzar a identificar exactamente lo que tu tipo de mercado necesita y desea, para generar contenido sobre tu producto o servicio, o para averiguar lo que la gente quiere en un seminario o en cualquier otra clase de eventos que quieras ofrecer. Es altamente interactivo y promueve las conversaciones. A través de un generador de contenido puedes dar una respuesta personalizada, dándole al visitante la posibilidad de hacer preguntas y dar opiniones, que posteriormente puedes recopilar y utilizar para hacer mercadeo, mientras que al mismo tiempo ayuda a comenzar una conversación.

La pagina de entretenimiento virtual

Las páginas de entretenimiento virtual son basadas en el enfoque de mercadeo por comentarios – haciendo que otros desplieguen tus mensajes. Este formato ofrece una especie de información que es emocional, jocosa o que sorprende a la gente. Es una forma positiva de conectarte con gente que no te conoce.

El blog

Esta es la forma en que Andy Wibbels, autor de *"¡Blogwild!"* describe lo que es un blog:

> "Un *'blog',* versión corta de *"weblog"* – se describe generalmente como un diario puesto en la web. Las entradas más recientes (llamadas

portales) aparecen en las páginas de inicio del blog con enlaces para entrar a archivos más antiguos. Los archivos están organizados por fechas y frecuentemente son seleccionados en temas. Muchas veces cada portal tiene un espacio para que al final cada visitante agregue sus comentarios o reacciones acerca del blog.

El verdadero encanto del blog consiste en la forma en que está escrito; tú puedes actualizar el tuyo instantáneamente desde cualquier conexión de Internet en cualquier computador de cualquier parte del mundo de una manera muy fácil; si donde te encuentras puedes enviar un correo electrónico, entonces puedes publicar un blog.

El mayor inconveniente de este formato es que solo funciona si los actualizas con regularidad; si no lo cambias frecuentemente, es peor que tener una página web estática.

¿Cuál formato funciona para ti?

3.12.2. EJERCICIO ESCRITO: Entra en Internet y busca varias páginas que te gusten y varias que no te gusten. Luego describe los formatos que usan, las propiedades que tienen y las razones por las cuales te agradan o no. Estas pueden servirte como buenos ejemplos de lo que quieres y no quieres, para que le muestres a tu diseñador. Si es posible, para este ejercicio elige páginas en las cuales se ofrezcan los servicios de tu tipo de mercado y observa lo que ellas presentan y cómo lo presentan. Así tendrás idea del tipo de web que ya existen y puede ayudarte a pensar en nuevas opciones para la de tu negocio.

¿Qué debes buscar en un diseñador de página web?

Cuando comencé mi negocio independiente, invertí por encima de $6.000 dólares en páginas web con mucha animación que nunca utilicé – o debería decir que la utilicé por 5 meses porque después fue en vano – Mi página con seguridad era muy divertida pero no era efectiva; aprendí rápidamente a identificar un buen diseñador que sea eficiente en los 3 aspectos más importantes de una web: diseño, mercadeo y programación. Te invito a que los tengas en cuenta.

9 Estrategias de tráfico dentro de la página web

Si estás planeando tener éxito en el uso de tu página web como una estrategia para conseguir clientes, necesitas aprender a crear un flujo permanente de tráfico en ella. Eso se conoce como *"generar tráfico"*. Estas son las 9 técnicas más importantes y fáciles para generar más tráfico:

Conéctate a un buscador y optimiza tu web

Se trata de lograr que las maquinas de búsqueda - o buscadores - localicen tu web y que idealmente, te den una buena localización. Así cuando alguien esté buscando lo que tienes para ofrecer, tu página pueda aparecer preferiblemente en una óptima posición dentro del listado de opciones halladas.

Para enlistarte en la mayoría de estos buscadores, ellos deben saber que existes; entonces lo primero que debes hacer es inscribir tu página web en cada una de esos buscadores, muchos de los cuales cobran una tarifa por la subscripción, lo cual no implica que quedes en un buen rango; solo significa que rastrearán tu web más rápido de lo que lo harían si no te hubieras inscrito.

Una vez que hayas llenado tu solicitud para ser incluido en la mayoría de buscadores, asegúrate que tu web sea optimizada con la mejor clave – es decir frases o palabras que tu tipo de mercado ingresa en el buscador para localizar lo que tú provees. Como cada buscador tiene criterios diferentes para localizar las páginas web y ninguno de ellos quiere que sepas cuáles son esos criterios, la mejor estrategia para optimizar la localización de tu página, es construyendo páginas ricas en contenidos y atractivas para tus visitantes, que contengan las mismas frases o palabras que los visitantes utilizan para obtener lo que buscan y tú estás ofreciendo.

¿Cómo decides cuáles frases y palabras te pueden ayudar a conseguir más tráfico? Te enfocas en las necesidades urgentes y en los deseos profundos de tu tipo de mercado. ¿Qué palabra o frase ingresaría un cliente potencial para encontrar lo que está buscando?

Puede no ser como estás pensando, por eso las frases que tienen contenido emocional son beneficiosas porque tienen:

- El mayor número de visitantes.
- Menor competencia.
- Visitantes que están listos y dispuestos a invertir en sus necesidades y deseos.

De hecho, existen herramientas que te dicen exactamente cuántos visitantes han ingresado con las palabras o frases que seleccionaste. Google ofrece una búsqueda de clave gratuita y algunos otros servidores te ayudan a investigar las claves que más te convienen, mediante un inventario de claves más utilizadas; con base en esos datos te hacen sugerencias.

Cuando encuentres las mejores frases y palabras clave, optimiza tu página utilizándolas dentro de su contenido, entendiendo que estas claves son esenciales en el éxito de tu mercadeo vía Internet.

3.12.3. EJERCICIO ESCRITO: Identifica las 5 mejores claves para identificar tus servicios en tu pagina web.

3.12.4. Paso de acción: Ahora que tienes tus claves, ejecuta los siguientes pasos de acción para optimizar y comienza a optimizar tu pagina web, o mejor aún, contrata a alguien para que te lo haga:

- Crea un título atractivo en cada una de las páginas de tu web, que contenga las palabras o frases clave – el título debe describir los beneficios que provees.
- Asegúrate que el diseñador esté utilizando las tarjetas <h1> y <h2> en tus páginas, e incluyendo tus claves en ellas. Los buscadores consideran estas tarjetas para introducir las descripciones y contenidos de lo que hay en la web.
- Escribe las claves en el texto que está ligado a otras páginas de tu web.
- Usa las claves en tu página – es conveniente que en algunas partes las resaltes pero sin extralimitarte.
- Incluye tus claves en el inicio y final de tus páginas, pero de nuevo, no exageres.

Estas son algunas de las cosas que NO debes hacer, sin importar lo que te digan:

- Ni siquiera trates de hacer trucos al buscador porque conseguirás aparecer en la lista negra de los buscadores si lo intentas. A nadie - ni siquiera a un buscador – (especialmente a un buscador) le gusta la trampa.
- No trates de ocultar o de atiborrar tu página con tus claves, repitiéndolas una y otra vez.
- No utilices marcos ni mucha animación con destellos porque eso tampoco le agrada a los buscadores.

Recuerda: Los buscadores tienen un trabajo que hacer con sus clientes para darles resultados de alto contenido y necesitan hacer su trabajo lo más fácilmente posible.

Aumenta la popularidad de tu enlace

Aumentar la popularidad de tu enlace (el número de entradas o visitas a tu página web) y tener enlaces de calidad (enlaces con páginas que tienen buen rango y sirven al mismo tipo de mercado que el tuyo, o que ofrecen un contenido relacionado con el tuyo) te ayudará de las siguientes maneras:

- Mejora el rango de tu buscador.
- Facilita que los visitantes encuentren tu página web.

Por favor, no intentes hacer cosas indebidas para intercambiar el software o los programas. Si quieres mejorar la popularidad de tu enlace, debes hacerlo legítimamente.

Es importante que sepas que necesitas crear relaciones con otras páginas que ya tienen buen tráfico y popularidad. Si intercambias enlaces con 5 amigos – que acaban de construir sus páginas – es una buena forma de intercambio, pero no te va a servir de mucho para aumentar el rango de popularidad y probablemente no te va a traer mucho tráfico a tu web. Si no conoces mucha gente que tenga muy buen tráfico en sus páginas, esto es lo que puedes hacer:

- Elabora una lista de profesionales que trabajen en tu mismo tipo de mercado y ya hayan creado demanda por sus servicios y productos.
- Entra en www.yahoo.com e ingresa este texto: linkdomain:URL.com
- Oprime el botón de búsqueda y obtendrás un listado de todas las páginas en Yahoo que están conectadas al enlace al que ingresaste. Luego puedes a ingresar esas páginas, hacer con-

tactos y amigos, para posteriormente agregar valor a sus vidas y trabajo, y para ofrecer el intercambio de enlaces con ellos.

3.12.5. EJERCICIO ESCRITO: Identifica 5 páginas web que tengan buen rango en Google y que sirvan al mismo tipo de mercado que tú. Para ver el rango de la página, necesitas bajar e instalar un programa de www.google.com y cuando llegues a la página de inicio, oprime el enlace que dice "more".

3.12.6. *Paso de acción:* Ahora puedes buscar y hacer enlaces con los dueños de las diferentes páginas, ofrecer tus servicios y productos, intercambiar enlaces, asegurándote de hacer enlace con ellos tu primero, para que vean que estás intentando servirles.

Utiliza tu firma de correo electrónico

Uno de los métodos más utilizados para promover tus servicios es a través del folder de la firma de correo electrónico. Se le llama así a la información que se escribe al finalizar tu correo electrónico. Es una forma simple y directa de decirle a la gente sobre lo que ofreces y para animarlos a inscribirse en tu folleto informativo o cualquier otra oferta que quieras.

Puedes pensar en hacer una pregunta como tu firma de correo electrónico e incluir el enlace a tu página web, donde la respuesta a tu pregunta estará esperando. Éste es un ejemplo:

¿Estás cansado de trabajar y no ver los resultados?
Entonces conéctate con www.trabajomucho.com

Además puedes incluir una dirección de correo electrónico con auto-respuesta, la cual enviará automáticamente un artículo o reporte especial que le de respuestas a esa pregunta. Cuando envías el artículo o reporte especial que prometiste, puedes preguntarle a quien lo recibió si quisiera inscribirse a tu boletín informativo para obtener mayores consejos e información al respecto.

Por ejemplo:

"¿Quieres conseguir nuevos clientes? Envía un correo a newsletteboo.
com para una subscripción gratis a mi boletín mensual sobre cómo
conseguir nuevos clientes rápida y fácilmente".

3.12.7. *Paso de acción:* Diseña una firma de correo electrónico convincente y comienza a usarla inmediatamente.

Promueve tu página web usando directorios de artículos

Uno de los mejores métodos para construir tu credibilidad y atraer tráfico a tu página web es escribiendo artículos informativos sobre temas relacionados con tu tipo de mercado y remitiéndolos a las otras páginas y directorios de artículos gratuitamente.

¿Por qué funciona? Los visitantes de páginas al igual que los buscadores, absorben información y saben que la gente reconoce las páginas como un excelente recurso informativo, siempre que se mantengan actualizadas y adecuadas con información. Si los dueños de las páginas proveen información de calidad que no se encuentra en ninguna otra parte, la gente regresará a esas páginas a adquirirla.

Si tú tienes este tipo de contenido, lograrás destacar tu nombre y ser reconocido como autoridad. Tan pronto como la información escrita supla las necesidades del tipo de mercado por su relevancia, muchos editores estarán felices de aceptar tus artículos y colocarlos en las páginas web.

Te estarás preguntando: ¿Cómo agrega eso tráfico a mi página? Me alegra la pregunta. Incluyendo una breve reseña con tus datos y el enlace de tu página web al final del artículo, necesaria y obviamente incrementas el tráfico. Si los lectores ya han sido informados sobre tu experiencia y confiabilidad, van a estar interesados en conocer más sobre tu valioso trabajo y servicios.

Lo maravilloso de escribir artículos y compartirlos a través de la web es que no existe resistencia en contra. Publicar tus artículos en estas páginas y directorios de artículos da a conocer tu nombre y tu web frente a un número desconocido de visitantes. Adicionalmente, tu nombre aparece en los resultados de búsquedas hechas en Google, MSN y Yahoo.

En el capítulo 14 continuaremos discutiendo acerca de las formas en que puedes promover tu sitio web y tu nombre, escribiendo artículos.

Participa en foros de discusión y grupos de correo

Foro de discusión es el término general para un boletín informativo en línea en el cual escribes mensajes con preguntas o comentarios y esperas a que otros participantes los contesten. Un grupo de correo es similar solo que toda la comunicación se hace a través de correos electrónicos en lugar de hacerlo por conexión en línea.

3.12.8. Paso de acción: Encuentra los grupos de discusión más activos, tanto en línea como por correo electrónico, que estén relacionados con tu tipo de mercado y con temas sobre los cuales tengas mucho conocimiento. Como miembro del grupo, puedes hacer actualizaciones inteligentes que le den valor al tema en discusión, puedes contestar las preguntas de otros miembros, sugerir fuentes valiosas de información, o simplemente dar tu opinión en aspectos relacionados con tu industria. Y nunca se sabe – se pueden aprender muchas cosas leyendo sobre lo que otros tienen para decir.

Para encontrar foros de discusión y grupos de correo puedes entrar a www.googlecom/groups y http//.groups.yahoo.com.

Cross-Promoción a través de socios de mercadeo

Esta es una de mis estrategias de mercadeo en línea favoritas, porque me permite asociarme con otros y promover gente fabulosa, y que a la vez ellos hagan lo mismo conmigo. Ya hemos mencionado lo importante que es hacer que otras personas comenten acerca de tus servicios, para construir credibilidad con rapidez y facilitar la entrada de nuevos clientes potenciales. Bueno, la Cross-promoción a través de socios de mercadeo es la mejor forma de hacerlo.

Si uno de mis colegas envía un correo electrónico a sus suscriptores presentándoles mis servicios, productos y programas, ellos posiblemente van a confiar más rápidamente en mí. Si yo envío un correo sobre este colega haciendo lo mismo, también va a funcionar para él. Esta estrategia se usa muchísimo para construir relaciones con clientes potenciales. Es algo así como presentarle un gran amigo mío a un gran amigo tuyo. Tú aprecias a tu amigo y si ese amigo aprecia a tu amigo, tú asumes que ese amigo es un gran tipo. Lo mismo ocurre con el mercadeo a través de la Cross-promoción en línea (y fuera de línea).

Puedes utilizar la Cross-promoción en muchos niveles: entre tú y otros profesionales de servicios que sirven al mismo tipo de mercado o con asociaciones y organizaciones más grandes. Si tu eres un contador que sirves a varios dueños de negocios pequeños y desarrollas una relación con un miembro directivo de una asociación de negocios pequeños en línea, la cual tiene 75.000 miembros y les ofrece beneficios, piensa en la cantidad de suscriptores a tu boletín informativo que podrías tener; piensa en la cantidad de nuevos clientes potenciales que podrían a su vez convertirse en clientes regulares. Las posibilidades son ilimitadas y esa es la razón por la cual esta es mi estrategia favorita de mercadeo en línea. Estas son otras estrategias para tener en cuenta:

- Co-produce ofertas especiales que tú solo no puedes promover.
- Organiza un concurso con premios donados por tus socios. La próxima vez ellos pueden organizar un concurso y hacen el cambio en el cual, esta vez tú contribuyes con tus productos.
- Obsequia a tu cliente un producto o servicio de un socio participante, cuando tu cliente haya comprado un producto de todos los socios participantes en un listado de premios.

La Cross-promoción tiene la capacidad de recompensar a los participantes porque pueden expandirse exitosamente a través de las bases de datos de todos y cada uno de ellos. Tanto tú como tus socios de mercadeo pueden obtener un mayor acceso confiable y económico a muchos clientes potenciales, que con el método tradicional del llanero solitario para hacer mercadeo, conexiones y relaciones públicas.

3.12.9. EJERCICIO ESCRITO: Identifica quién sería un buen socio e invítalo a trabajar para que puedan diseñar una estrategia de Cross promoción.

3.12.10. Paso de acción: Busca, conéctate y trabaja con la persona que escribiste en el ejercicio anterior.

Utiliza el formato para "enviar a un amigo"

Es bueno decir que un porcentaje significativo de tus clientes vendrán por referidos. Si tus clientes furibundos les están contando a sus amigos sobre tu negocio y tus productos, y lo están haciendo fuera de línea, ¿no crees que también querrían contar sobre ti en línea? Bueno, pues pueden hacerlo a través de un formato que aparece en tu página web que se utiliza para "enviar a un amigo". Imagínate que a un visitante a tu pagina le guste lo que ve y tiene un amigo que puede beneficiarse de tus servicios; con oprimir la opción "enviar a un amigo", él puede referir tu sitio a esta persona interesada.

Necesitas una herramienta que pueda generarte este formato. También puedes personalizarlo para que envíe un correo electrónico automático promoviendo tu página web. Es una estrategia increíblemente efectiva y sencilla. De nuevo, estás conduciendo a otros a hablar de tu negocio y a ayudarte a construir credibilidad. Si eres aventurero y te gustaría instalar tu propio formato para "enviar a un amigo", puedes navegar y buscarlo en Internet.

3.12.11. Paso de acción: Diseña o contrata un diseñador que te elabore un formato "enviar a un amigo" para que empieces a usarlo.

Aprovecha la página de agradecimientos

Una de las páginas más subutilizadas en los sitios web es la página para dar las gracias, que es aquella que obtienes después que te inscribes para recibir un boletín informativo, un reporte especial, un examen en línea, o para ordenar un producto. Usualmente esa página es para decir "gracias", con un texto que dice algo como: "Realmente apreciamos tu negocio" o algo parecido.

Tú puedes tomar ventaja de esta excelente oportunidad ofreciendo una información muy útil, que puede ser otra oferta con el formato para "enviar a un amigo". Piénsalo, si alguien acaba de firmar para inscribirse y ordenar un producto, indica que le agradas y piensa que tienes más para ofrecer. ¿No crees que a este punto, este cliente potencial también estaría inclinado a enviar esta información a un amigo? Te apuesto que sí.

3.12.12. Paso de acción: Efectúa los cambios necesarios en tu página de agradecimientos para que puedas aprovecharla al máximo.

Benefíciate de las propagandas con el rótulo "Pague por oprimir"

Significa que pagas una tarifa por cada persona que oprima en el aviso. Puede sorprenderte porque esta es la primera vez que menciono la posibilidad de invertir dinero en propaganda. Hasta el momento ninguna otra de las 8 estrategias mencionadas tienen costo y tú no deberías estar invirtiendo dinero para generar tráfico a tu sitio web. Si estás usando cualquiera de las otras formas de mercadear mencionadas anteriormente con el uso de tu sitio web, no has tenido que disponer de dinero; pero si vas a usar este método, debes pensar en una pequeña inversión con la posibilidad potencial de una gran retribución.

Las propagandas con el rótulo "Pague por oprimir" te permiten conectarte con clientes potenciales que están buscando productos como los tuyos. Para esto debes crear una propaganda escogiendo palabras y frases clave, que al ser ingresadas en el buscador, aparezca tu rotulo de "Pague por oprimir", junto con los demás resultados de la búsqueda. Tú solo pagas cuando alguien entra a tu página a través del rótulo "Pague por oprimir".

Este tipo de propagandas es bueno para generar tráfico y para identificar cuáles palabras y frases clave generan mucho tráfico, para conocer cuál es el porcentaje de clientes potenciales y regulares. Cuando te inscribes a Google para obtener propagandas clave (www.google.com/ads) y en Yahoo (searchmarketing.yahoo.com), recibes un código para ponerlo en tu página web y llevar la estadística de esos datos.

La posición de tu propaganda (más alta o más baja) está determinada por la cantidad de dinero que estés dispuesto a invertir. Realmente necesitas aparecer en la primera página de búsqueda para que tus propagandas generen un tráfico significante. Puedes modificar la posición de tu propaganda, modificando tu presupuesto. Algo muy positivo acerca de aparecer en las 3 primeras posiciones en Google y Yahoo, es que eres seleccionado para aparecer en todas las páginas y buscadores de Internet.

Cuidado: Asegúrate que estás convirtiendo el tráfico por el cual estás pagando. Recuerda que la página web no es efectiva si no garantizas el correo electrónico de tus visitantes ni consigues su permiso para hacerles seguimiento. Nada es peor que pagar por tráfico en tu web y no convertir a ninguno de ellos. Eso es cómo manejar una camioneta cargada de dinero en efectivo e irlo botándolo por las ventanas mientras manejas sin rumbo por la ciudad. Sin embargo, si conviertes un buen porcentaje de ese tráfico en clientes potenciales, y un porcentaje de ellos se convierte en clientes, entonces estarás invirtiendo sabiamente. De hecho, si haces la cuenta, puedes ver cómo va el retorno de tu inversión.

3.12.13. Paso de acción: Entra a www.google.com/ads y abre una cuenta. Luego creas una prueba de una propaganda para uno de tus productos o servicios. Asegúrate que vaya de acuerdo con tu presupuesto procurando que sea una inversión pequeña, para que puedas aprender cómo sacar ganancia de este tipo de propaganda en línea, antes que decidas embarcarte en una inversión mayor. Google tiene unas grandes tutorías y unas páginas de ayuda que pueden contestar tus preguntas. Rastrea tus conversiones para que sepas si estás recibiendo ganancia por tu inversión.

---

5 Principios esenciales para la conversión de un visitante

Tú quieres atraer visitantes a tu página web y convertirlos en amigos, luego en clientes potenciales, y finalmente en clientes regulares. Puedes generar todo el tráfico que quieras, pero si ese tráfico no ingresa y pide más información, es inútil.

Existen 5 principios esenciales para la conversión de un visitante. Estúdialos, impleméntalos, y benefíciate de ellos, pero nunca los abuses.

+ Incentivo
+ Consumo
+ Dotación
+ Mejoramiento
+ Abandono

Incentivo

Tu página web es como tu casa. ¿Qué es lo primero que haces cuando alguien viene a visitarte? Le ofreces algo de tomar y de comer. Preguntas: "¿Tienes hambre? ¿Puedo ofrecerte algo de comer? ¿Te gustaría un vaso con agua o un té?" Si conoces bien a tus visitantes, puedes ofrecerles su platillo y bebida favoritos. De hecho, cuando la familia y amigos favoritos vienen a visitar, haces un viaje extra al supermercado para comprar lo que ya sabes que les gusta.

Ese es el principio de incentivo. Tú ofreces algo de valor a tus visitantes tan pronto como ellos ingresan a tu sitio web en intercambio por sus direcciones de correo y permiso para seguir haciendo contacto. Ellos te lo dan porque están interesados en tu incentivo y creen que les enviarás cosas todavía mejores durante los días y meses siguientes.

Tienes que tener cuidado de no esconder tus ofertas de incentivo en los rincones de tu sitio web. Cuando tienes una fiesta, ¿escondes la comida alrededor de la casa en lugares extraños o la ubicas fuera del alcance de tus invitados? Claro que no. Tú colocas todas las delicias y platillos provocativos donde todo mundo pueda verlos y comérselos. ¿Has visto que los invitados se van para la cocina más y más hambrientos? Siempre estamos buscando lo que queremos y necesitamos y por eso tu sitio web debe suplir las necesidades y deseos de tus visitantes. Entonces por favor ubica tu formato de ingreso en el lugar más obvio posible. Te sugiero que lo ubiques en tu página de inicio, en el lugar que sea más visible sin necesidad de desplazarte hacia abajo.

A manera de experimento, recientemente seleccioné las páginas web de 50 profesionales proveedores de servicios indiscriminadamente, ¿y adivina qué? Solo 7 de ellas tenían un lugar destacado para el formato de ingreso con algún ofrecimiento inmediato e interesante para su tipo de mercado. Las otras 43 páginas no tenían, ya fuera el formato de ingreso o un lugar visible donde se destacara dicho formato. Espero que después de publicar este libro pueda hacer otro informe y encuentre resultados que sean muy distintos.

3.12.14 Paso de acción: Si todavía no tienes alguna clase de incentivo que ofrecerle a tus visitantes, debes crear uno utilizando la información del capítulo 7. Después asegúrate que tienes el lugar de ingreso en la parte más visible de tu página de inicio.

Consumo

El principio de consumo le sigue al principio de incentivo. Es algo que aprendí de un reconocido experto en el campo del mercadeo en línea llamado Alex Mandossian.

Cuando tus visitantes han sido incentivados y han accedido a darte la dirección de correo electrónico y el permiso para hacer seguimiento en intercambio por un mini curso, un reporte especial, un artículo, una grabación de audio, un cupón o cualquier otra oferta, debes hacerles seguimiento para ayudarles a consumir la información valiosa o la experiencia que acaban de recibir. Mucha gente no aprovecha todas las oportunidades que se les presentan. Probablemente sería imposible. Un número todavía menor de gente le hace seguimiento a todas las oportunidades disponibles a través de Internet y del correo electrónico, ni siquiera de las oportunidades que han solicitado. Cuando alguien ingresa para recibir tu oferta gratuita, puede que no llegue a consumirla – usarla realmente, aprender de ella, y beneficiarse de ella. Es tu responsabilidad ayudarle haciéndole seguimiento a través de correo electrónico.

¿Te suena como si fuera mucho trabajo? Oh no mi querido amigo, no lo es. Puedes utilizar el sistema de contestador automático por correo electrónico, preparando una serie de mensajes que sean enviados automáticamente a los nuevos contactos, con la frecuencia que desees. Puede ser un mensaje diario, semanal, o mensual, durante un año, dependiendo de ti. Tus mensajes llegarán al destinatario y comenzarán a ofrecer tus servicios y productos, o cualquier otro recurso útil.

El principio de consumo debe seguir al principio de incentivo. Es como si tu le preguntas a tu invitado, al cual le ofreciste comida y bebida: "¿Cómo está el té? ¿Está bien frio? ¿Quieres más hielo? ¿Si te está ayudando a quitar la sed?" Lo mejor sería que hicieras una sugerencia: "Sabes... si le exprimes el limón ¡te va a saber mucho mejor! Podrías preguntarles a tus nuevos amigos visitantes como van con la información que les diste y ayudarles a consumirla. Si haces eso bien, incrementarás tu simpatía y crearás una conexión significativa y duradera con tus amigos, convirtiéndolos a clientes potenciales y de repente hasta en clientes regulares.

3.12.15. Paso de acción: Si todavía no tienes un sistema de auto-respuesta para ayudar a los clientes potenciales a

consumir sus ofertas, debes crear uno o contratar un diseñador que te instale uno de estos sistemas en tu sitio web.

Dotación

La dotación es uno de mis principios favoritos cuando se trata de
crear una conexión fuerte con el cliente potencial y puede utilizarse
en línea o fuera de ella. La idea es dotar a tus clientes potenciales con
tus servicios calificados.

Durante el capítulo 6, cuando estábamos explicando la importancia de tener siempre ofertas irresistibles, mencioné que muchos
profesionales proveedores de servicios ofrecían consultas gratuitas
complementarias u otros servicios, como una estrategia para ganar
credibilidad con sus clientes potenciales. También mencioné que no
soy muy amigo de hacer eso. No me gusta la idea de estar disponible
para la gente en el momento en que ellos lo dispongan, sin un horario o esquema establecido porque en ocasiones equivale a incumplir
compromisos con verdaderos clientes potenciales o actuales. Además, ¿qué clase de filtro estarías utilizando si solamente te dedicaras
a dar consultoría gratuita a todo el que la requiera? Sería un filtro
roto. En lugar de eso, ¿no sería mejor si hicieras regalos a gente altamente calificada para convertirse en tus clientes?

Cuando los visitantes a uno de mis sitios o páginas web se inscriben a uno de mis mini-cursos por correo electrónico, o para recibir
algún reporte especial o cualquier otro recurso, yo les cumplo mi
ofrecimiento tal como el principio de consumo lo expresa, pero entonces luego hago lo que el principio de dotación también dicta.

Aproximadamente 7 días después que ellos se inscriben, les
envío un formato automático previamente preparado y pre-progra-
mado, en el que les ofrezco una consultoría gratuita conmigo o con
alguno de mis expertos para aconsejarlos sobre la situación de su
negocio que les esté causando mayor tensión, ya sea en el área de
mercadeo o finanzas. Yo le llamo a este regalo "La sesión de entrenamiento laser" y son solo 20 minutos, es hecha por teléfono, y es
programada por el visitante.

¿Te suena a demasiado trabajo? ¡Para nada! Para esto he desarrollado un programa en el cual los clientes potenciales pueden hacer
sus citas en el horario más conveniente para ellos, pero dentro de
mis espacios libres.

Sin embargo, existen algunas reglas. La primera, para poder aspirar al mini-entrenamiento, deben desarrollar todos los ejercicios propuestos durante el mini-curso. Yo soy el entrenador y por lo tanto quiero estar seguro que mi equipo y yo estemos trabajando con gente seria al respecto de su negocio. Eso descalifica una enorme cantidad de inscritos. La segunda, yo hago notar muy cordialmente que no pueden llegar tarde ni perder ninguna cita porque si lo hacen, no serán reprogramados. Finalmente, ellos deben enviarme un correo una semana antes de la cita, con las preguntas específicas referentes a la situación en la cual necesitan mi consejo. Si el cliente potencial se adhiere a estas reglas, se que por lo menos estoy ofreciendo mi tiempo – y el de mis entrenadores – a alguien que le interesa su negocio y respeta nuestro tiempo y trabajo. Nunca olvides la póliza del cordón de terciopelo rojo.

Mas del 64% de la gente que aprovecha esta oportunidad de entrenamiento compra mis productos, se inscribe en mis programas completos de entrenamiento, o contrata algunos de mis entrenadores o a mí mismo para que lo asistamos en un entrenamiento personalizado. Creo que mucha de la gente que no se convierte en cliente directamente después de estas sesiones, habla positivamente con respecto a mi negocio, a mi grupo de trabajo y a mí, lo que es igualmente importante porque no hay mejor mercadeo que el dulce sonido de la gente que habla positivamente acerca del servicio que provees. Ellos dicen: "Él o ella, son lo mejor. ¡Tienes que entrar en su página web!"

Al final de la jornada, te sientes sencillamente muy bien al brindarle a otros tu ayuda. Y como un valor agregado, te volverás realmente excelente para sostener conversaciones de ventas si das muchas consultas cortas a clientes potenciales calificados, porque al final de cada consulta, si te parece apropiado, puedes preguntar: "¿Te gustaría un socio que te ayude a lograr todo lo que hemos estado hablando el día de hoy?"

3.12.16 Paso de acción: Decide qué clase de dotación quieres programar y comenzar a implementar inmediatamente. Esta estrategia de mercadeo aplica ampliamente para toda clase de profesionales proveedores de servicios.

Mejoramiento

El mejoramiento sirve para vender más servicios, programas, productos, o la combinación de ellos. En el momento en que alguien hace una compra de cualquiera de los anteriores, es porque ha decidido confiar en ti, le agrada lo que tienes para ofrecer y está dispuesto a invertir en la oportunidad que ofreces. Este puede ser un buen momento para sugerir servicios o productos adicionales que mejorarían lo que tu cliente está comprando.

Se observa que este principio se cumple durante la transacción de muchos productos. Si compras un computador, ¿el vendedor te ofrece solamente el computador? ¿O te da la posibilidad de un software para instalar junto con un programa de antivirus y otros productos? Claro que sí porque el vendedor está bien entrenado y es conocedor de su producto; él sabe qué otros accesorios necesitarás para mejorar el funcionamiento de lo que estás ordenando. Es más, muchas compañías van un paso más lejos y hacen un solo paquete que incluya todos los productos necesarios por un mejor precio, que si los ordenaras individualmente.

¿Qué servicio o producto podrías ofrecer que en el momento de la compra mejorara tu servicio? Hasta puedes ofrecer el servicio o producto de algunos de tus asociados. Por ejemplo, si eres un profesional proveedor d servicios en el campo del buen estado físico y un cliente nuevo se está inscribiendo en una de tus sesiones de entrenamiento, ¿tienes productos que le ayuden a alcanzar sus metas? Puedes pensar en suplementos, equipos de entrenamiento o ropa apropiada para hacer ejercicio más cómodamente. Debes tener cuidado al hacer esto para que no suenes como un vendedor acosando a sus clientes para que lleven el máximo posible de productos, especialmente cuando no los necesitan. Si realmente tienes algo para ofrecer que mejoraría el producto o servicio que tu cliente está ordenando, ofrécelo de buena fe. De nuevo, también puedes hacer este proceso mediante la ayuda de un sistema automatizado.

3.12.17. EJERCICIO ESCRITO: Identifica algunos productos o servicios que ofrezcan una posibilidad de mejoramiento a lo que tus clientes están ordenando.

3.12.18. *Paso de acción:* Comienza a ofrecer los mejoramientos que identificaste en el ejercicio anterior.

Abandono

El último principio para la conversión del tráfico es el abandono. Es muy conveniente que este sea el último de los principios porque es acerca de lo que ocurre cuando la gente abandona tu página web sin comprar algo ni ingresar a tus ofertas gratuitas. Puedes pensar: "Bueno, eso es todo. Ellos no estaban interesados en nada de lo que ofrezco y abandonaron mi sitio, ¿qué se le va a hacer?" Yo te digo que hay mucho que hacer.

Es hora de hacer uso de las estrategias de salida que te ayudan a conectarte con el visitante aún cuando está saliendo de tu página. Recuerda que todo este sistema consiste en preguntarte: ¿Cómo puedo servir a la gente a la cual estoy listo a ayudar? Y preguntarles a tus visitantes por qué están abandonado tu página es una buena forma de ayudar.

El diseñador de tu página web puede crear una sub-página que se abra automáticamente cuando tus visitantes cierran sin ingresar a tu lista de servicios y productos. Al comienzo puede parecer un poquito sorpresivo para tus visitantes, pero esa sorpresa puede ser agradable con lo que ven a continuación: una foto tuya, un texto y un mensaje de audio que comienza automáticamente. Puedes decir algo como: "Muchas gracias por visitar mi página web. Significa mucho para mí que hayas tomado el tiempo de ver cómo puedo ayudarte". Luego puedes preguntar por qué están saliendo sin inscribirse a tu boletín informativo, o sin bajar tu reporte especial, o dejando pasar por alto tu ofrecimiento de un cupón con descuento sobre tus servicios. Recuerda que tu diseñador puede programar para que esta estrategia se abra *solamente* si tus visitantes no ingresan u ordenan algún producto. Si lo hacen, no se abrirá. Puedes informarles en qué forma podrías ayudarles con tu boletín, o lo que podrían aprender con el reporte especial. Básicamente, estarías dándole a ellos un poquito de ánimo extra que les ayude a decidirse para ingresar en tu listado.

3.12.19. EJERCICIO ESCRITO: Planea e implementa una estrategia de salida, o contrata a alguien para que lo haga para ti.

Conocimiento en acción

La web es un vehículo extraordinario de auto-expresión. Ofrece grandes oportunidades para compartir quién eres y lo que ofreces, así como también te da el privilegio de conectarte con otros. Existe una curva de aprendizaje, pero todas las oportunidades que nos brindan algo excelente requieren que aprendamos algo nuevo. Dos de las reglas más importantes para hacer grandes cosas en el mundo son: conocimiento en acción y el trabajo con otros.

Regla # 1: Conocimiento en acción

Debes aprender en un tiempo real y en la acción. No puedes esperar a aprender hasta que todo esté perfecto para salir a hacer lo que quieres hacer. Si estás esperando a la perfección para ir al mundo y hacer grandes cosas, nunca vas a salir – o a lograr algo al respecto. Mucha gente se retrasa a si misma porque piensa que tiene que saber todo sobre cómo hacer las cosas antes de hacerlas. Esto no es cierto porque puedes y debes *aprender* al mismo tiempo que *haces*.

No puedes aprender a correr o a ser un mejor corredor si no comienzas a correr. Ciertamente, puedes leer información acerca de cómo mover los brazos en una forma particular para dar enormes zancadas, pero hasta que no conviertas esa observación en acción, realmente no conocerás ni experimentarás esa verdad. Lo mismo ocurre con el mercadeo por Internet o cualquier otra nueva habilidad que estés interesado en desarrollar.

Regla # 2: Trabaja con otros

Si estás completamente desinteresado en aprender alguna tecnología novedosa pero sin embargo quieres beneficiarte del poder del Internet, contrata o asóciate con otros que tengan las habilidades, el talento y los deseos que tú no tienes.

Actualmente, trabajar solo no significa trabajar en aislamiento – lejos de eso. Yo tengo un equipo con el cual trabajo ahora que mi negocio ha crecido tanto como para ser operado por una sola persona. Pero aún desde el principio, trabajé con *asistentes virtuales* que podían hacer la mayoría del trabajo que no me gustaba hacer y para el cual, francamente, tampoco era muy bueno. Existen muchos asistentes virtuales que pueden ayudarte a desarrollar la labor de mercadeo por Internet. A medida que vayas mejorando cada una de estas estrategias de mercadeo, estarás gratamente sorprendido de lo que eres capaz de alcanzar en tan corto tiempo.

CAPÍTULO 13

LA ESTRATEGIA DE HACER PRESENTACIONES Y DEMOSTRACIONES

"Escribe para ser entendido,
habla para ser escuchado,
lee para crecer".
— LAWRENCE CLARK POWELL

He aquí lo que *no* es esta estrategia: Estás en una conferencia en el cuarto frio de un hotel, metido detrás de una mesita bebiendo lentamente un sorbo de agua helada que está creando un punto de condensación en el fondo del vaso. No quieres tomarte el vaso rápidamente porque una vez que se termine, no tendrás nada más por hacer. No solamente eso, tu vejiga se siente como un balón sobreinflado que hace ruido como para recordarte su poder y anunciarte que ya se te pasaron 15 minutos de su horario acostumbrado.

Todos los profesionales proveedores de servicio pueden emplear esta estrategia de hacer presentaciones y demostraciones durante su ciclo de venta; pueden hacerlo basados en sus conocimientos, talentos y fortalezas. Lo interesante de compartir tus conocimientos es que resulta gratificante para las dos partes: tú y tu audiencia. Al final de tu presentación o evento, ellos deben salir sabiendo más, pensando más en grande, y con un plan de acción que les ayude a implementar lo que les enseñaste. Tú te beneficiarás porque sabrás que ayudaste a otros, que es la razón por la que haces lo que haces. Y al mismo tiempo, habrás creado consciencia frente a los servicios y productos que tienes para ofrecer.

Para estar frente a un grupo de tus clientes potenciales y actuales, puedes auto-promocionarte o dejar que otros lo hagan por ti. Cuando lo haces tú mismo, estás invitando a tu tipo de mercado a algo que va a ayudarle a resolver sus problemas y a llevarlos a cumplir sus deseos más profundos. Cuando tú eres promocionado por otras personas, ellas te ponen al frente de tu tipo de mercado. Es bueno que utilices las dos vías. Yo lo hago. He tenido la oportunidad de hablar a más de 20.000 profesionales durante los dos últimos años. Tú también puedes ver esta clase de resultados utilizando la estrategia de hacer presentaciones y demostraciones frente a la gente a la cual estás dispuesto a servir.

La auto-promoción

Todas las 7 estrategias que te comparto en este libro para que puedas llegar a ser *"Tu mejor promotor: TÚ MISMO"*, requieren que te auto-promociones de una manera u otra. Hasta la estrategia que te presento de dejar que otros te promocionen colocándote frente a tu tipo de mercado, necesita que te presentes a ti mismo, por lo menos frente la persona que va a invitarte a esa plataforma.

Primero miremos la auto-promoción en su forma original, como es la de invitar a clientes potenciales a eventos producidos por ti – no necesariamente los grandes talleres o conferencias, sino a las cosas sencillas que implican la construcción de una comunidad con significado, en donde puedes hacer tu labor y brillar mostrando tus servicios y productos, para construir tu reputación y credibilidad dentro de tu tipo de mercado. Esta clase de eventos para presentar y demostrar algo, pueden servirte para promocionar las ofertas irresistibles que siempre debes tener a la mano como parte de tus materiales de mercadeo, cuando conoces clientes potenciales o referidos a los cuales te gustaría presentar lo que tienes para ofrecer.

La llamada-conferencia

Comienza con una llamada semanal o mensual para ofrecer a tus clientes los beneficios de trabajar con tus productos y servicios. Prepara un tema que sea nuevo, oportuno y relevante para cada ocasión. Escoge revistas con contenidos de interés para tu tipo de mercado, con las que adquieras ideas que te inspiren a desarrollar un tema; invita a un experto para hacer discusiones respecto a sus experiencias y pregúntales a tus clientes sobre qué cosas relacionadas con tu campo les gustaría saber, para que el resto de la sesión se desarrolle dentro de la dinámica de preguntas y respuestas. Estas son algunas propuestas para ayudarte a empezar y para que tu imaginación y creatividad te permitan desarrollar tus propios trucos:

- Cualquier profesional proveedor de servicios puede organizar una sesión mensual o semanal de preguntas y respuestas relacionadas con su campo de experiencia. No hay necesidad de planeación – solo preséntate y brilla.
- Los contadores profesionales pueden, por ejemplo, ofrecer llamadas-conferencia trimestrales sobre actualizaciones en cuanto a nuevas leyes relacionadas con los impuestos y demás temas relacionados.
- Los planeadores financieros también pueden ofrecer llamadas-conferencia como para asesorar sobre las mejores formas de construir una fortuna utilizando los productos que cada profesional ofrece.
- Los consultores de mercadeo por Internet a su vez, pueden ofrecer llamadas-conferencia o foros de debates durante los cuales presenten las últimas novedades sobre la optimización de los buscadores y otras estrategias para generar tráfico.
- Los entrenadores personales pueden ofrecer llamadas-conferencia en su campo de experiencia: reduciendo la ansiedad, incrementando la atención, aprendiendo a identificar los límites.

La conferencia en línea no te cuesta un centavo. Ingresas a www.freeconference.com y consigue una conferencia gratuita en línea, con capacidad hasta de 100 personas al mismo tiempo. También puedes tener la opción de grabar cada llamada en tu computador o grabadora digital y subirlas a tu página web utilizando www.AudioTestimonialsOnline.com; de esta manera contribuyes para que aquellos que no escucharon las llamadas tengan la oportunidad de escucharlas desde tu sitio y puedan beneficiarse de ellas. Archivar las llamadas en tu web también es una forma interesante de incrementar tu credibilidad y confiabilidad con tus nuevos visitantes.

Demostraciones y eventos educacionales

Son similares a las llamadas-conferencia excepto que son conducidas en persona. Las demostraciones y los eventos educacionales son excelentes oportunidades para alcanzar a nuevos clientes potenciales ideales, si tus servicios están relacionados con el físico o con las instalaciones locativas; también si tus servicios están relacionados con la gente que vive dentro de la misma ciudad o localidad. También es una buena oportunidad si sientes que las llamadas-conferencia no son tu mejor forma de expresar tus pensamientos o que tus fortalezas no son las mejores para este tipo de comunicación. Las demostraciones y los eventos educacionales son otra forma de poner en práctica tu creatividad y expresarte a ti mismo. Por ejemplo, puedes crear una gran expectativa con una demostración a puerta abierta, en un parque o cualquier otra instalación. No solo invites a tus clientes potenciales sino también a los actuales, a tus colegas y personas que conocen el valor de tus servicios y productos, y que están dispuestas a compartir sus experiencias.

- Los profesionales del buen estado físico pueden ofrecer un reto físico semanal para clientes potenciales y actuales. Por ejemplo, una buena forma de hacerlo es pedirle a sus clientes que traigan un nuevo amigo semanalmente. Cada semana planeas una rutina específica y al final de la presentación, organizas un evento social para estrechar relaciones con toda la gente que asistió a tu programa.

- Los profesionales en el campo de la finca raíz también tienen la oportunidad de implementar esta estrategia: en su caso pueden ofrecer un tour de inversión en donde llenen una van con inversionistas activos en el campo e ir por los lugares de interés para hacer inversiones.

- Los profesionales relacionados con la organización pueden ofrecer su concepto de organización asistiendo a la oficina u hogar de un cliente potencial o nuevo, junto con un equipo de 10 o 15 personas (no sería malo tener una lista en espera de estos eventos) y el experto en organización reorganiza los espacios del sitio, mientras le enseña a sus invitados lo fundamental en cuanto a la forma de ser más productivo y efectivo en la organización de los espacios de oficina o el hogar, según sea el caso.

- Un profesional estilista puede hacer lo mismo relacionado con el concepto de maquillaje, haciendo una rifa o un concurso para que el ganador se haga acreedor a una sesión gratuita de maquillaje.

- Cualquier profesional de servicios puede apadrinar – a ningún costo o a bajo costo – una mañana de retiro. No tiene que ser algo costoso y puedes usar tu imaginación y creatividad. Organiza un evento en el cual le permitas a alguien conocer otra gente con algún gusto o afición en común. Piensa en algo tan sencillo como una taza de té, fruta fresca y bizcochuelo – fuera de compartir conocimiento y experiencia para las partes involuctradas.

- Inicia un club. Piensa en cosas que la gente quiera disfrutar, en actividades agradables. Comienza con un club de lluvia de ideas, un grupo semanal de juego, una salida familiar divertida.

- Comienza un club para revisar productos. A la gente le encanta recibir muestras de productos nuevos en el mercado y ensayar nuevas soluciones. Ofrece a tus clientes una prueba de tu trabajo y presenta soluciones divertidas que les haga interesarse en tus productos y servicios. Invita a tus colegas a acompañarte si quieres darle mayor dimensión al evento.

Presenta estas ofertas cuando estés a punto de finalizar una conversación. Dices: "Me gustaría invitarte para_____". O también puedes decir: "¿Por qué no me acompañas junto con mis clientes a _____?". Intenta diferentes temas y opciones hasta que descubras la que te funciona. Recuerda que la diferencia entre una mentalidad cerrada de un cliente potencial y tú, es que la mentalidad de tu cliente juega a moverse dentro de su zona de seguridad para no sentirse frágil. En cambio tu mentalidad debe caracterizarse por ser decidida y arriesgada, con deseos de crear interés y entusiasmo hacia tus servicios.

Tú nunca estarás en pérdida por intentar nuevas cosas o por agregar nuevas experiencias a tus clientes potenciales y actuales. Es bastante conveniente - para ti y para tu negocio y servicios - que invites mucha gente a estos eventos por las siguientes razones:

- Quieres optimizar tu tiempo conectándote con tanta cantidad de gente como te sea posible en la menor cantidad de tiempo.

- Te interesa aprovechar la fuerza de la comunidad. Cuando reúnes gente, se genera en el ambiente mayor energía y entusiasmo que lo que puedes generar por tu propia cuenta. Además tus invitados verán a otra gente interesada en lo que tienes para ofrecer; esa es una excelente forma de construir tu credibilidad.

- Serás visto como un conector generoso. Si eres reconocido entre las personas que pertenecen a tu tipo de mercado, como alguien que reúne gente, te ayudará a incrementar tu reputación y simpatía.

3.13.1. EJERCICIO ESCRITO: Piensa en 3 formas en que puedes agregar valor instantáneamente a tus clientes potenciales y actuales a través de una invitación.

Siendo promocionado por otros

Ahora dirijámonos al segundo enfoque – ser promocionado por otros para hacer tus presentaciones y demostraciones. No me referiré a los detalles de ser un conferencista profesional, alguien que vive de hacer presentaciones ante organizaciones y asociaciones; vamos a hablar de cómo puedes usar el discurso público para crear consciencia sobre lo que tienes para ofrecer y para construir un negocio sólido. Si estás interesado en aprender a ser un conferencista profesional, consulta el libro de Alan Weiss que lleva por título: *"Money Talks: How to Make a Million as a Speaker"* o el libro de Robert Bly llamado: *"Getting Started Speaking, Trainning, or Seminar Consulting"*.

Si vas a hablar para hacer una exposición, probablemente no vas a recibir más pago que el de hablar y hacer tu demostración, excepto que estemos hablando de unos honorarios y gastos de representación. Tu mayor propósito para hacerlo se debe a que quieres dirigirte a tus clientes potenciales para interesarlos en tus ofrecimientos. Existe una conveniencia implícita en estos casos: tú recibes oportunidades de mercadeo y la asociación o empresa que te invita a hablar y hacer tu demostración, lo hace para traer valor a sus constituyentes. La clave es el balance perfecto entre las dos cosas. Si eres invitado para hacer la presentación de un tema requerido y te pasas el 90% del tiempo hablando de lo que tienes para ofrecer, ciertamente no serás bien recibido ni tampoco te volverán a invitar. Sin embargo, si solamente haces la presentación por la cual fuiste invitado y tampoco haces tus ofertas, puedes estar seguro que perderás oportunidades importantes para hacer conexiones.

Construyendo tu negocio

Si quieres ser promocionado por otros, necesitas desarrollar relaciones de confianza con gente encargada de tomar decisiones en empresas y organizaciones que le sirvan a tu tipo de mercado. En el mundo de los negocios, estas personas son llamadas con frecuencia organizadores de eventos. En tu comunidad o localidad puede que sean reconocidos como directores en comunicación o en educación, o algún cargo llamado de forma totalmente diferente. El punto importante es que estamos hablando de la gente que puede ponerte al frente de un auditorio relacionado con tu tipo de mercado.

Existen miles de organizaciones y asociaciones que sirven a tu tipo de mercado. Por ejemplo, universidades a lo largo y ancho del país que apadrinan cursos ejecutivos de extensión, programas de enseñanza para la comunidad, y toda clase de talleres y seminarios relacionados con el manejo y administración de negocios pequeños. Y para crear esos programas, las universidades necesitan invitar con frecuencia a expertos como tú, a presentar sus experiencias en el campo que manejan ampliamente. Las asociaciones comerciales y redes de grupos empresariales, también necesitan conferencistas para que se dirijan frente a sus miembros; todo este interés está haciendo que el fenómeno de los conferencistas frente a grupos grandes se extienda cada vez más, tanto en los sectores públicos como en la empresa privada. Existen muchas ventajas al respecto; voy a mencionar las ganancias más frecuentes:

- Audiencias grandes.
- Audiencias que convocan compradores potenciales para ofrecer tus servicios y productos.
- Prestigio y un nombre reconocido.
- La oportunidad de vender tus productos durante el evento (Por ejemplo, libros y CDs).

Existe una jerarquía entre las organizaciones y asociaciones que pueden patrocinar tu conocimiento, imagen, servicios y productos. Voy a comenzar por las organizaciones de menor jerarquía y me desplazo hacia arriba, pero no dejes que la jerarquía de las organizaciones te desconcentre. Tú puedes ampliar tu experiencia con las organizaciones de menor jerarquía y no necesariamente tienes que comenzar con la más baja, si necesitas práctica con organizaciones de menor jerarquía para trabajar con las de más jerarquía.

Nivel 1

Tu punto de entrada para hacer tus presentaciones y demostraciones comienza con grupos comunitarios sin ánimo de lucro, organizaciones de carácter religioso, clubes de servicios, grupos de acción política y con cámaras de comercio, como para darte algunos ejemplos. Algunos de estos grupos trabajan con ciertos tipos de mercado, pero la mayoría están compuestos por individuos que comparten intereses parecidos o iguales. Estos son sitios ideales para encontrar clientes potenciales y son aún mejor para trabajar en tus materiales de venta y para practicar tu estrategia de presentar y demostrar frente a un auditorio.

3.13.2. EJERCICIO ESCRITO: Identifica algunos grupos y organizaciones del nivel 1 que puedas contactar.

Nivel 2

Se compone de grupos locales de negocios con ánimo de lucro, como por ejemplo escuelas, instituciones con programas de aprendizaje y de educación continuada, redes de contactos, universidades y otros.

Este tipo de organizaciones te ayudan a elevar tus posibilidades para promocionar tus servicios y productos porque le sirven a grupos más específicos de gente que se encuentra allí porque realmente quiere conocer lo que tienes para ofrecer. Además, las instituciones de este nivel tienden a ser más prestigiosas que las organizaciones sin ánimo de lucro.

3.13.3. EJERCICIO ESCRITO: Identifica varias organizaciones del nivel 2 a las cuales quieras contactar.

Nivel 3

En este nivel estarás hablando a organizaciones comerciales locales y regionales, de las cuales existen más de las que te imaginas. Puedes entrar a Google.com y buscar las empresas caseras, electricistas, programadores en computación, abogados, hasta familias dueñas de viñedos. Este nivel empresarial te ofrece excelentes oportunidades

210

para hacer contactos con grupos de mercados específicos porque te permite saber de antemano la clase de mercado que vas a contactas.

Otra ventaja para considerar, dependiendo del tipo de mercado que buscas y de los servicios que ofreces, es que encuentras negocios grandes y pequeños. Yo ubico los negocios pequeños dentro del nivel 3 y las grandes corporaciones dentro del nivel 4. Muchas compañías ofrecen conferencias, talleres y capacitaciones únicamente para sus empleados. A veces contratan conferencistas para sesiones durante la hora de almuerzo; en otras ocasiones el escenario es más formal y estarás haciendo presentaciones frente a un auditorio más grande en algún centro de conferencias. Te recomiendo que tengas claridad en cuanto al tipo de mercado al que le apuntas en particular. Estudia lo que tienes para ofrecer que supla sus necesidades y las oportunidades que esa empresa, asociación o individuo te brindan.

3.13.4. EJERCICIO ESCRITO: Identifica varias organizaciones del nivel 3 que puedas contactar.

Nivel 4

Aquí vas a continuar ascendiendo por la escalera de las asociaciones comerciales, que va de las organizaciones locales y regionales a las nacionales y posteriormente a las internacionales. Inclusive existe una federación de asociaciones de comercio internacional. (Federation of International Trade Associations – FITA).

3.13.5. EJERCICIO ESCRITO: Identifica algunas organizaciones comerciales que sean nacionales e internacionales pertenecientes al nivel 4, con las que puedas hacer contactos.

Cómo encontrar tus auditorios

Mucha de la información que necesitarás sobre organizaciones y asociaciones que le sirvan al tipo de mercado que sirves está en Internet. A veces en difícil identificar desde este medio a quién contactar, pero es la forma más rápida y barata. Si te decides a utilizar esta estrategia de ventas a través de hacer presentaciones y demostraciones frente a grupos, puedes buscar una copia de la publicación de la NTPA, la cual se refiere a *"Asociaciones de Comercio Nacional y Profesionales de los Estados Unidos" (National Trade and Professional Associations of the United States)*. Contiene el nombre de toda asociación comercial, su presidente, presupuesto, convenciones, temas de conferencias, membresía y otras informaciones pertinentes. Además puedes pensar en las referencias que encuentras en el directorio de planeadores de encuentros para asociaciones y para conferencias y convenciones de directivos (*Directory of Association Meeting Planners and Conference / Convention Directors*). También *puedes buscar referencias* en el directorio de asociaciones (*Encyclopedia of Associations*) en tu biblioteca local.

3.13.6. EJERCICIO ESCRITO: Identifica quiénes son los directivos con capacidad de decisión en las organizaciones que elegiste en todos los ejercicios inmediatamente anteriores. Busca entre tus redes de contactos si existe alguien que te conecte con ellos o con otro contacto de tus contactos que te pueda conectar.

3.13.7. Paso de acción: Cuando termines de leer este capítulo, utiliza tu estrategia de contacto directo para contactar a los directivos con capacidad decisoria y comienza a trabajar en las metas que tienes, para las cuales necesitas estos contactos.

Llena tu agenda de presentaciones y demostraciones

Los profesionales organizadores de eventos y sus respectivos colegas, reciben muchas ofertas de personas como tú para hacer presentaciones a sus constituyentes. Por eso es crucial que sigas mis instrucciones: Si tienes una base solida y has estado construyendo confiabilidad y credibilidad en ti y en tu negocio, entiendes por qué la gente está comprando lo que tienes para ofrecer, sabes cómo hablar sobre lo que haces, has identificado aquello por lo cual quieres ser reconocido en el merado, sabes cómo iniciar y sostener una conversación para hacer tus ventas, y has creado tu propia marca de productos y servicios con los cuales te expresas amplia y libremente, no solamente conseguirás todos los clientes que quieras, sino que te ganarás el respecto de los directivos con capacidad decisoria en esas organizaciones y asociaciones frente a las cuales quieres hablar.

Tienes que hacer tu tarea. Si estás pensando en contactar al organizador de eventos o al director de una institución educativa, asegúrate primero de conocer lo que más te sea posible acerca de esa organización. Te sorprenderá ver cómo mucha gente pasa por alto este procedimiento y llama en frio a las personas con estos cargos sin haber hecho esa investigación, lo cual se hace evidente para ellos a los pocos minutos de iniciar la conversación.

Habla con los miembros de la organización antes, si es posible. Conócelos y analiza cuáles son sus necesidades más urgentes y sus deseos más profundos; ellos son realmente los que saben esas cosas; aprende de ellos y lleva esa información frente a los directivos con capacidad de decisión. Así te darás a conocer más rápida y fácilmente. Mejor aún, procura que un miembro de la junta directiva o un miembro de la entidad te presente o haga referencia de ti. ¡Qué bueno es cuando otra persona habla de nosotros y así no tenemos que hacerlo nosotros mismos!

Envía una carta o los materiales necesarios primero y posteriormente haces el seguimiento con una llamada. Y como siempre, hazlo de una manera amigable y significativa, (es decir, que tú solo ofreces tus servicios si realmente puedes servir al grupo), con simpatía (poniéndote en los zapatos del organizador de eventos), y siendo realista (sin irte al extremo de proponer ventas fabulosas).

Qué necesitas presentar para obtener cuantas presentaciones desees

Cada organizador de eventos, dependiendo del tipo de organización y de la clase de evento que esté planeando, te pedirá que suministres cierta clase de documentación para que puedas ser candidatizado. Si estás tratando de conectarte con un centro comunitario, una simple conversación telefónica será suficiente. Si tu objetivo es presentarte frente al auditorio más grande de tu industria, debes estar más documentado porque obviamente que los requerimientos son mayores. Puede ser que te pidan un video de tus conferencias, la descripción de la sesión, los objetivos del aprendizaje, experiencia comprobada como conferencista, cartas de recomendación, biografía general, biografía introductoria, y más. Aún si por ejemplo, te diriges a 5 organizaciones distintas y todas te piden los mismos requisitos, es posible que cada una de ellas los pida bajo sus propios parámetros. Escucha este consejo sabio: *"Asegúrate de seguir las instrucciones específicamente y al pie de la letra"*.

De vez en cuando te será requerido adjuntar un video o DVD de una de tus presentaciones previas. Si no tienes uno, no permitas que eso te cohíba. Cuando comiences a hacer tus primeras presentaciones, si no tienes otro medio ni presupuesto para filmaciones profesionales, pide que te filmen con una video cámara casera y cuando sea el momento indicado para ti, tus presentaciones pueden ser grabadas, editadas y producidas profesionalmente.

Guía para planear y desarrollar tu presentación

Ahora que estás decidido a utilizar la estrategia de las presentaciones y demostraciones ante diferentes auditorios, ha llegado el momento de planear y desarrollar tu presentación, de tal manera que hagas ¡temblar la casa! Tu presentación debe ser tan sencilla como te sea posible. Para ser un conferencista efectivo debes, ya sea enseñar a tu audiencia algo que ellos no sepan o algo en lo que ellos todavía no han caído en cuenta totalmente – pero que valga la pena aprender – o brindarles una experiencia que los haga sentir bien. Idealmente, sería bueno lograr las dos cosas.

Cuando estés organizando tu programa, comienza por analizar el lugar de la reunión, los objetivos de la enseñanza y el tiempo que tienes para hablar. Yo sé cuánto tienes para ofrecer, que quieres brindar tanto valor a la gente que ellos se caigan de sus sillas, pero lo creas o no, lograrás todo eso proporcionándoles contenidos mínimos. Es muy posible que tu audiencia venga corriendo de alguna parte y después salga corriendo para otra parte luego que tú finalices tu intervención. Por eso es importante no tomar tiempo fuera del que te otorgan – al menos, obviamente, que recibas una ovación de pie y todos estén gritando: "¡Otra! ¡Otra!" En ese caso, recibe la ovación y prosigue.

Planea tu presentación

Alguna vez escuché decir a alguien que los expertos no necesariamente saben más que otros, sino que su información está mejor organizada. Debe haber algo de cierto en eso. Saber cómo organizar tu información es la clave del éxito cuando se trata de cualquier clase de presentación.

Define tu mensaje

Para que tu mensaje sea convincente, debes tener algo que decir. Es muy raro que toda la gente en la audiencia esté de acuerdo con tus propuestas y opiniones. Sin embargo, si tienes un mensaje radical – digamos como esa clase de cuestionamientos que te dejan *meditando* - y eres muy claro en la forma de presentarlo, hasta la gente que no está de acuerdo, escuchará con interés. Tu presentación entera debe estar enfocada en hacer llegar tu enseñanza en forma convincente y clara.

Conoce tu audiencia

Comienza por analizar tu audiencia. Es importante que averigües sobre la gente que va a asistir para que los objetivos de tu enseñanza sean bien dirigidos a sus necesidades y deseos. Busca información y trata de entender la cultura del grupo para que logres comunicarte con ellos más fácilmente, porque tu audiencia va a influenciar el tipo de vocabulario que uses (jerga técnica) y posiblemente hasta tu presentación personal. Conocer bien a tu auditorio también te ayudará a decidir los materiales que necesitas preparar para comunicar efectivamente tu mensaje.

Elige tu rol

En el capítulo 7, uno de los pasos que sugerí para desarrollar el contenido con el cual vas a dar a conocer tu producto, hablaba acerca de la elección del rol que tú estarías desempeñando como el autor de la información de dicho producto. Lo mismo ocurre con el contenido de tu presentación. Elige el rol que vas a adoptar como presentador, porque esto le da forma a tu manera de presentar el contenido.

Conoce tu material

La mejor forma de dar la impresión que sabes de lo que estás hablando, es sabiendo *realmente* de lo que estás hablando. Eso significa que necesitas entender el tema correctamente para que puedas contestar las preguntas necesarias. De otra parte, es imposible para cualquier persona saberlo todo. Si recibes una pregunta para la cual no tienes la respuesta, no hay vergüenza en contestar: "No lo sé pero voy a averiguar y tan pronto tenga la información que necesitas, me gustaría comunicarme contigo". También puedes preguntar si alguien de la audiencia sabe la respuesta. Muchas veces observarás que alguien la tiene.

Durante la preparación de tu presentación, toma el tiempo para hacer un sondeo entre tus amigos, clientes y contactos en tu red, que representen la clase de gente a la cual te vas a dirigir, para que analices sobre lo que ellos opinan acerca de tu tema, y sepas si es posible que tu presentación pase la prueba del *"y qué con eso"*. Presenta el mensaje a una audiencia que quiera hacerte una retroalimentación sincera y asegúrate que al final ellos no digan: "¿Y que con eso?"

Prepárate

Por supuesto que debes saber en dónde va a ser tu presentación y qué equipo audiovisual vas a emplear, si fuera del caso. No necesitas utilizar diapositivas ni otras ayudas visuales si prefieres no hacerlo. Con el paso de los años me he dado cuenta que las presentaciones con diapositivas le restan atención al mensaje. Si quisieras profundizar más acerca de este tema, como una guía en las presentaciones en power point de Microsoft, dale un vistazo a *"Beyond Bullet Points"* de Cliff Atkinson. En todo caso, si utilizas algún equipo audiovisual, chequéalo cuidadosamente antes de comenzar. De hecho, puedes hasta considerar la posibilidad de elaborar una lista de chequeo de todas las cosas que necesitas tener preparadas, para que no omitas ningún detalle importante.

Es indispensable que tengas claridad respecto al tiempo de tu presentación y lo que tu audiencia va a estar haciendo antes y después de tu participación, para que puedas agregar esa información a tu plan. Es muy buena idea finalizar unos minutos antes. Te darás cuenta que, aún si *"tumbaste la casa"* con el éxito y acogida de tu mensaje o enseñanza, la audiencia apreciará un poquito de tiempo extra libre.

Organiza tu información

Hacer una presentación bien organizada puede determinar qué tan bien eres recibido. Cuando analices tus materiales, pregúntate: ¿Cuáles son los pasos que un miembro de la audiencia necesita seguir para entender la información que estoy presentando?

3.13.8. EJERCICIO ESCRITO: la siguiente guía de 6 pasos te ayudará a organizar tu información para que estés bien preparado ante cualquier presentación y demostración:

- **Paso 1:** Para diseñar tu presentación, comienza por seleccionar el principal objetivo por el cual haces esa presentación:
- ¿Qué te gustaría que la audiencia aprenda?
- ¿Con qué idea, concepto o estrategia te gustaría que ellos se beneficiaran?
- **Paso 2:** Prepara tu apertura, la cual debe incluir:
- El *propósito* de la presentación - tu objetivo.
- El *proceso* de la presentación – lo que vas a hacer.
- El *beneficio* de la presentación – lo que van a recibir.
- El presentador de la presentación – algunas palabras que expliquen por qué tú eres la persona que va a hacer la presentación, incluyendo tu pagina web y la oferta irresistible que siempre tienes a disposición.
- **Paso 3:** Envía el contenido de la presentación explicando los puntos clave en el orden apropiado y con sencillez.
- **Paso 4:** Resume los puntos clave de la presentación – lo que acabas de enseñar o demostrar.
- **Paso 5:** Ofrece una sesión de preguntas y respuestas – o puedes ir contestándolas a lo largo de la presentación. Lo que mejor consideres según tu propósito.
- **Paso 6:** Cierra agradeciéndole a tu anfitrión y al público, recordándoles como pueden mantenerse en contacto contigo a través de tu oferta irresistible.

¿Hablar o no hablar? ¡He ahí la pregunta!

Es importante que seas consciente acerca de dónde están tus talentos y de no usar la estrategia de presentar y demostrar, si el discurso en público no es una de tus fortalezas. Tienes que tener claridad al respecto, lo cual no quiere decir que no puedas mejorar tu discurso en público – de hecho, puedes. Yo soy mejor haciendo presentaciones ahora que cuando comencé. Lo que aprendes en tu primera presentación, lo incorporas a la segunda y así sucesivamente. Sin embargo, yo no la sugeriría como una de tus principales estrategias si tú realmente no te sientes cómodo con tu habilidad hacia el discurso en público o simplemente no quieres hacerlo.

Habiendo dicho esto, me gustaría hacer una distinción clave: aunque estuvieras sintiendo temor al público frente a la sola idea de una presentación, no significa que no tengas la habilidad para ser un buen orador. Yo me siento nervioso antes de casi cualquier presentación y me preocuparía si eso no fuera así, pues es algo natural sentirse nervioso. Si te sientes atraído por hacerlo y te gustaría intentarlo, entonces ¡inténtalo por todos los medios! Practica frente a un grupo de conocidos, amigos o socios colaboradores, o comienza dando una tele-clase con la cual te sientas más cómodo y continúa practicando hasta que vayas desarrollando tu habilidad y elevando el nivel de tus presentaciones.

A nadie le gusta que le digan que no hizo un buen trabajo, y yo no soy la excepción. Al comienzo de mi carrera, a pesar de recibir retroalimentaciones positivas acerca de mis presentaciones por la mayoría de la gente que atendía a ellas, me sentía mortificado y abatido por una o dos negativas. Me sentía muy atemorizado – que la gente pensara que yo era estúpido y no les agradara lo que yo tenía para decir. Esa es mi mayor intención conflictiva frente a ser un orador público – que la gente piense que soy estúpido, pero en ese caso yo siempre estoy pendiente de recordarme a mí mismo sobre el principio fundamental de mi filosofía con el sistema *"Tu mejor promotor: TÚ MISMO"*:

SI SIENTES EL LLAMADO PARA COMPARTIR UN MENSAJE, ES PORQUE HAY GENTE EN EL MUNDO QUE ESTÁ ESPERANDO PARA ESCUCHARLO.

Mi objetivo es trabajar fuertemente para encontrar la gente que está esperando para escuchar mi mensaje y no dejar que aquellos a quienes no les gusta lo que tengo para compartir, me detengan de encontrar a los que quiero servir. Eso es lo que me enfoca y me mantiene con deseos de continuar, y es lo que me anima a decirte nuevamente, que si sientes el llamado para presentar y compartir tu mensaje, hay gente allá afuera esperando para oírlo.

La estrategia de presentar y demostrar es una forma excelente de dar tu mensaje a mundo con un mayor alcance, permitiéndote encontrar a más gente a la cual quieres servir.

CAPÍTULO 14

LA ESTRATEGIA DE ESCRIBIR

> *"Las palabras son la droga más poderosa*
> *utilizada por la raza humana".*
> — RUDYARD KIPLING

Escribir artículos es una forma tan importante de construir tu reputación, que he invitado a mi buena amiga y experta escritora en la web, Rozey Gean, para que colabore conmigo escribiendo este capítulo, ya que he aprendido con ella algunas habilidades de escritura y estrategias de mercadeo que son excelentes. Estamos orgullosos de presentar esta estrategia de ventas que consiste en cinco partes. Aprenderás cómo escribir artículos efectivos y a publicarlos en la web, siendo ésta una de las formas más efectivas de generar tráfico en tu página web.

También te enseñaremos cómo analizar las clases de mercado escrito fuera de línea y los pasos que debes seguir para convencer a los editores de publicar tus artículos. Escribir artículos y publicarlos en la web o fuera de ella te ayudará a establecer tu reputación como experto y al mismo tiempo genera interés en tus servicios, programas y productos. Lograr publicaciones en línea y fuera de ella, es una muy buena forma de comenzar a dejar huella sobre tu posición como autoridad en tu categoría tan ampliamente como sea posible.

Si te consideras a ti mismo como un escritor, vas a decir: "Si. La estrategia de escribir es definitivamente para mí y voy a comenzar ya mismo". Si no te ves como un escritor, vas a sentirte inclinado por saltar este capítulo, pero por favor no lo hagas. Déjame contarte una historia para demostrar por qué hasta los que no son buenos escritores, pueden escribir buenos artículos:

Mi profesora de cuarto año de elemental decía que yo tenía la peor escritura que ella había visto en sus 25 años de su carrera en la Enseñanza. Muchos años después, cuando le conté a uno de mis amigos de infancia que había vendido uno de mis libros a una editorial muy importante, él me preguntaba cómo yo había logrado eso sin su ayuda. Era obvio que él todavía pensaba en mí como en el chico que no escribía ni siquiera 5 párrafos para un ensayo en la escuela secundaria. Pero terminé escribiendo más que 5 párrafos – ¡y muy bien escritos, también!

El punto es que no quiero que te pierdas esta estrategia de autopromoción tan importante, simplemente porque tú crees que no puedes escribir. Si puedes hablar, puedes escribir. Aún si escribir no es uno de tus talentos naturales, es una habilidad que puede ser aprendida lo suficientemente bien como para que puedas manejar esta estrategia y puedas mejorarla con la práctica.

Cómo comenzar a escribir

¿Te hace dar deseos de ir a esconderte el solo pensamiento de tener que escribir un artículo? Si es así, no te preocupes. Hay otras dos formas de ganar los beneficios que trae el hecho de escribir artículos, sin estar cerca a un teclado:

- Contratar un escritor profesional.
- Colaborar con un escritor.

Los escritores profesionales son personas que escriben un artículo por ti en lo que tú desees, por un precio. Tu nombre y la información de tu negocio aparecen en el pie de notas y en el espacio para los recursos del autor al final. Claro, cuesta un poquito, pero es una de las herramientas comparativamente más baratas. Y una vez que la tengas, podrás utilizar tus artículos de las siguientes formas:

- Distribuirlos a directorios de artículos en línea.
- Enviarlos a páginas web relacionadas y a boletines informativos que reciben propuestas.
- Publicarlos en tus propios boletines electrónicos.
- Subirlos a tu sitio web y anunciarlos a tu listado de correo.
- Proponerlos a publicaciones impresas que se interesan en tu campo de experiencia.

Puedes hacer mucho recorrido con un artículo, especialmente si es de calidad profesional.

Colaborar con un escritor es otra forma de escribir acerca de tu negocio y servicios. Si conoces a alguien que escribe bien, de pronto alguien de quien has leído y admiras sus artículos, analiza la posibilidad de lanzarle la propuesta a esta persona, en la cual tu provees la experiencia y la persona provee su habilidad para escribir para preparar un artículo basado en la información que tú suplas. Luego, los nombres de los dos y sus páginas web respectivas aparecen en el espacio del autor al final.

Esta clase de colaboración es una excelente forma de resolver el problema de *"me disgusta escribir"* y a la vez hacer promoción a dos negocios en uno.

La estrategia de escribir y sus 5 componentes

Escribir artículos es una estrategia de autopromoción muy emocionante, entonces conozcámosla:

- Parte 1: *Decidir* el área en que vas a escribir.
- Parte 2: *Escoger* el tema ideal.
- Parte 3: *Crear* un título llamativo.
- Parte 4: *Escribir* el artículo.
- Parte 5: *Publicar* tu artículo.

Parte 1: *Decidir* el área en que vas a escribir

En este instante te puedes estar preguntando: ¿Qué es el área? ¿Cuál es el área? Bueno, el *área* es una categoría amplia de conocimiento – bailar, modas, negocios, sociedad, recreación, todas esas son áreas del conocimiento. Es posible que en este momento ya sepas cual es el área de tu artículo, o de repente tengas curiosidad hacia un área nueva y quieras expandir tu conocimiento acerca de ella. Para ayudarte a identificar hacia dónde quieres encaminar tu escrito, puedes hacerte las siguientes preguntas:

- ¿Sobre qué me siento interesado?
- ¿Qué me interesa a nivel personal?
- ¿En qué consiste mi experiencia?
- ¿Qué lecciones de vida he aprendido?
- ¿En qué está mi audiencia interesada?

Contestando estas preguntas tendrás la posibilidad de encontrar buenas áreas del conocimiento. Obviamente que debes tener en cuenta la regla de oro de escribir: Escribe sobre lo que sabes. Por ejemplo, si te sientes estancado, considera algunas áreas que tengan que ver con tus productos, programas y servicios, ya que esto es probablemente sobre lo que más conocimiento tienes.

No te olvides de explorar también sobre tus intereses persona-les. Puedes tener en cuenta pasatiempos favoritos, familia, involu-cramiento en la comunidad, o trabajo de beneficencia. Tus experien-cias de vida pueden proveerte muchas ideas para escribir artículos.

3.14.1. EJERCICIO ESCRITO: Escribe 5 áreas sobre las cuales te sentirías muy cómodo escribiendo, basándote en lo que más te gusta, aspectos de interés personal, áreas de expe-riencia, lecciones de vida que hayas aprendido, lo que tu tipo de mercado está interesado en aprender.

Una vez que hayas elegido el área en el cual quieras escribir, es-tás listo para angostar tus posibilidades, escogiendo el tema ideal.

Parte 2: *Escoger* el tema ideal

El tema es el enfoque específico dentro de tu área. Los temas como bailar, moda, comida, son muy amplios para escribir sobre ellos, es-pecialmente porque un artículo debe tener entre 500 y 3.000 pala-bras. ¿Te has dado cuenta que la mayoría de los artículos y libros (distinto a los materiales de referencia) están enfocados en temas más específicos? La razón es sencilla – hace la escritura (y la lectura) más manejables.

Digamos que estás escribiendo sobre baile. Puedes escoger un tema sobre cómo la danza moderna viene de la danza folclórica, cómo el baile contribuye a la salud, ropa confortable para usar cuan-do bailas, o el creciente interés sobre cierto estilo de baile.

Los siguientes ejemplos demuestran cómo angostar un área am-plia, hasta encontrar un tema adecuado:

De áreas amplias a temas específicos

Baile – Baile para mujeres – Baile para mantener el estado físico de las abuelitas.

Baile – Baile para hombres – Movimientos cadenciosos para bailarines conquistadoras.

Baile – Baile para parejas – Baile de salón para amantes latinos.

Paseo en lancha – Deportes de agua – Reglas de seguridad para esquiar en el agua.

Paseo en lancha – Pesca con anzuelo – Tipos de anzuelos para tipos de peces.

Paseo en lancha – Seguridad – Previniendo la hipotermia.

Moda – Estilo - Entrando en la moda con estilo y comodidad.

Moda – Prendas de estación – Las 10 tendencias durante el otoño.

Moda – Adolescentes – Graduaciones – Cómo lucir única en tu Prom.

3.14.2. EJERCICIO ESCRITO: Elabora la lista de 5 temas específicos sobre los que te sentirías cómodo escribiendo, basado en las áreas que elegiste en el ejercicio 3.14.1.

Determina tu objetivo para escribir

Ahora que has elegido un tema específico para tu artículo, necesitas establecer un propósito u objetivo claro. ¿Estás escribiendo para informar, persuadir, explorar un nuevo territorio, o para expresar tu opinión personal? Conoecer tu objetivo te ayudará a enfocarte en el contenido de tu artículo. Formúlate estas preguntas:

- ¿Qué quiero enseñarle al lector?
- ¿Qué experiencia de vida quiero compartir?
- ¿Quiero adentrarme en un nuevo territorio?
- ¿Cómo quiero ser reconocido?

Examinemos estas preguntas más detalladamente. Uno de los más populares estilos de artículos es el artículo *"cómo"*, en el cual le enseñas al lector algo. Es una buena forma de comenzar porque simplemente te ubicas en tu campo de experiencia, evitando largas horas de investigación. De la misma forma, compartir una experiencia de vida es otra forma directa de contar una historia que pueda impactar a la gente.

También puedes hacer una investigación sobre un tema nuevo para ti, que te permita educarte y educar a los lectores al mismo tiempo. Eso hace que el proceso de escritura se mantenga fresco e interesante para ti.

Los artículos que inspiran al lector para iniciar una acción, tales como oprimir en una opción para obtener mayor información, son muy populares entre los editores. Proveer enlaces dentro de tu artículo (como tu propio sitio web o sitios relacionados) es una buena forma de ayudar a tus lectores y de establecerte como una buena fuente de información.

Ahora, decidir sobre cómo quieres ser reconocido, te va a ayudar a determinar el objetivo de tus artículos. Digamos que tienes un negocio casero de contaduría. Escribir artículos como consejos sobre los impuestos para personas que trabajan en casa, es una buena forma de aprovechar tu conocimiento en algo que ya tienes experiencia y a la vez te estableces como un contador que entiende los desafíos de trabajar en casa. Esa clase de credibilidad puede traer más negocios a tu puerta sin gastar un peso en propaganda.

Analiza tu tipo de audiencia

Hasta el momento has especificado tu área en un tema enfocado y has establecido el propósito u objetivo para escribir tu artículo. Ahora es el momento de analizar tu lector.

Como discutimos en el capítulo 2, tu tipo de mercado es el grupo de clientes o prospectos que tienen un interés o necesidad en común que tú puedes suplir. Lo mismo es cierto para la audiencia especifica de tu artículo – un grupo de gente unida por la necesidad en común de una información que tienes para compartir.

Para entender quiénes son ellos, formúlate las siguientes preguntas:

- ¿Qué se sobre mi audiencia – genero, edad, ingresos?
- ¿Cuál es el nivel de educación de mi audiencia – mínima, promedio, especializada?
- ¿Qué tanto saben sobre mi tema?
- ¿Qué necesitan saber que yo puedo enseñar?
- ¿Existen malinterpretaciones sobre el tema que yo puedo aclararles?
- ¿Cuál es mi relación con mi audiencia específica?
- ¿Cómo más puedo ayudar a mis lectores?

Indagar y analizar para profundizar y contestar estas preguntas sobre tus lectores te ayudará a desarrollar una imagen mental de sus vidas y necesidades. Digamos que decidiste correr en una maratón pero nunca has participado en una antes. Sabes que debe haber miles de personas como tú allá afuera que también quieren correr; también sabes que es indispensable ponerse en buen estado físico, y simplemente sentir la satisfacción de saber que lo pueden lograr. Tu audiencia específica en este caso sería, la gente altamente motivada, consciente de su salud, abierta a los desafíos, curiosa y lista a intentar algo nuevo. Definirlos fue fácil porque son gente como tú.

Si sabes que hay individuos allá afuera que necesitan la información sobre el tema que quieres escribir, y puedes describirlos como acabamos de hacer, ese conocimiento te ayudará a definir.

- *Qué* les dirás.
- *Cómo* les dirás: el vocabulario, el tono, y el estilo de escrito.

Botones rojos

Otra forma de entender mejor a tus lectores es estudiando los botones emocionales que nos hacen reaccionar. Conocer cuáles son estos botones emocionales puede ayudarte a elegir temas y escribir artículos para entrar en los intereses básicos de la vida de tu audiencia. Ahora es tiempo de comenzar a escribir tu artículo.

Parte 3: *Creando* un título impactante

En el capítulo 7 hablamos acerca de cómo el título de la información sobre tu producto puede influenciar las ventas. El mismo concepto es cierto cuando se trata de seleccionar un título para tu artículo que llame la atención e impacte. De hecho, algunos escritores dicen que es la parte más importante porque sin un título atrayente, nadie se molestará en leer el resto del artículo. Voy a darte unas pautas adicionales para ayudarte a incentivar tu creatividad cuando se trate de buscar títulos llamativos para tus artículos:

- Elige algunas palabras que encierren la idea principal de tu artículo.

Ejemplo: *"Cómo renovar tu cocina sin gastar una fortuna".*

- Dile al lector lo que va aprender, expresando en el título datos específicos: "95% de todo…" o "dos de tres…"

Ejemplo: *"Nuevo reporte muestra que el 54% de los niños en edad escolar exageran viendo TV".*

- Insinúa la solución a un problema en el título.

Ejemplo: *"Cocinando comida baja en carbohidratos no sentirás hambre".*

- Utiliza preguntas en el título para involucrar al lector.

Ejemplo: *"¿No estás durmiendo lo suficiente y no te has dado cuenta?".*

- La curiosidad es una herramienta poderosa, así que piensa en un titular intrigante.

Ejemplo: *"Qué tienen en común la forma de tu cara y la elección de tu perro".*

- Promete resultados. Explica la forma en que tu artículo le resolverá un problema al lector.

Ejemplo: *"Deja atrás tu temor a los aviones en 5 minutos".*

- Promete enseñar algo utilizando expresiones como "Cómo..." o "5 pasos para..."

Ejemplo: *Cómo aprender el baile de vientre en 4 sesiones".*

Optimiza el título

Si estás trabajando un artículo, por ejemplo en el baile del vientre, entonces necesitas que la gente que está buscando esta clase de información en Internet pueda encontrarlo rápida y fácilmente. Para eso harás una búsqueda de palabras o frases clave para encontrar las frases más parecidas que tus lectores podrían usar en su búsqueda – por ejemplo, cómo aprender el baile del vientre, el baile del vientre y el buen estado físico, baile del vientre – y luego incluyes una o dos de esas palabras en el título de tu artículo. Si observas que la frase *"baile del vientre"* es buscada más frecuentemente que *"cómo aprender el baile del vientre",* entonces intenta un título como: *"Baile de vientre para principiantes",* o puedes pensar en unir dos posibilidades de términos frecuentemente buscados como: *"El baile del vientre: bienestar y buen estado físico".*

Los buscadores hacen mucho énfasis en las palabras que aparecen en los títulos, por eso incluir esos términos allí es de vital importancia para que los interesados localicen tu artículo en Internet.

Los mejores titulares atraen

Los títulos anteriores eran solo para abrirte el apetito. Si estás interesado en una inspiración adicional en este tema, visita este enlace para que conozcas la lista de los 106 títulos más llamativos: http://bys.marketing-seek.com/106titles.php.

3.14.3. EJERCICIO ESCRITO: Escribe 5 títulos basado en los temas que elegiste. Recuerda que los títulos deben resumir en pocas palabras de lo que se trata tu artículo; también debe ser lo suficientemente llamativo para la gente que está interesada en el tema – y hasta los que no lo están – quiera leer más. Si logras incluir la palabra o frase clave, mucho mejor.

Parte 4: *Escribiendo* tu artículo

La introducción es como una cápsula muy pequeña que sintetiza lo que viene a continuación en el cuerpo del artículo. Contribuye reafirmando el enunciado del título y explica por qué esa información es importante para el lector, motivo por el cual también es importante que sepas a qué audiencia le estás escribiendo.

Algunos escritores tienden a demorarse en escribir el motivo de su historia hasta el tercero o cuarto párrafo, pero esa es una táctica peligrosa. En casi todos los casos, el primer párrafo debe reflejar tu título, explicarlo, elaborarlo, y debe insinuar lo que viene a continuación.

La introducción también es el espacio en el cual decides el tono de todo el artículo, entonces debes asegurarte de hablar directamente a tus lectores utilizando las palabras más conocidas por ellos. Un estilo casual se ganará más la atención que un estilo académico o técnico. Por encima de todo, una introducción firme presenta ideas que inspirarán al lector a seguir leyendo.

Un párrafo introductorio llamativo contesta la pregunta más frecuente que hace casi todo lector: ¿Qué hay ahí para mí? Debes tener claro en qué forma tu información beneficiará a tus lectores, porque si no lo sabes es muy conveniente que vuelvas a revisar tu tema.

3.14.4. EJERCICIO ESCRITO: Escribe tu párrafo introductorio incluyendo primero la información más importante. Recuerda que debes desarrollar el tema presentado en el título y explicar a tus lectores lo que ellos van a obtener de tu artículo. Aquí es donde apareces personalmente para aportar algo nuevo, resolver un problema o simplemente entretener.

El **cuerpo** del artículo es donde cumples la promesa que hiciste en el título y en el párrafo introductorio, expandiéndote en el tema. Estas son algunas pautas para hacer más fácil la redacción de la parte más larga del artículo:

- *Trata de pegarte a una idea en cada frase y escribe dos o tres frases en cada párrafo:* Para tus lectores es más fácil manejar porciones concisas que bloques enteros de información.

- *Escribe subtítulos:* Estos son como mini-títulos que explican la siguiente información y ayudan a partirla en secciones pequeñas. Los subtítulos también te ayudan a organizar la presentación de la información algo así como en un bosquejo. Escríbelos en letras llamativas o mayúsculas para que sobresalgan.

- *Escribe con consistencia en el diseño:* Si la primera frase de una lista comienza con un verbo, asegúrate que la primera frase de los otros puntos también comience con un verbo. Por ejemplo, en esta lista de 4 puntos, cada frase inicial, la que está en itálica, comienza con la forma imperativa del verbo. Observa el inicio de estos enunciados: *trata, escribe, escribe, optimiza.*

- *Optimiza tus palabras y frases clave:* Las palabras y frases clave que elegiste para el título también deben aparecer a lo largo del cuerpo del artículo si quieres que los buscadores tengan mejores opciones para encontrarlo. Repite estas claves suficiente pero justamente para no dañar la forma y el contenido; hazlo de manera que la lectura fluya naturalmente.

Pasar por todo el trabajo que causa el proceso de optimización de tu artículo vale la pena por dos razones:

- Le ayudará a tu artículo a aparecer en una posición más alta en el listado - dentro de los resultados del buscador - que otros contenidos, especialmente si otros escritores no han incluido claves relevantes en sus artículos.

- Le ayudará satisfactoriamente a los lectores en su búsqueda porque les estarás ayudando a encontrar información que supla sus necesidades. Y gente (tú) que ayuda a otra gente (tus lectores) a conseguir lo que necesitan, siempre es tenida en cuenta y disfruta de buena reputación.

Entonces puedes ver que agregar palabras y frases clave al título y al cuerpo del artículo le ayuda a las dos partes: a tus lectores y a ti.

3.14.5. EJERCICIO ESCRITO: Es tiempo de escribir el cuerpo de tu artículo. Necesitas elaborarlo hasta cumplir la promesa que hiciste tanto en la selección del título como en el párrafo introductorio, respaldando tus enunciados con hechos. Si te estancas puedes referirte a todos los puntos anteriores y recuerda que no tienes que encontrar las palabras perfectas en el primer borrador. La mayoría del proceso de escritura se trata de reescribir y editar. En este punto, concéntrate en los puntos generales y disfruta el proceso.

La conclusión ¿Ya dijiste todo lo que querías decir? Entonces es hora de cerrar. La conclusión es sencilla porque es simplemente la sumatoria de todo lo que has dicho. El objetivo es dejar a tus lectores con un resumen fácil de recordar sobre el tema que desarrollaste para reforzar sus mentes.

Si terminaras tu artículo en el punto #9 de una lista de 10, tus lectores sentirían que los dejaste inconclusos. Es parte de la naturaleza humana indagar hasta llegar al final y la conclusión de la historia. Hasta puedes dejarlos con un grato sabor si compartes con ellos sobre la forma en que pueden beneficiarse y sacar ventaja de tu información, y ofreciéndoles unas palabras de simpatía y aliento.

Escribe la conclusión utilizando estos parámetros:

- Retoma los puntos principales y ciérralos en un resumen.
- Anima a los lectores a seguir tu consejo.
- Cierra con una nota positiva.

3.14.6. EJERCICIO ESCRITO: Termina tu artículo con un cierre firme. Escribe tu conclusión teniendo en cuenta los puntos principales que desarrollaste en el cuerpo del artículo y finaliza diciendo cuál es la mejor forma de beneficiarse y sacar buen provecho de la información que acabaste de dar.

Los recursos del autor es la parte en la que recibes los aplausos, compartes información apropiada sobre ti y tu negocio e invitas a tus lectores a emprender una acción frente a tus servicios y productos.

Al final de todo artículo va un párrafo aparte, unas 5 o 6 líneas más abajo (eso depende de los parámetros de cada publicación y por eso es útil que averigües antes de enviarlo). Este espacio para el autor puede utilizarse de diferentes formas y algunos autores escriben allí la siguiente información:

- Una breve explicación sobre quiénes son y su experiencia en el campo.
- Una o dos líneas sobre el negocio o las ofertas que quieren promocionar.
- Una invitación a los lectores para que llamen, visiten, ingresen, o hagan contacto por cualquiera de los medios provistos.
- *Opcional*: Un obsequio como incentivo para los lectores que tomen alguna acción.

La clave para optimizar el espacio para los recursos del autor

Para asegurarte de obtener el mejor beneficio de este espacio, invita clara y directamente al lector a tomar la decisión de actuar frente a tus ofertas y explica cuál es la ventaja de hacerlo. Esto aplica ya sea para inscribirse y recibir tu boletín informativo, un reporte especial, una consulta complementaria, o sencillamente visitar tu sitio web y obtener más información sobre tus productos, programas y servicios, o para leer tus espectaculares artículos.

3.14.7. EJERCICIO ESCRITO: Crea tu espacio para los recursos del autor. Recuerda mencionar tu campo de experiencia, tu negocio, ofertas, una invitación especial para tomar decisiones, información completa sobre cómo contactarte y los enlaces.

Decanta y corrige

Ahora es tiempo de tomar el artículo que has escrito con tanta especialidad y cuidado para dar el siguiente paso – ignorarlo. Déjalo a un lado *por lo menos un día*. Luego retómalo y tómate el tiempo para leerlo en voz alta para que descubras las palabras o frases que puedes mejorar. Chequea la gramática y el deletreo, pule tu trabajo hasta la perfección, no temas releerlo y releerlo; aunque quisieras hacerle diez lecturas, no son exceso porque siempre vas a encontrar algo que puedes mejorar.

Algo sobre los programas para chequear el deletreo: tu procesador de palabras posiblemente tiene una función para chequear la gramática y el deletreo. Úsala pero no dependas totalmente de esta función porque aún así puedes estar cometiendo errores. Por ejemplo, puedes haber escrito *"casa"* y querías escribir *"caza"*. La función de chequeo no puede comprender cuál palabra querías escribir o debías haber deletreado distinto, basada en lo que escribiste. Puedes chequear tu artículo con otras personas y aceptar sugerencias para arreglar errores que tú no habías visto.

3.14.8. Paso de acción: Recopila todos los elementos de tu investigación y escribe un artículo que contenga entre 500 y 750 palabras sobre el tópico que escogiste, incluyendo el espacio para los recursos del autor. Cuando esté bien pulido, compártelo con amigos, colegas, o un grupo de escritores, con el objetivo específico de recibir retroalimentación sobre el resultado final de tu proceso de escritura.

Parte 5: *Publicando* tu artículo

Aquí es donde recoges los frutos de tu labor. Luego de terminar de escribir tu artículo, comienzas a buscar el nicho de páginas web y las publicaciones que te ayudarán a compartirle al mundo lo que has escrito.

Publicar en la web: Internet ofrece muchos ambientes para publicar tu trabajo escrito y beneficiarte de distintas maneras, como por ejemplo generando tráfico a tu sitio web, construyendo tu credibilidad, incrementando la popularidad de tus productos, programas y servicios. Algunos de esos ambientes pueden ser:

- *Directorios de artículos.*
- *Listados de anuncios de artículos.*
- *Nichos de páginas web.*
- *Boletines electrónicos.*

Demos una mirada más cercana:

- *Listados de anuncios de artículos*: El objetivo de una lista de anuncio de artículos es enviar un correo electrónico anunciando tu artículo a los dueños de las páginas web y a los editores de los boletines electrónicos que están buscando contenidos de calidad.

El tiempo de los anuncios cambia y es manejado por el dueño del listado. Mientras que muchos listados mantienen tu artículo por un período de tiempo, se utilizan específicamente para hacer ese anuncio a la hora en que se programe – para que los buscadores no los encuentren. Ver http://Group.Yahoo.com.

- *Nichos de páginas web*: El dueño de un nicho de páginas web requiere contenidos de calidad escritos sobre temas específicos. El propósito del dueño de la página es mantener su agenda actualizada con artículos recientes que le interesen a sus lectores; ellos buscan escritores como tú que los provean con artículos gratuitos. Ver www.WebProNews.com.
- *Boletines electrónicos*: Vienen en todos los tamaños, formas y variedad de temas. Escribes el contenido, lo compartes con el editor, e inmediatamente tienes acceso a sus lectores que obviamente son tu audiencia. El editor gana contenido confiable sin necesidad de escribir los artículos y tú ganas una enorme cantidad de posibles prospectos. Ver www.New-list.com.

¿Dónde comenzar? Analiza la audiencia que buscas y piensa dónde crees que ellos pasarían más tiempo en Internet. Estos son justamente los lugares importantes donde quisieras publicar tus trabajos escritos lo más frecuentemente posible. Sin embargo, antes de comenzar con el proceso de entrega de tus artículos, existen otros detalles que debes analizar:

- *Busca ambientes relevantes*: Localiza los ambientes específicos que le agradan a tu audiencia y familiarízate con los parámetros y requerimientos para enviar artículos.
- *Escribe un resumen del artículo*: Escribe una sinopsis de tu artículo.
- *Decide sobre los caracteres por línea*: Prepara diferentes formatos para tu artículo, porque algunos editores requieren 60 caracteres por línea (60 cpl), mientras que otros requieren mayor número. Si te sientes inseguro sobre el formato requerido, contacta al dueño de la web antes de enviar tu trabajo.
- *Convierte tu artículo a texto*: Si usas un programa de Microsoft Word para escribir tu artículo, será necesario que lo conviertas en un archivo de texto para enviarlo.
- *Usa palabras y frases clave*: Elabora una lista de tus palabras y frases clave para los directorios de artículos que las requie-

ren. (Estas deberían ser las mismas que usaste para el título y el artículo que van a identificar los buscadores).

- *Lista el conteo de palabras*: Algunas páginas web requieren un conteo de palabras de tu artículo. El número total usualmente incluye todas las palabras que están en el titulo, el artículo y en el espacio para los recursos del autor.

- *Chequea la gramática y el deletreo de las palabras*: Cheque tu artículo antes de enviarlo. Estoy de acuerdo con Mark Twain que dijo: "No doy un centavo por el hombre que solo puede deletrear una palabra de una forma". Desafortunadamente, no todo el mundo está de acuerdo. Un error de estos incomoda a mucha gente.

- *Prepara un correo electrónico*: Escribe una carta a los editores detallando de què se trata tu escrito y por qué les beneficiaría a los lectores. Incluye una copia de tu escrito en el cuerpo del correo.

3.14.9. EJERCICIO ESCRITO: Escribe 5 directorios de artículos que le sirvan a tu tipo de mercado.

3.14.10. Paso de acción: Envía tu artículo a los sitios que identificaste en el ejercicio anterior.

3.14.11. EJERCICIO ESCRITO: Lista de 5 boletines electrónicos que le sirvan a tu tipo de mercado.

3.14.12. Paso de acción: Envía tu artículo al lugar que identificaste en el ejercicio anterior.

La consistencia es la base para escribir y publicar artículos como una estrategia de mercadeo. La idea es saturar tu tipo de mercado para que cuando un cliente potencial esté buscando información valiosa, tu nombre y artículos aparezcan una y otra vez dentro de los resultados de búsqueda.

Publicaciones impresas

Una vez que estés cómodo con tus publicaciones en línea, puedes ver la posibilidad de extenderte hacia ofrecer tus escritos a las publicaciones impresas. Escribir para esta clase de mercado es un proceso altamente competitivo pero a la vez muy gratificante.

Planea tu estrategia para hacer publicaciones escritas:

- *Piensa en grande pero comienza por poco.*
- *Solicita los parámetros del escrito.*
- *Analiza los contenidos.*
- *Escribe una solicitud.*
- *Envíala con un sobre de regreso auto-dirigido y con estampilla de correo.*
- *Comienza el proceso de seguimiento con el editor.*

Examinemos cada paso con más detalle:

- *Piensa en grande pero empieza por poco*: Mejor que ir directamente a las revistas más famosas, es bueno que comiences por enfocarte en las publicaciones locales como los periódicos, revistas, reportes comerciales, o los boletines comunitarios de la zona, porque aceptan más fácilmente tu trabajo y en algunos casos hasta te ayudan a editar tus artículos convenientemente.

Una vez que hayas sido aceptado para escribir es publicaciones pequeñas, puedes comenzar a construir tu portafolio con los trabajos escritos y acercarte con ellos a mercados más grandes. Esta es una parte importante porque muchos editores de este tipo de mercados no tienen en cuenta tu habilidad para escribir, a menos que puedan ver que has publicado previamente. Es igual que cuando estás tratando de ingresar en el campo del discurso público: comienzas a nivel local, subes a nivel regional, luego a nivel nacional y finalmente a nivel internacional. Es el mismo concepto funciona cuando estás tratando de publicar en forma impresa tus trabajos escritos.

- *Solicita los parámetros del escrito*: Nunca envíes un escrito sin saber lo que la editorial busca y acepta. Necesitas tener conocimiento sobre el número de palabras, los formatos del manejo de espacios, el estilo, la clase de información que cada editor requiere, como para mencionar algunas cosas. Para más información detallada sobre parámetros para escribir para miles de editoriales, consulta en "Writer's Market", escrito por Kathryn S. Brogan.
- *Analiza los contenidos*: Por lo que he escuchado, nada molesta más a un editor que recibir artículos que no encajan en el tema de sus publicaciones. La oportunidad de lograr que

te impriman tu artículo se incrementa si optas por conocer la editorial. Puedes hacerlo inscribiéndote a una de sus publicaciones, solicitando ejemplares desde meses anteriores, analizando los contenidos, observando el tamaño y el tono de los artículos, los temas cubiertos, el balance entre los artículos largos y los cortos y la cantidad de ilustraciones utilizadas.

- *Escribe una carta de solicitud*: Ahora que has identificado sobre cuáles temas quieres escribir y los lugares a donde te gustaría enviar tus trabajos, es tiempo de escribir una carta. Una carta de solicitud es un escrito de una página en el que básicamente haces una propuesta que presente la idea de tu artículo. Puedes hacerlo sobre algo que ya hayas escrito, conforme también puede ser sobre algo que todavía no has escrito, como una forma de conocer el interés de la editorial al respecto de tu idea.

Esta carta debe tener el formato de una carta de negocios. Debe llamar la atención instantáneamente, así como también debe ser convincente (de manera suave) en cuanto a la venta de tu idea. Usa papel con el nombre impreso de tu negocio, con un tipo de letra sencillo, tamaño 12, a espacio sencillo y ante todo, asegúrate de escribir el nombre del editor correctamente y en todo momento.

- *Envíala con un sobre de regreso auto-dirigido y con estampilla de correo.* Usa siempre un sobre en el que incluyas otro sobre con tu nombre y dirección, con correo postal pago, junto con tu carta de solicitud. Debes tener paciencia porque este es un proceso que puede tomar hasta 6 meses para obtener respuesta.

- *Comienza el proceso de seguimiento con el editor*: Luego de enviar tu carta y esperar el tiempo adecuado para la respuesta, comienza el proceso de seguimiento con una llamada. El objetivo es averiguar si el editor está interesado y si requiere información adicional. Si la respuesta es no, no te muestres ofuscado ni molesto, ni trates de cambiar la opinión del editor. En lugar de eso, pregunta si hay alguna variación que se le pueda hacer a tu escrito que pueda interesarle, o si de pronto conoce a alguien a quien podría interesarle tu trabajo.

3.14.13. EJERCICIO ESCRITO: Escribe 5 editoriales que sirvan a tu tipo de mercado.

3.14.14. Paso de acción: Envía tu carta de solicitud a los lugares identificados en el ejercicio anterior.

Ayuda a los editores a ayudarte

Todas las editoriales tienen un hambre insaciable por buenos contenidos. Ellas buscan artículos que informen y entretengan a sus lectores – trabajos que les ayuden a mejorar la vida, ya sea que se trate de cómo ahorrar dinero, perder peso, mejorar la autoestima, o construir un escritorio.

Muchos editores necesitan gente que escriba excelentes artículos – como tú. Generalmente tienen que pagar cantidades altas a un equipo de escritores para que lo hagan. Si tú puedes proveerles buenos escritos a ningún costo, la editorial ahorra tiempo y dinero y tu ganarás experiencia y publicidad.

Una relación solida con un editor puede beneficiarte en:

*   Conocer la clase de información que se necesita en próximas publicaciones.
*   La clase de historias que se buscarán en el futuro.
*   Aumenta la posibilidad para que te confieran un trabajo próximo.

La consideración va de la mano con el negocio de las publicaciones impresas. Descubrirás que el componente más importante para desarrollar relaciones con los editores es escuchando y proveyendo la mejor información para suplir sus necesidades. Si estás en contacto permanente con ellos y los sirves con buenas historias, construirás relaciones exitosas que te llevarán con el tiempo a darte a conocer y tener publicidad para ti y para tu negocio.

3.14.15. EJERCICIO ESCRITO: Piensa en la forma en que te gustaría escribir tus artículos sobre una base estable: semanal, quincenal o mensualmente.

3.14.16. Paso de acción: Organiza el horario que necesitarías para escribir y enviar artículos nuevos y después hazlo.

Es importante aprender el valor de la gratificación demorada. Aunque es natural que quieras efectos instantáneos, este es un proceso, no una fórmula mágica para obtener fama y fortuna de la noche a la mañana. Uno de los mayores errores que le veo cometer a los profesionales de servicios es que se rinden demasiado rápido cuando los esfuerzos iniciales no producen resultados inmediatos. Es el efecto cumulativo el que valdrá la pena. Por eso debes ser consistente y perseverante. ¡No te rindas!

CAPÍTULO 15

LA ESTRATEGIA DE MANTENERSE EN CONTACTO

"Consérvate bien, haz un buen trabajo
y mantente en contacto".

— GARRISON KEILLOR

Esta es la estrategia de mercadeo más importante que jamás hayas usado. Como bien puedes recordar, debes mantener contacto muchas veces con los clientes potenciales antes que ellos se sientan lo suficientemente cómodos como para que te contraten o compren tus productos. Si no tienes algún sistema automatizado que te permita mantenerte en contacto aplicando esta estrategia continuamente, entonces puedes decir como el refrán, "dejarás muchos negocios sobre la mesa." Ante todo habrás perdido la oportunidad de servir a las personas a las cuales estas llamado a servir.

La falta de una estrategia para mantenerte en contacto es el punto por el cual la mayoría de negocios fracasan. Ya sea que hayan empresas que te bombardean con demasiada información y con demasiadas ofertas que te fastidian, o puede ser que nunca vuelves a escuchar de dichas empresas y te dejen con una sentido de irrelevancia y sin importancia. Analiza la siguiente experiencia de mi cliente Bárbara:

En tan solo uno años ella había recopilado más de 5,000 nombres de óptimos clientes en su base de datos. Los nombres estaban allí pero ella jamás se mantuvo en contacto con ellos, hasta que un día se le ocurrió preparar una oferta irresistible para enviarle a sus contactos; ella ansiosamente oprimió el botón de "enviar." Las respuestas que obtuvo fueron correos de personas preguntando quién era ella y de dónde se conocían. Bárbara aprendió una lección valiosa ese día: Hay que determinar la mejor propuesta para usar esta estrategia y hay que trabajar en mantenerse en contacto con los clientes.

Cada vez que envió mi boletín electrónico, el cual es mi estrategia de mantenerme en contacto, recibo nuevos pedidos de mis productos y llamadas preguntando por mis servicios. *¡Cada vez que lo hago!* Sin mi estrategia para mantenerme en contacto, nunca podría crear confianza con las personas al pasar el tiempo. Existe una diferencia importante que se debe aclarar entre mantenerse en contacto con tus clientes potenciales, colegas, y otros a un nivel personal y otra muy diferente que es desarrollar un sistema automatizado de mantenerse en contacto donde puedes enviar un boletín electrónico, correos electrónicos normales y hasta otro tipo de correo informativo regular.

Cuando conoces a alguien e intercambias información para contactarse, obtienes el permiso de comunicarte con esa persona, e iniciar o continuar un diálogo que sea importante para los dos. Sin embargo, esto no significa que obtienes permiso para enviarle tu boletín informativo y otro material automatizado. Todo el sistema de seguimiento automatizado que hagas debe estar basado en los principios de permiso en mercadeo, como lo señala detalladamente Seth Godin en uno de sus libros mejor vendidos, *"Permission Marketing"*. Esto es esencial ya que te querrás comunicar solo con aquellas personas que realmente deseen oír de ti. Cuando tus clientes potenciales están a la expectativa de tus mensajes de mercadeo, también estarán más atentos a escuchar lo que tienes para ofrecerles. Una vez dicho esto, cuando tengas la oportunidad de conocer nuevas personas, debes preguntarles si desean ser inscritos a tu boletín informativo. Cuéntales de qué se trata, por qué es valioso, cuándo lo recibirá y cualquier otra información relevante. Luego de esto, si te dan permiso de incluirlos en tu lista de correo, también tendrás el permiso de enviarles ofertas y otras promociones.

Un contenido relevante, interesante, actual y valioso

Es tu responsabilidad que el contenido de los correos que compartas con tus clientes potenciales por medio de la estrategia del sistema automatizado sea relevante, interesante, actual y valioso. Existen seis categorías básicas de contenido que cumplen con esos criterios:
- Información de la industria
- Estrategias, consejos y técnicas
- Contenido de otras fuentes (expertas)
- Ofertas de productos y servicios
- Mantenerte en contacto creativamente
- Anuncios especiales

Información de la Industria

Información de la industria que sea relevante al mercado y que pueda o no ser conocida ampliamente, con un excelente contenido para tu boletín y para los clientes de tu base de datos. Te posesionarás como un experto dentro de tu industria proveyendo un valor constante a tus clientes actuales y potenciales. Además, ellos apreciarán la información y tu generosidad al compartirla con ellos.

Digamos que tú certificas profesores de yoga. Obtener información acerca de los estándares, regulaciones y leyes en esta área sería muy valioso al mercado al cual quieres atraer. Tal vez si fueras un gerente de proyectos, los últimos anuncios y acontecimientos de OSHA serían muy significativos, al igual que información acerca de regulaciones de seguridad. Incluir datos importantes en tu estrategia de comunicación y referirse a esta, es una manera de mantenerte vigente en la mente de tus clientes. Te recordarán como un experto en la materia al cual se debe consultar como apoyo en el futuro.

Estrategias, consejos, y técnicas

Este es probablemente el tipo de contenido más común, especialmente para los profesionales del servicio. Es el tipo primordial de información que le envío a los suscriptores de mi boletín electrónico.

A pesar del interesante enfoque rico en contenido, algunos profesionales del servicio consideran que están divulgando demasiado de su propio material. "Si yo proveo todas estas claves y estrategias a mis clientes gratuitamente, ¿entonces para qué habrían ellos de contratarme?" se preguntarán. ¡No hay de qué preocuparse querido lector! Por supuesto que algunos nunca te contratarán o comprarán tus productos; de todas maneras no te contratarían; pero nunca sabes - ellos están allá afuera en el mundo hablando de lo que tú haces y de cómo ayudas a los demás. He recibido toneladas de recomendados de gente que no son clientes pero que les he "ayudado gratuitamente".

La mayoría de personas que eventualmente te contratarán o que comprarán tus productos, necesitarán consejo gratuito y apoyo para construir la confianza que ellos necesitan para saber que realmente les podrás ayudar. Además, la gente creerá que tu conocimiento es mayor al que les estás comunicando. Ellos pensarán "¡Wow! Si esta persona comparte todo este conocimiento gratuitamente, ¿se imaginan lo que me puede aportar si le pago?"

Contenido de otras fuentes

Continuamente proveo a mis clientes potenciales y actuales con contenido relevante que proviene de otras personas de manera tal que les proporcione todo lo que más puedo. Esto también me libera de la carga de tener que crear contenido continuamente, me permite brindarle a mis contactos información que yo solo no les podría ofrecer, y me permite presentar a otros profesionales que se benefician de la exposición al mercado. Hay una bonificación adicional: Los expertos que presento frecuentemente corresponden el favor promocionándome a los clientes a los que *ellos* sirven también. ¿No es esto provechoso para todos? Asimismo es la manera más fácil de darle un gran significado a quienes te han permitido servirles desde tus inicios.

De nuevo, si estás preocupado porque perderás clientes por promocionar el servicio de otros expertos, tendrías que por favor revisar el principio de "Tu mejor promotor: TÚ MISMO" que dice:

**"EXISTEN PERSONAS A LAS CUALES ESTÁS LLAMADO
A SERVIR Y EXISTEN OTRAS QUE NO.
SI PUEDES AYUDAR A OTROS PROFESIONALES A
ATRAER NEGOCIOS POR MEDIO DE TU AYUDA,
ENTONCES ESTARÁS CREANDO MAS ABUNDANCIA
PARA TODOS LOS INVOLUCRADOS."**

Ofertas de productos y servicios

Si no les brindas ofertas a tus clientes potenciales, ¿cómo sabrán ellos que les puedes ayudar? Si no estás haciendo todo lo que más puedas para servir a las personas que necesitan de tu ayuda, es algo casi criminal. En serio, yo creo que tienes la obligación de ofrecer tus servicios a quienes lo necesitan y a aquellos que conoces y sabes que les puedes ayudar de una manera significativa.

Esta es otra manera de ver las cosas: La mayoría de nosotros expresamos nuestros valores a través de las cosas que compramos.

Somos lo que compramos. Piénsalo. Si no me conocieras pero si lograras ver mis estados financieros personales y profesionales de los últimos tres meses, conocerías mucho de mí, sabrías cuáles son las cosas que valoro y cómo paso mi tiempo. Si mis estados financieros profesionales indicaran que frecuento un bar cada noche y que gasto la mayor parte de mi dinero en maquinas tragamonedas en las Vegas, obtendrías una visión de lo que valoro. Si mis records indicaran que asisto a clase de meditación cinco veces a la semana, que compro cuatro libros cada mes y que gasto miles de dólares anuales en educación privada para mi hijo, verías una persona con valores distintos.

La mayoría de nosotros deseamos la oportunidad de expresarnos a través de las cosas que compramos, especialmente cuando esas cosas van a añadir mayor valor a nuestra vida o trabajo. Así que *por favor* dale la oportunidad a las personas a las que sirves de expresar sus valores al comprar lo que tú les ofreces.

Luego de aclarar eso, puede ser que no sea muy bien visto que únicamente brindes ofertas de productos y servicios a tus clientes potenciales. Tus ofertas deben ir acompañadas de un valor agregado y de una "*extra-entrega.*" Mi meta personal es suscribirme a la regla 80/20 cuando se trata de mantenerme en contacto. Eso significa que el 80% del mercadeo para mantenerme en contacto está basado en regalar contenido gratis, oportunidades gratis, y recursos que ayuden a la gente a la que sirvo; el 20% restante está compuesto de ofertas para comprar servicios, productos, y programas que también ayudarán a las personas a las que sirvo. Recuerda, las personas que han expresado interés en tus servicios quieren saber cómo pueden trabajar contigo y es tu responsabilidad decirles y mostrarles sus opciones.

Mantenerte en contacto creativamente

Sabes que me encanta que te expreses abiertamente. Y ahora sabes que podrías atraer más rápida y fácilmente a tus clientes ideales cuando lo sabes hacer. Esta categoría es la de "*mantenerte en contacto creativamente*" porque puede incluir cualquier método divertido, diferente, único o exótico para mantenerte en contacto, ¡algunos hasta pueden exponer su característica en particular! Por favor recuerda que particular no significa extraño o estrambótico. Significa inusual, único y especial. ¡Así que se creativo! ¡Se audaz! ¡Atrévete a sobresalir de la multitud!

Por ejemplo, Susana es una estilista y es amante de los perros. Cada mes su estrategia para mantenerse en contacto con creatividad, exponiendo su particularidad, incluye una foto de ella y sus perros con un color y estilo de cabello divertido, loco y extravagante. ¡Es divertido, memorable y sobre todo representa a Susana!

¿Cuál es tu estrategia peculiar para mantenerte en contacto en una forma especial, única y entretenida? ¡Las posibilidades no tienen límite!

Anuncios especiales

Este es un método de gran valor para mantenerte en contacto si el anuncio de la ocasión especial es relevante, importante y presentado como una herramienta para tu tipo de mercado. Pero ten cuidado – es una categoría demasiado utilizada y puede tornarse irrelevante y molesta cuando se envía en un formato como *"todo acerca de nosotros,"* y cuya información *no* es relevante a tus contactos. ¿Cuántas veces has recibido anuncios informándote acerca de un nuevo programa desarrollado en una compañía o acerca de un cambio en la administración que realmente te interese?

3.15.1 EJERCICIO ESCRITO: ¿Cuál es la mejor clase de contenido que debes incluir en tu estrategia para mantenerte en contacto basado en tus intereses, necesidades y deseos hacia tu mercado target?

Escogiendo tus herramientas para mantenerte en contacto

Una vez tengas un excelente contenido para compartir con tus clientes potenciales y actuales, debes escoger la mejor estrategia para enviarles tu información.

Estos son los métodos más comunes:

- Boletín informativo electrónico
- Boletines informativos impresos
- Postales y correos
- Teléfono

Yo creo que los boletines informativos electrónicos son el método más fácil y más favorable económicamente para mantenerte en contacto con un gran número de personas. Los boletines informativos impresos pueden ser métodos de mercadeo efectivos pero tienen un costo alto cuando se trata de imprimirlos y enviarlos. Las postales y los correos electrónicos son excelentes para la correspondencia personalizada, pero nuevamente, son herramientas costosas y consumen mucho tiempo al intentar mantenerse en contacto con grupos grandes de contactos.

Cuando tu negocio llegue a crecer como una pequeña empresa multimillonaria, hablaremos sobre incluir boletines informativos impresos y otros correos electrónicos en tus campañas publicitarias para incrementar las formas de contacto con tus subscriptores y clientes; pero por el momento enfoquémonos en los boletines informativos electrónicos, una de las mejores herramientas de mercadeo para:

- Crear tu lista de correo, agregar valor y mercadeo a tus subscriptores una y otra vez.
- Vender tus productos y servicios mientras que les entregas un gran contenido y valor agregado.
- Posicionarte como un experto dentro de tu campo o industria.
- Mantenerte en contacto con aquellas personas que han expresado interés en tus productos y servicios. Puedes enviar un correo electrónico y logras comunicarte con todos - oprimiendo un botón.
- Crear una "campaña de mercadeo viral" (crece expónencialmente a medida que se le transmite a otros) porque tus subscriptores se lo enviarán a sus amigos cuando crean que les será de ayuda a ellos.
- Crear campanas de mercadeo constantes custan virtualmente nada y producen excelentes recompensas.

El 90% de mis ventas de productos y servicios se derivan en un 20% de mi espacio en mi boletín informativo electrónico mensual, y la vez de mis promociones directas de correo electrónico. Permíteme ser muy claro con respecto a esto porque es muy importante. Yo analizo mis ventas y sé que el 90% de mis ventas en Internet provienen de una respuesta directa a mi boletín informativo mensual y no de un nuevo visitante que llegó a una de mis páginas virtuales.

Como aprendiste previamente en el capítulo 12, tu página web usada efectivamente será una excelente herramienta para atraer a la gente a inscribirse a tu lista de correo para que puedas así ofrecerles valor y construir confianza con el paso del tiempo.

El seguimiento efectivo de tu estrategia de mantenerte en contacto será lo que permita recoger buenas recompensas financieras y personales por tus esfuerzos en el mercadeo.

Formato del boletín informativo electrónico

Hay muchas maneras de diseñar un boletín informativo electrónico. Para empezar, yo recomendaría lo que sea más económico, fácil, y compatible con tus fortalezas. Si tienes un gran deseo por aprender a diseñar en HTML, entonces no permitas que nada te detenga para aprender como editar tu propio boletín en HTML. Sin embargo, si no estás interesado en aprender esta habilidad, pídele ayuda un profesional. Tú escribes el contenido de tu boletín y luego lo envías al profesional, él creara la versión HTML con graficas, colores y otros aplicativos.

No necesitas que un boletín informativo HTML parezca profesional. Algunos de los vendedores por Internet más exitosos solo utilizan boletines de texto, los cuales generalmente tienen mayor éxito en la entrega ya que no suelen ser recogidos por los filtros antispam. Por alguna razón, esta clase de filtros suelen detectar más el HTML que los archivos de solo texto, y los filtros bloquean un porcentaje más alto de correos electrónicos de HTML.

3.15.2 EJERCICIO ESCRITO: ¿Qué clase de herramientas puedes usar para mantenerte en contacto?

El diseño de tu boletín informativo electrónico

El diseño del texto en tu boletín es tan importante como lo que vas a decir. La mayoría de tus lectores realmente no van a leerlo directamente. Primero le echarán un vistazo. Luego, si la edición parece relevante e interesante la leerán más detalladamente. Para lograr que tu boletín sea convincente, fácil de ojear, y fácil de leer sigue las siguientes pautas generales cuando diseñes tu texto:

- Utiliza títulos para interesar a tus lectores.
- Utiliza casos de estudio o testimonios que añadan credibilidad a tus afirmaciones.
- Escribe desde el punto de vista de tus lectores.
- Escribe acerca de los beneficios y no tan solo de las características.
- Lee tu texto en voz alta para asegurarte que tenga un toque de conversación.
- Permite que un colega o un cliente lo revise para hacer sugerencias.
- Escribe como si le estuvieras hablando a una persona – la persona que lee el boletín.
- Se especifico.
- Se conciso.
- Mantén la sencilla.

Diseña el ancho de tu texto pequeño, especialmente si vas a enviar un correo de sencillo de texto. Existe un estándar en la industria del correo electrónico que sugiere que cada renglón no debe tener más de 65 caracteres para que pueda ser leído en la mayoría de programas de correo electrónico. Si el texto es muy ancho el lector tendrá que mover el cuadro de texto de izquierda a derecha para poder leer el correo. Recuerda que la mayoría de tus lectores no leerán tu boletín, solamente lo ojearan. Si tus lectores no pueden ver todo el texto, de izquierda a derecha, entonces ellos no podrán ojear.

Mantén tus párrafos de máximo siete líneas, a menos que sean testimonios, o aún párrafos más cortos están bien. Bloques grandes de texto son más difíciles de ojear. Con algunos programas disponibles puedes usar una herramienta para formatear tus correos de texto. Todo lo que tienes que hacer es escribir tu texto, hazle oprimir el botón, y tu texto será re-formateado por tus indicaciones de caracteres por línea – no más horas perdidas editando el ancho de tu texto manualmente.

También encontrarás que pueden haber diferentes ejemplos de un mismo boletín: uno en formato HTML, otro que es solamente texto, y otro que es un correo electrónico de texto corto anunciando que tu boletín informativo ya está disponible en línea y como recibirlo.

Frecuencia

La frecuencia depende de muchos factores pero principalmente debe estar basada en los objetivos a cumplir con tu boletín. Algunas personas los envían semanales, algunos dos veces a la semana, algunos mensualmente o trimestralmente. Yo sugiero que empieces con una publicación mensual. Una semanal sería demasiado para ti y para tus subscriptores; cuando estás solo iniciando, una publicación trimestral tal vez no te dará la exposición visual que esperas, y una diaria es demasiado para la mayoría de subscriptores. Yo realizo una publicación mensual con más anuncios especiales y promociones entre una publicación y el siguiente. Eso es suficiente para mí y para mis lectores.

Estrategia de un sistema automático para mantenerse en contacto

Si no tienes un sistema automático para mantener tu estrategia de contacto, entonces no tienes una estrategia para mantenerte en contacto. Es hora de:

- Crear y administrar tu base de datos.
- Hacerle un seguimiento a tus perspectivas y oportunidades profesionales.

Creando y manteniendo tu base de datos

Estoy seguro que habrás conocido cientos, sino miles de personas durante toda tu vida profesional con quienes no te has mantenido en contacto. Ahora que eres un profesional del servicio en espera de atraer más clientes de los que puedas atender, podría apostar que en este momento deseas haberte mantenido en contacto con esas personas durante todo este tiempo. Bueno, ¡no importa! Te mantendrás en contacto con todas las personas que conozcas de ahora en adelante. Sin embargo, es muy esperanzador pensar en todas las personas con quienes si te has mantenido en contacto porque te muestra lo fácil que es crear una base de datos de clientes potenciales y contactos en red. Ahora que te vas a enfocar en crear tu propia base de datos, pronto serás "Tú mejor promotor: TÚ MISMO".

Escogiendo un programa para tu base de datos

Para tener una exitosa estrategia para mantenerte en contacto necesitaras un programa para bases de datos de confianza y comprensible. Existen muchos programas para bases de datos por escoger, y muchos más de los que yo pueda enumerar aquí, pero es importante que consideres cómo vas a utilizar dicho programa.

Existen dos diferenciaciones importantes que quiero que analices: la creación de una base de datos en línea o fuera de ella. Si vas a utilizar tu sistema de base de datos para reunir direcciones de correos electrónicos desde tu página web y luego enviar tu boletín y otros correos en masa, entonces sería mejor que escogieras un sistema que esté diseñado para apoyar esta función en línea. Si vas a manejar tu información de contactos fuera de la red y vas a enviar tu correo directamente, entonces escoge un programa que respalde esas funciones, como por ejemplo ACT!, Goldmine®, o Microsoft® Outlook®.

Yo hago la diferencia entre los programas que trabajan en la red y fuera de ella porque un sistema como Microsoft® Outlook®, que es un sistema que trabaja fuera de la red, que te permitirá enviar correo a toda tu base de datos, pero es muy improbable que muchos (o ninguno) de tus mensajes lleguen a sus destinatarios. Servidores de correo electrónico como MSN, Yahoo y AOL consideran que el correo en masa es correo no solicitado si lo envías a más de 25 contactos a la vez sin que sean enviados individualmente.

Sin embargo, hay programas en línea diseñados para sobreponerse a este problema. Dichos programas envían cada correo electrónico individualizado para que no sea considerado como spam o correo no solicitado. Haz tu propia investigación y escoge el programa que mejor cumpla con tus necesidades.

Recuerda que el programa en si no es tan importante como lo que tú hagas con él – realmente debes tratar de mantenerte en contacto con tus prospectos, clientes y clientes antiguos.

Configurando el programa

Cualquier programa que escojas va a ser configurado para manejar las funciones básicas, como el nombre del dueño, el nombre de la compañía, número telefónico del negocio, número telefónico de la casa y cosas de este estilo. Asegúrate también de crear categorías para recordar cómo llego esta persona a ti (como se conocieron o quien te la remitió) y si ahora es un cliente, cliente potencial o un contacto profesional. Esto te permitirá buscar un grupo de personas (tales como "prospectos") en tan solo unos cuantos segundos y les podrás enviar correos electrónicos y cartas apropiadas referente a ellos.

Ingresando los datos

Este es el aspecto más importante de la estrategia de mantenerte en contacto. Obviamente tendrás que conseguir la información de tu nuevo contacto, pero la mayoría de personas no tienen problemas con esto. El problema se basa en que la gente no sabe qué hacer con la información. Debes ingresar y guardar esta información en la base de datos y luego continuar manteniéndote en contacto con esa persona, así crearas confianza con el tiempo. El tamaño y la calidad de tu base de datos son directamente proporcional a la salud financiera de tu empresa, pero solo si la usas para continuar creando conexiones con otros.

Haciendo una copia de seguridad de tus datos

Haz una copia de seguridad a tu base de datos diariamente. Tu base de datos es el fundamento de tu empresa. Si pierdes esa estructura integral de apoyo no tendrás cómo reponerla. Sería como iniciar de nuevo, lo cual tendría un alto costo de muchas horas de trabajo y dinero.

Adquiriendo y haciendo seguimiento de tus prospectos y oportunidades profesionales

Hacer el seguimiento de los prospectos y oportunidades profesionales es una clave importante de tu éxito. Es una inversión que te brindara grandes resultados. El ciclo de ventas de "Tú mejor promotor: TÚ MISMO" está basado en la estrategia de mantenerte en contacto y requiere que ofrezcas gran valor. Por favor, te imploro que hagas de esto una de tus prioridades primordiales.

La estrategia de Mantenerte en Contacto es la clave para garantizar que tus esfuerzos en mercadeo sean efectivos y tengan éxito.

Mantener el contacto con tus clientes potenciales es una parte crítica para crear confianza y credibilidad, y por sobre todas las cosas el mantenerte en contacto te mantendrá en la mente de tus clientes potenciales cuando necesiten de ti, de tus servicios o de los productos y programas que les ofreces.

3.15.4. EJERCICIO ESCRITO: ¿Cómo vas a automatizar tu estrategia para mantenerte en contacto?

PENSAMIENTOS FINALES

"Este no es el fin. No es ni siquiera el principio del fin.
Tal vez sea, el fin del principio".
— SIR WINSTON CHURCHILL

¡Felicitaciones! ¡Lo lograste! El sistema de "Tú mejor promotor: TÚ MISMO" es incitante, desafiante, algunas veces miedoso, otras veces emocionante, y siempre poderoso. Las recompensas que obtendrás como resultado de tu arduo trabajo harán que todo ese tiempo y esfuerzo invertidos en este proceso sean provechosos. Espero que ahora tomes un tiempo para reconocer todo lo que has logrado ya que no ha sido un camino fácil. ¡En realidad es un camino largo! Hemos cubierto bastante material y te mantuviste conmigo paso a paso, de principio a fin.

Ya sabes quiénes son tus clientes ideales y sabes cómo asegurarte que estés trabajando solo con los que te inspiran y te dan energía. Ya has identificado el tipo de mercado al que te apasiona servir, de igual manera has identificado sus necesidades urgentes y deseos irresistibles, y cuáles son las oportunidades de inversión para ofrecerles. Has desarrollado una marca personalizada que es memorable, de significado para ti, que es únicamente tuya, y sabes definir a quiénes sirves y cómo les sirves de una manera fascinante en vez de aburridora y simple.

Has empezado a pensar en ti como el experto que eres y continúas enriqueciéndote con conocimiento para servir mejor a tu mercado, y entiendes la importancia en que seas una persona agradable. Ya sabes cómo desarrollar un ciclo completo de ventas que te permitirá construir relaciones con el paso del tiempo con quienes deseas servir. Has aprendido a desarrollar productos creados por tu propia marca y programas que sean la parte clave en el desarrollo del ciclo de ventas y cómo entablar conversaciones sinceras y exitosas con tus clientes potenciales.

Estás en contacto con otros de una manera genuina y cómoda y has aprendido a crear una página web que te permita obtener resultados, cómo generar contacto con otros de una manera personal y efectiva, cómo generar un gran número de referidos, cómo utilizar el discurso y la escritura para ganar clientes potenciales, y luego cómo mantenerte en contacto con una multitud de clientes potenciales con quienes te contactarás cuando implementes todas las estrategias de autopromoción de "Tú mejor promotor: TÚ MISMO".

Todo lo que has aprendido es importante, pero aún más importante es recordar la filosofía fundamental de todo el sistema de "Tú mejor promotor: TÚ MISMO": Hay personas a las cuales fuiste llamado a servir, y ellos están allá fuera esperándote. Cuando los encuentres, recuerda darles tanto valor que pienses que les has brindado demasiado y luego asegúrate de darles más.

Mencione al iniciar nuestro trayecto que existen personas que no saben qué hacer o saben claramente qué hacer pero deciden no hacerlo. Tú sabes exactamente que debes hacer. Ya no hay más excusas, no más razones para postergar o esconderte en la oficina.

La pregunta ahora es ¿qué vas hacer con lo que aprendiste? A través de este libro te he dado ejercicios escritos y pasos de acción que te ayuden a conseguir más clientes de los que puedas atender. ¿Has estado siguiendo estos pasos a través del libro? Si lo has hecho, ¡fantástico! Si no lo has hecho ¿lo empezaras hacer a partir de ahora? Tu éxito depende de tu acción continua.

Este puede ser el final de este libro pero no significa que sea el final de nuestros trabajos juntos. Tu empresa está en un proceso generativo e iterativo. Estarás cambiando y evolucionando a medida que te adaptas flujo de tu negocio hasta que lo conviertas en una empresa muy solida y espero la oportunidad de continuar sirviéndote en la mejor manera y más efectiva que pueda.

Te agradezco sinceramente por invertir este tiempo conmigo aprendiendo el sistema de "Tú mejor promotor: TÚ MISMO". Significa mucho para mí el que hayas sacado el tiempo de tu horario tan ocupado para leer mi libro y seguir mi consejo. Tengo el gran honor de servirte. Espero que estos principios, estrategias, técnicas y claves hagan la diferencia verdadera en tu vida y en la vida de los que vas a servir.

Espero que el camino de "Tú mejor promotor: TÚ MISMO" te ayude a mirarte al espejo cada mañana y a tener una relación amorosa desenfrenada, apasionada contigo mismo, realiza el trabajo que tanto amas, y conviértete en "el mejor promotor de tu negocio" mientras estás al servicio de los demás haciendo una diferencia en sus vidas.

Te amo mucho (y no de una manera extraña)

Piensa en Grande,

— MICHAEL PORT

"El hombre ha llamar cuando estas cansado de pensar en pequeño"

ACERCA DEL AUTOR

Michael Port y su equipo de trabajo del libro *"Tu mejor promotor: TÚ MISMO"* *han entrenado e inspirado a mas de 2,000 profesionales del servicio y dueños de empresas pequeñas alrededor del mundo. El es conocido como "El hombre ha llamar cuando estas cansado de pensar en pequeño"* porque ayuda a la gente a pensar en grande a cerca de quiénes son y qué tienen por ofrecerle al mundo.

Como escritor ha contribuido al excelente trabajo de otras personas, incluyendo "Success Secrets of the Online Marketing Superstars" and "Guerrilla Marketing for Job Hunters".

Nacido en Manhattan, Michael recientemente se ha trasladado al pintoresco Bucks County, Pennsylvania, en donde ahora disfruta de un estilo de vida más tranquilo (cuando no está viajando) con su esposa Shannon y su hijo Jake.

Herramientas para Triunfadores

El Factor X

Dr. Camilo Cruz

ISBN: 1-607380-00-5

240 páginas

Muchas personas viven ago-
biadas y estresadas por la multitud de tareas, compromisos,
diligencias, reuniones y actividades que saturan su día y no
les dan espacio para ellas mismas. Y este estrés puede ser la
causa de múltiples enfermeda-
des, envejecimiento prematu-
ro y hasta de muerte.

Ahora imagínate cómo trans-
curriría tu día si pudieras identificar con absoluta certeza
aquellas actividades que agregarán mayor valor a tu vida de manera
que pudieras enfocar ellas toda tu atención, al tiempo que lograr
eliminar la multitud de trivialidades y asuntos sin importancia que
congestionan tu día. ¿Qué sucedería si antes de tomar cualquier
decisión o salir tras cualquier meta, supieras identificar, sin temor
a equivocarte, el camino que debes seguir; aquel que te permitirá disfrutar niveles de éxito, felicidad y prosperidad que nunca has
imaginado?

Esa habilidad para determinar la actividad adecuada, el sueño ideal
o el camino indicado a seguir de entre todas las opciones que poda-
mos tener a nuestra disposición es lo que el Dr. Camilo Cruz llama,
El Factor X. Cuando somos incapaces de enfocar nuestro esfuerzo
en el logro de un objetivo claro, nuestro trabajo es ineficiente e im-
productivo. Pero si logramos enfocar nuestras acciones podremos
lograr cosas increíbles. Descubre tu Factor X y comienza a vivir hoy
la vida que siempre soñaste vivir.

Herramientas para Triunfadores

Negociando para Ganar
Jim Hennig, Ph.D.
ISBN: 1-607380-04-8

216 páginas

"Negociando para ganar" le ofrece estrategias actuales que pueden ayudarle a sacar adelante cualquier negociación. Con la filosofía de éxito del experto en negocios, Jim Hennig, usted aprenderá como cerrar nego- ciaciones sin esfuerzo, empleando preguntas sencillas, escuchando efectivamente, con honestidad e integridad y construyendo relaciones duraderas. No importa si usted es un ejecutivo profesional o un princi- piante en el arte de la negociación, las estrategias privilegiadas de Hennig le enseñarán:

- Manejar negociadores difíciles (o imposibles).
- Negociar desde una posición débil.
- Resolver diferencias antes que ellas se presenten en el camino.
- Evitar errores comunes en las negociaciones.
- Cómo obtener y dar concesiones efectivamente.

A través de docenas de estrategias probadas, consejos, palabras de poder, frases y diálogos en tiempo real, "Negociando para Ganar" le ayuda a lograr sus objetivos de cultivar a esos clientes nuevos y antiguos que quieren hacer negocios con usted.

Jim Hennig es un experto en negociación y consultor frecuentado por muchas compañías del grupo Fortune 500. Fue presidente de la Asociación Nacional de Conferencistas (NSA) y obtuvo el prestigioso galardón "Salón de la Fama" de la NSA.

Herramientas para Triunfadores

Habla como un triunfador
Steve Nakamoto
ISBN: 1-607380-14-5
216 páginas

La comunicación es una de las habilidades más importantes del ser humano porque, de utilizarse eficazmente, nos garantiza el éxito en nuestras relaciones interpersonales. Sin embargo, desconocemos el poder de la comunicación en nuestra vida y es una de las destrezas ¡que menos sabemos utilizar! Existe una amplia mayoría de personas que hasta ahora, nunca han aprendido la forma productiva y eficaz de comunicarse.

En esta obra práctica y amena aprenderás 21 pasos definitivos para acelerar tu éxito a través de una comunicación diaria efectiva. Usando estas poderosas pautas en tu rutina diaria tendrás la oportunidad de mejorar radicalmente tu vida a nivel personal y profesional, de las siguientes formas:

- Desarrollarás una confianza incomparable.
- Te conectarás más rápido y fácil con tu entorno.
- Mantendrás tus conexiones románticas vivas.
- Lograrás agradarle a muchas personas y ganarás su respeto.
- Mostrarás lo mejor de ti y de otros.
- Evitarás costosas e innecesarias discusiones.
- Construirás relaciones fuertes que perdurarán para toda tu vida.
- Disfrutarás de libertad ilimitada para expresarte en cualquier momento y en cualquier sitio.

Herramientas para Triunfadores

**Descubre tu potencial
ilimitado**
Cynthia Kersey
ISBN: 1-607380-009-9

256 páginas

¡Ningún obstáculo ha sido demasiado grande para los que conocen y utilizan su potencial humano ilimitado! Desde el logro más grande que se haya alcanzado en el mundo hasta las metas personales más sencillas propias de las luchas que libramos diariamente, el potencial ilimitado es la fuerza que irrumpe a través de las múltiples y más frecuentes barreras que enfrentamos, y nos da la victoria.

Pero, ¿cómo desarrollar ese potencial ilimitado e incontenible? ¿Está únicamente al alcance de los que tienen habilidades excepcionales? ¿Debe alguien nacer con ese don especial?

Existen tres clases de individuos: los que hacen que las cosas sucedan, los que ven las cosas suceder, y los que se preguntan qué pasó. ¿Quién de estos eres tú?

Las personas que tú estás a punto de conocer en estas páginas serán tus maestros, mentores y amigos, tus modelos de carne y hueso, que a través de las circunstancias difíciles en sus vidas, han demostrado lo que se puede lograr con convicción y voluntad férreas. Así como tú enfrentas ahora las adversidades, ellos también afrontaron tus mismas situaciones, y quizás... hasta obstáculos aún más altos que los tuyos...y sin embargo, continuaron adelante con perseverancia. Sus experiencias confirman que si, simplemente no nos damos por vencidos, jamás fracasaremos.